本书受国家民委人文社会科学重点研究基地"南方少数民族非物质文化遗产研究中心"和湖北省文化厅、湖北省教育厅人文社会科学研究基地"中南民族大学湖北省非物质文化遗产研究中心"资助

中南民族大学民族学文库

黎族『合亩制』地区
社会文化变迁调查报告

王振威 著

中国社会科学出版社

图书在版编目（CIP）数据

黎族"合亩制"地区社会文化变迁调查报告／王振威著. —北京：中国社会科学出版社，2024.4

（中南民族大学民族学文库）

ISBN 978 – 7 – 5227 – 3288 – 6

Ⅰ.①黎…　Ⅱ.①王…　Ⅲ.①黎族—合亩制—文化研究—海南　Ⅳ.①K288.1

中国国家版本馆 CIP 数据核字（2024）第 055311 号

出　版　人	赵剑英
责任编辑	王莎莎
责任校对	张爱华
责任印制	张雪娇

出　　　版	中国社会科学出版社
社　　　址	北京鼓楼西大街甲 158 号
邮　　　编	100720
网　　　址	http://www.csspw.cn
发　行　部	010 – 84083685
门　市　部	010 – 84029450
经　　　销	新华书店及其他书店

印刷装订	北京十月印刷有限公司
版　　　次	2024 年 4 月第 1 版
印　　　次	2024 年 4 月第 1 次印刷

开　　　本	710×1000　1/16
印　　　张	15.25
插　　　页	2
字　　　数	190 千字
定　　　价	98.00 元

目　　录

第 一 章

绪 论

一 研究的缘起

文化变迁研究是社会学与人类学研究的重要内容。文化亦是人类社会所独有的产物，也是用以区分不同民族、不同人群的重要标准。可以说人类历史的传承就是文化的传承历史，从横向的角度来看，现存的人类社会中的不同群体的区分即是如此，从纵向的历史视角来审视文化的功能也是如此。因此，文化变迁研究是社会科学研究人员非常重视的一个方面。

虽然文化具有很强的稳定性，具有一种所谓的刚性结构，甚至有学者提出了"文化堕距"概念，用以指称文化的这种稳定性。但是文化的稳定性是相对的，一时一地的文化现象在较短期内难以呈现其完整的变化，而从长远的历史来看，文化的变迁和异化就比较容易被人们发现。我们现在的文化和千年以前甚至百年以前都有所不同，由此可见，文化的变迁现象无所不在，贯穿于人类历史发展的始终。

变是绝对的，不变是相对的。短期的社会文化表现为"不变"或者因变化太过细微以至于难以被人们觉察出来。相反，从较长跨度的时间点来看，社会文化则有可能产生惊人的变化。当然，笔者认为，在"变"与"不变"之间，文化并不表现为杂乱无章、毫无规则可循的，而是其背后一定存在着某种规律性的联系，这正是所有的社会科学研究人员所最终要发现的东西。大量的人类学或社会学的个案调查研究，都是为了接近、获得可以发现这种规律的知识。如果我们否认这种规律性，文化的研究就没有意义了。

对于文化的研究，国内很多高校与社会科研机构都是很关注的，在几十年前就曾经将其作为学术调查和研究的重点来对待。在20世纪五六十年代，结合全国性的少数民族社会文化调查和民族识别工作的开展，我国政府曾经开展了对中南地区许多少数民族地区的调查研究工作，其中就包括对海南岛黎族地区的社会文化调查，并取得相当丰富的社会文化生活一手资料，在当时的学术界获得了积极的反响和回应。这些材料都以各种方式保存了下来，对我们现今了解这些民族的历史和文化奠定了基础。

作为现代的学人和社会科学研究者来说，我们清楚地认识到，上一次的历史文化调查仅仅反映了当时少数民族的社会文化与生活状况。现代少数民族地区的社会生产生活与半个世纪前相比肯定存在许多不同［比如现今的海南黎族的社会生活和100多年前德国学者史图博（Hans Stübel）所描述的黎族生活必然有差异］，尤其在社会制度方面，更是发生了从封建社会向社会主义社会过渡这样天翻地覆的变化，由此，传统的社会生活方式自然也会随之发生变化。我们现在要做的工作就是去调查和研究，现时的少数民族地区人民的社会文化生活方式和上一次调查时有何不同，即产生了怎样的变迁。如果这个问题通过简单的调查和描述就可以获得令人满意的答复，那么接下来的一个问题就远没有这么简单了，那就是：产生这些或是细微或是巨大的变迁的逻辑是什么？

2011年左右，基于20世纪少数民族社会历史调查，笔者所在单位试图对新时期黎族"合亩制"地区的社会文化变迁进行再调查和再研究。研究的目的就在于从历史的纵向角度来理解少数民族地区的社会文化变迁。笔者及团队先后利用了一个暑假和两个寒假（包括春节）的时间，对海南省五指山市的核心地区毛道乡进行了较为详细的调查。在前后 60 余天的调查中，我们吃住在黎族农户家，并且还参与了黎族村民的一些生产活动，和当地黎族群众建立了较深厚的情感。

二 研究方法与写作思路

（一）研究方法

文化是一个比较抽象的概念，很难用一个权威的定义来指称它。学术界关于文化的界定有几百种之多，更不用说要对它进行一个社会学意义上的可操作化的界定。另外，文化变迁一般只有在较长时间内才能有所体现，因此要在短期内对文化变迁进行研究确有较大困难。本书对具体的技术性文化（比如纺织技术、印染技术等）仅稍有涉及，着重关心人们的生活方式和思维方式的变化，而后者也是文化的主要组成部分。

本书主要采用人类学和民族学的田野调查方法。这种调查研究方法的特征就是要求研究人员亲身进入研究对象的世界中去，与他们同吃同住同劳动，但同时又要始终提醒自己是一个研究者而不会过分投入以至于情感上不能自拔。在和村民们共同生活和劳动的过程中，我们就相关文化事项和对方交谈，尤其对历史文献资料上记载的文化事项进行仔细询问。当然，我们在进行具体的社会调查之前，已经做了一些准备工作，以提醒自己在工作中要注意哪些方面的问题，因而从一定意义上来说，本书的研究方法与社会学问卷调查研究方法中的结构式访谈相类似。

关于文化变迁研究，研究人员主要从历史和现代两个方面进行理解，在实地调查中必须重点关注前后两个时期同一种文化现象以什么样的形式表现出来。前一个时期的文化状况可以通过两种方式获得：一是通过对村民，特别是年长的对本地区、本民族的风俗习惯和历史比较了解的村民进行访谈；二是通过较丰富的历史文献资料来获得。而对当下的文化事项则主要通过参与性的观察来获取，当然由于时间限制，我们的调查过程不能贯穿调查对象生命的完整周期，对那些没有办法直接经历的事件就以访问当事人的形式展开。总体而言，对于现时资料的获得较前者要容易得多，因为现时的文化调查者可以亲身体验，并且现时文化的叙述者比较年轻有文化，至少在语言交流上双方较少出现沟通障碍；而村落中的老人由于文化水平有限，并不懂得使用普通话来进行沟通。

（二）写作思路

本书将把在实地调查中的文化现象展现出来，并且与历史上曾经存在或者记载的文化事项进行对比研究。本书认为，文化变迁研究应该从以下几个方面展开：一是经济生活或者生产方式的变迁，二是政治生活或者政治组织方式的变迁，三是思维方式特别是宗教意识的变迁，四是前后两个时期村民和村庄对外交往方式的变迁。本书将按照这个逻辑进行写作。当然，和任何其他个案研究一样，本书对调研对象的一些基本情况和研究过程也会在下文单独交代。

本书的重点在于分析研究，长时间的调查和资料的整理仅仅是一种辅助研究的工具，因此本书并不是简单的材料堆积，而是进行学理上的深度分析。我们对于现阶段文化事项的资料获取就是为了和以往的历史资料进行对比，并最终总结社会文化变迁的规律。因此在具体的行文过程中，本书会将前后两个时期的相应资料呈示出来，并做理论解释。

三 基本说明

"合亩"是汉语音译，黎语原意是"家族""大家一起干活"或"共有田地"①。其实合亩最主要的含义在于"大家一起干活"，即它是一种共同劳动组织，如果这个最根本的要素消失了，那么合亩制也就复不存在了。至于"共有田地"则并不是合亩制必需的构建要素，因为在合亩制的历史实践中，存在着三种土地的所有制形式，即完全公有、部分公有以及私有共耕。哪怕"共有田地"的确重要，那也不过是共同使用而非共同拥有。至于"家族"，则是要强调这种特殊的共耕组织成员是基于共同的血缘，而非指他们共享家庭生活。我们在合亩制度的历史资料中也可以看出这一点，合亩虽然在形式上是由小家庭构成的大家庭联合体，但是各家庭之间并没有同屋共灶，甚至他们还因以家庭为单位进行分配而有大家庭小型化的内在驱力。

"合亩制地区"也是特指的，其范围并不是很大，仅仅指"通什市（现五指山市）的冲山镇、毛阳镇、番阳镇、南圣镇的一部分、畅好乡、毛道乡、红山乡、保国乡"。"'合亩制地区'生产、生活情况指1954年社会主义改造前的情况。"② 其中毛道乡是历史上典型的合亩制地区。

2011年8月初，笔者在海南岛进行将近半个月的摸底和选点调查，其间我们拜访了海南省民族学研究会的负责人和工作人员，他们给笔者及调研组提供了比较详细的介绍，并且推荐了一些备选的调查点，并指出在当地进行调查和研究应该注意的地方。之后，在黎族腹地五指山市区，笔者及调研组获得了海南省民族博物馆馆长

---

① 张跃、周大鸣：《黎族：海南五指山市福关村调查》，云南大学出版社2004年版，第18页。
② 海南省五指山市地方志编纂委员会编：《通什市志》，方志出版社2009年版，第2页。

LWX 的帮助，走访了毛道乡的多个杞黎村落，因为毛道乡在上一次少数民族社会历史调查中是一个重要的地区。此外，我们还顺便走访了几个在杞黎和哈黎之间的黎族村落，便于与之后的调查研究结果形成对比。

遵照前述原则，笔者最后选择了毛道乡毛道行政村的南门村小组（自然村）作为蹲点调研村落。历史上的南门村是"雅袁峒"的一个自然村，即中华人民共和国成立初期小乡制时期雅袁乡的一部分，后来被合并到毛道乡。在 20 世纪 50 年代的社会历史调查中就有民族学家在此做过调研①，并且有较为详细的调查资料留存。民族学家岑家梧②和吕振羽③等认为毛道乡是最为典型的合亩制地区。在小乡制时期，南门村不在毛道乡，而是在独立的"雅袁乡"，但是由于历史上它们同属一个大"峒"，雅袁乡（雅袁峒）的 6 个村和毛道乡④（毛道峒）的 7 个村频繁通婚，保留下来的习俗趋近一致，因而在各方面都保持着相似性。所以，毛道乡合亩制的历史资料也可以用于对南门村历史的对比研究。关于调研所在地的具体历史在后文将有专门介绍。

---

① 1956 年 11 月，全国人民代表大会民族委员会广东少数民族社会历史情况调查组到海南黎族苗族自治州保亭县第三区毛道乡调查黎族的"合亩制"。调查组分两个小组进行工作，一个小组调查毛道七个村；另一个小组调查毛枝八个村。12 月中旬，调查组派出一个小组去雅袁的六个村调查。参见广东少数民族社会历史情况调查组《海南黎族苗族自治州毛道乡发现新石器》，《考古通讯》1957 年第 7 期。

② 岑家梧表示："经过调查，就我个人的看法：毛道乡的合亩制，应该属于合亩制中比较原始，也就是代表较早期的一种类型。"岑家梧：《海南岛黎族"合亩"制的调查研究》，载詹慈编《黎族合亩制论文选集》，广东省民族研究所 1983 年版，第 4 页（原载《光明日报》1957 年 4 月 12 日）。

③ "保亭县通什区毛道乡（即过去的毛道峒），1949 年前，只有一条步行便道通乐东，雅袁乡（即过去的雅袁峒）四周都是崇山峻岭，又都是山区的中心，也是黎族聚居的中心区，都保存有更多更原始的原始公社制的内容。"吕振羽：《黎族的"合亩"制》，载詹慈编《黎族合亩制论文选集》，第 49 页。

④ 此时的毛道乡与如今的毛道乡所辖范围不一样，前者是如今除南门村和什守村外的毛道行政村，即毛道七村；后者则包括了四个行政村，毛道行政村（包括南门村和什守村）只是其中之一。

2012 年寒假和春节期间，笔者携调研组再下海南，并在南门村的农户家中住下，开展社会调查活动。这次调查研究贯穿了整个春节。首先是熟悉村庄的环境，了解村庄内部的各种关系。在我们进驻村庄的前期，由于是经过当地干部的介绍，因此具有了或多或少的官方色彩，所以村民们一开始都有一种不太配合的态度，甚至有村民对我们的调查十分警惕，并不欢迎我们的到来。随着时间的推移，也随着调研组与村民之间交往的增加，村民关于我们"政府背景"的忧虑和怀疑有所减轻。在后来的接触交往中，村民们告诉笔者，他们一直以为我们是来村里采访的记者。原因是：在刚进村的当天傍晚，我们在村庄外面的小路上散步，村民 HYJ 向我们搭讪，并先入为主地问我们是不是记者，而我们并没有当场澄清。①

杞黎是黎族的一个支系，分布较为广泛。"十里不同风，百里不同俗"，因而在不同的杞黎聚落中，对于同一个事项会有不同的表现和理解方式。我们不能强求某地的相关文化事项能够代表整个民族或是该民族的某一支系。比如关于杞黎的结婚仪式，我们所调查的黎族村落就同五指山北麓琼中县的杞黎很不一样。在《黎族资料专辑（续）》中专门有一篇《杞黎婚俗》的文章，② 但是其中所描述的婚俗习惯与我们在合亩制地区调查过程中所接触的杞黎婚俗完全不同。因此，本书所论及的一些观点和文化事项，可能仅就我们的调研对象而言是准确的，如果将其推而广之，应用到其他地方，就会出现一些不适用的情况。

"杞是黎族的一个支系，黎族由五个支系组成"，"支系"是传统的提法，它的内涵较为统一，暂无歧义，但是一些黎族学者提出质疑，认为将支系用于黎族内部并不科学，后者认为应该以"方言

---

① 村民在村庄内部之间的信息传递速度之快让人吃惊。

② 王开权：《杞黎婚俗》，载符和积《黎族史料专辑（续）》，南海出版公司 1994 年版，第262—267 页。

区"作为恰当的提法。从实际情况来看，后者是符合实际状况的。海南岛虽然是黎族的大世居地，总体上处于聚居的状态，但是在其内部存在着不同性质的黎族，它们在长久的社会变迁进程中相互融合。所以黎族的各个支系是相互糅合的，如果用"支系"来区分黎族的地理位置是不恰当的。因此笔者在正文行文中，尽量使用"方言区"的提法，必要使用传统提法的部分，笔者将进行特殊说明。

第 二 章

南门村的基本情况

一　自然地理条件

南门村及其所属的毛道乡位于五指山市西部，乡政府所在地距市区 17 公里（南门村小组距乡政府所在地 11 公里），是典型的山区乡镇。昌化江著名的一条支流——毛道河就流经此地。南门村在毛道河的西边，直线距离 3 公里，流经村庄的一条小溪也最终注入毛道河。南门村位于海拔 1000 米的丘陵之上，和同宗同源的什守村地处同一个盆地。如果没有道路联通外界，此处极为闭塞。

南门村所在的五指山市属于热带海洋性季风气候，夏无酷暑，冬无严寒。昼夜温差大，阳光充足。年平均气温为 20℃，最高气温很少超过 35℃，最低气温则不会低于 0℃。温暖宜人的气候使得热带蔬菜和瓜果都适合在这里种植，胡椒、芭蕉、芒果、荔枝、槟榔、椰子等热带植物是当地的传统作物。如今，橡胶作为当地的主导性经济作物而被大量种植。

该地区年降雨量十分充沛，但在各个季节分布不均，因此在一年中旱季、雨季分明，经常会出现不同程度的冬春旱。一般来说，受台风影响较多的夏天（7 月、8 月、9 月、10 月）是雨季，降雨量约占全年降雨量的 95%。

在春夏秋三季，海南岛的主导风向为东南风，其中影响最大的台风就是从东南方而来；冬季受到北方冷空气的影响，会有西北风出现，但是影响力比较有限。台风主要发生于7月至10月，其中8月和9月最为频繁。对于当地人而言，台风是一把"双刃剑"，带来了一定的水源，造就了温暖多湿的环境，有利于农作物的生产；但8级以上的强台风具有很强的破坏力，对人们的生命财产和农作物的生长都有消极的影响。

正是由于这些特殊的自然环境条件，该地区的黎族人民创造出了与之相适应的各种生存策略和生活方式。在应对复杂的大自然变化时，人们衍生出许多在现代人看来比较奇异的本土性技巧。

二　人文环境条件

人文环境与自然环境密切相关，由于闭塞的自然环境，黎族地区文化也较为落后，从古至今，文化教育都未能完全普及南门村地区。人们不重视也没有条件接受正规的文化教育，尤其在被称作"生黎"的传统黎族地区，普遍意义上的文化，即文字教育更是无从谈起。即便在中华人民共和国成立后，能够接受学校教育的当地人也仅有少数上层人士。但是文化的落后并不能和原始愚昧画等号，在黎族群众世代聚居的毛道乡，从来不缺乏具有本地区、本民族特色的文化事象。

南方少数民族群众大多能歌善舞，海南黎族也不乏这一类民间艺术人才。在毛道乡毛道村村委会就有知名的女歌星[①]，擅长黎族歌曲，并将黎族文化传向外界。更为传统的黎族服饰编织技术，比如黎锦的编织等在此地随处可见。

黎族民众虽然地处较为落后之地，但是民风淳朴，热情好客。

---

① 黎族歌手HTD，五指山市毛道乡毛道村人，被称为"五指山的百灵鸟"。

邻里关系十分融洽,虽然一般都存在着血缘关系,但是相互之间充满了信任与互助,人与人的联系十分频繁,村际之间的关系也十分紧密。当地黎人嗜酒,一有机会就要聚集豪饮,不醉不归。正因如此,村民们之间谈得最多的便是某次喝酒某某醉后的表现。

三 行政区划变革①

宋代,以黎族峒首为基础的黎族土官制度初步确立。元代,封建王朝的势力直接深入五指山腹地,重用黎族峒首,推行黎族土官制度;黎族土官担任的职务有万户、千户、总管等。明代永乐年间(1403—1424),明朝统治者在黎族地区实行土官土舍制,开始给黎族峒首以较高的政治地位和军事权力,"将各处峒首选其素能抚黎民者,授予巡检司职事,其弓兵就于黎人内签名应当,令其镇抚向化",以加强封建王朝对黎族人民的统治。

清代,黎族土官制主要是在黎族地区设峒长、总管(或黎总)、哨官、黎甲、黎长、黎首等职。通什地区各峒下设峒首、黎总、哨官等职,村落则设黎甲或黎首。黎族土官的主要职责是管理所属村峒的日常事务,若遇有黎族人民造反时承担协助清军作战与招降之责。清光绪十二年(1886),广西提督冯子材率兵入琼"平黎"后,设立"抚黎局",作为统一管辖黎族地区的最高机构,下设总管、哨官、头家等官职,任用黎族内部原来的公众领袖,通过他们层层统治黎族人民。总管、哨官均为世袭制,头家多由群众推举,但也有少数世袭的。各人的职责视其所辖范围大小而定,总管一般是管一峒或数峒,哨官管数村,头家管一村。总管、哨官的职责是每年替"官府"催收钱粮,平时根据传统处理峒内事务,维护社会

---

① 参见海南省五指山市地方志编纂委员会编《通什市志》,第837—838页。

秩序，一般没有强制性的行政权力。总管、哨官备大鼓一面，遇事或开会则击鼓传众。

民国时期，通什地区仍保持着村峒组织较为浓厚的传统。民国二十一年（1932），琼崖绥靖委员公署增设琼崖抚黎局。民国二十四年（1935）3月，国民党政府新设保亭、白沙、乐安（后乐东）三县，通什地区分属三县，推行乡、保、甲制度。

本书的研究对象南门自然村隶属毛道乡，是该乡毛道村下属的一个村民小组，当地民众一般会按照历史习惯将其与什守自然村共称"雅袤"。毛道乡的行政归属变化频繁，十分复杂。大致而言，在民国二十四年（1935）3月前，毛道乡属崖县（今三亚市）管辖，之后因为政府在五指山地区划分出保亭、白沙和乐安（后乐东）三县，毛道乡归保亭县管辖。民国时期，和全国同步，在基层实行保甲制度，整个雅袤为一保，其间南门村王老论担任过甲长。雅袤以前为刘姓村落，后来与毛道联盟，因为后者都姓黄，两村村民就都改姓了黄。此后很长一段时间，从县级行政归属方面来看没有太大的变化。直到1986年6月12日，因为国务院批准设立通什市（县级），由原来三县各分出一部分组成，其中保亭县就将毛道乡划进通什市。1988年4月，因海南建省，通什市也升级为地级市。2001年7月，通什市更名为五指山市。

四　历史与现实

（一）历史上的雅袤

在封建社会，黎族地区的社会经济生活落后，环境封闭，制度较为原始。历代执政者虽然在名义上对该地实行统治，而在事实上，当地一直处于蛮荒的状态，尤其在五指山纵深之地更是如此，这也是具有原始公社色彩的合亩制度能够在此长存的原因之一。

黎族社会历史上存在着一类具有少数民族特色的社会组织——
"峒"，其既是血缘组织，又同时履行一定的政治功能。现毛道乡所
辖地域主要由历史上的毛道峒、雅袁峒构成，[①] 它们又归属于白沙
县红毛峒总管管辖。实际上，从国家正式对其进行统治开始，"峒"
这一类组织在理论上已经不复存在，而被现代性的乡镇保甲制度所
取代，但是由于传统社会的乡土性以及人们对血缘关系的认同与看
重，传统组织制度在实质上并没有完全消亡。

在 1949 年后的几次少数民族社会历史调查中都有工作人员到
此地进行调研。合亩制地区历史上是蛮荒之地，正因如此，带有原
始社会色彩的合亩制才能够在这里保存下来。关于这里的黎族先
民，历史文献中有所记载："生黎中有附居五指山者，名曰生岐，鲜
食，裸体，无衣，仅以椰壳掩乳及下体，性尤勇鸷。"[②] "岐尤为黎
所惧云。"[③] 此处将杞黎和黎族主体相区分，应是先人的看法，正
确、客观与否另当别论，但是从中可见在历史上杞黎被视作凶狠的
一支，这种凶狠甚至令黎族的其他支系所惧怕。不过，通过具体的
实地调查，笔者及调研组所听到的故事则与之有较大出入，杞黎支
系被乐东的哈黎支系赶出了原先的聚居地，当地黎人都惧怕哈黎，
而非相反。

按照文献资料来看，毛道乡是合亩制地区的核心地带。海南黎
族按照所使用的语言被分成五个方言支系，分别是哈黎、润黎、杞
黎、赛黎和美孚黎。合亩制地区的黎族被归入杞黎方言支系中。在
学术界，将海南黎族作为整体的来源判断有很多种，普遍认为其是
从海岛外迁入，其中主要观点认为黎族是古代百越民族的后裔，从

---

① 毛枝大峒和毛枝小峒如今也是毛道乡的组成部分。

② （清）张嶲：《崖州志》《黎防志》，载于曾昭璇、张永剑、曾宪珊《海南黎族人类学考
察》，华南师范大学地理系 2004 年版，第 10 页。

③ 郝玉麟：《广州通志》《岭蛮志》，载于曾昭璇、张永剑、曾宪珊《海南黎族人类学考
察》，第 10 页。

中国北方大陆迁移至此。① 至于黎族整体组成部分之一的杞黎的来源，则研究成果较少，由于杞黎保留着比较原始的生产生活制度，一般被认为是最早抵达此处的黎族。

具体至海南岛杞黎的来源和迁移途径，可以在合亩制地区的杞族族谱②中看到一些记载：

> ……从上述口传族谱中，可知合亩制杞族一支有如下迁移特点：（1）由岛外漂流来岛，且与洪水传说有关；（2）杞族初居西部或西北部沿海平原河口区；（3）受台风、暴潮迁入山区居住；（4）由战争影响嵌入番阳峒；（5）在番阳峒形成大家族，并作分支；（6）目前合亩制杞人因家族纠纷再迁移；（7）现代杞族相互有血缘关系。……杞族迁入番阳时，毛贵、毛栈地区已有野人穴居，其实杞族以砍山栏为生，有野人不知生产，为小鬃黎祖先联合毛贵、毛路、毛栈三峒烧杀灭绝。③

另外，根据考古发现，在昌化江流域中游和上游地区出土的280件双肩石铲、石锛、石凿、石祖、石锥，以及纺轮和粗陶等生产生活器具，印证了在新石器时代晚期，黎族祖先部族群体，特别是杞黎方言的黎族部落群体，从昌化江下游的沿海平原，沿着昌化江流域向中、上游地区迁徙和开发。在这个时期，杞黎方言的黎族部落群体迁徙越过乐东盆地和万冲盆地，进入昌化江上游的南改河（毛阳河）与南春河（通什河）的合口处——万阳峒（今番阳镇）。

---

① 参见中国科学院民族研究所、广东少数民族社会历史调查组《黎族简史简志合编》（初编），1963 年版，第 6—12 页；李露露《热带雨林的开拓者——海南黎寨调查纪实》，云南人民出版社 2003 年版，第 20 页。

② 黎族社会没有自己的文字，却有着世代相传的口头记录。此处的族谱主要是口头传承的族谱，而非汉族地区的文字形式族谱。

③ 曾昭璇、张永钊、曾宪珊：《海南黎族人类学考察》，第 35 页。

杞黎方言的黎族部落群体开田耕耘，生男育女，人口增多，被后世称为"万阳峒人"（今通什市番阳镇）。"万阳峒人"的家族部落有两个兄弟，老大称"戈"，老二称"禁"。因兄弟不和，由老母亲主持分家，家族财产只有一个盛水的陶坛，老母亲把陶坛打成两半。"戈"取陶坛的上段，带着妻子和部分部族成员往南改河（毛阳河）流域居住；"禁"取陶坛下段，带着老母亲和部分部族成员往南春河（通什河）流域居住。经历长久的岁月，"戈"部落群体从南改河流域向五指山腹地开发，其后裔就是现今毛阳河流域的番阳、毛阳、五指山等乡镇的杞黎方言的黎族。"禁"部落群体沿着南春河流域向五指山南面开发，其后裔就是今通什河流域的毛道、畅好、冲山、南圣等乡镇的黎族。杞黎方言的黎族"戈"和"禁"两个部落群体，成为古代开发通什地区的先行者。①

上述记载也可以说明，该地区现在所居住的杞黎不是原住民，他们不过是从外地迁移到此并且将原住民赶走的民族而已，而且极有可能是从文明开化之地迁徙而来。此外，"在史学界，多数学者从掌握的考古学材料推断，大约在新石器时代中期或更早的时期，黎族祖先从两广大陆地区陆续迁到海南岛，时间相当于中原地区的殷周之际，至今已有 3000 年历史"②。学者们的这些研究也在一定程度上说明了当地黎族的起源是外来的，而非本土的。

关于合亩制度，自它于 20 世纪 50 年代被学界发现以后，已经有了较多、较深入的研究与调查。合亩制研究的争论主要表现在合亩制的社会性质方面，结论当然莫衷一是。但是有一个大致的共识，即合亩制是比较原始落后的社会制度的残余：

---

① 海南省五指山市地方志编纂委员会编：《通什市志》，第 771 页。
② 陈立浩：《历史的跨越》，南海出版公司 2001 年版，第 188 页。

　　杞族社会形态最有特色的是"合亩制"。合亩制在社会发展史上是反映人类早期社会形态的残留的实例。由于杞族深居五指山中心地区，汉人少至。因此，古代杞族生产方式和社会结构，仍能保存下来，直到新中国成立后，1958年公社化中才瓦解。①

　　从中可见，学界一般都认为黎族的合亩制是原生的、自然发展起来的制度，并且一致认为其是一种落后的制度。"这种生产组织很明显是一种男性家长制下的家族公社。从社会发展史看，这是由共产制家族公社演变而来。"② 不过笔者在前文已经结合相关资料指出，这些人有可能并非"土著"，反而极有可能是外来人口占据了原土著所居住之地而最终定居。

　　如果情况如此，那么合亩制度就不是当地的原生制度，而是从外界带进去的，抑或是在外来人口进入该地之后所采取的一种"倒退"的制度，这些猜想有待进一步研究。按照笔者的推测，在黎族先民进入海岛之时，当地处于尚为未开化状态，外来人口有可能将已有的原始社会色彩的一些制度带到此地；更有可能的情况是，有所开化的黎族杞支系先民从较为发达富庶的沿海地区，因为各种原因内迁至较为艰苦恶劣的山区，由此人们必须重新拾起远古时代的共同生活、共同劳动的制度来应对当时的恶劣环境。

　　根据20世纪50年代人类学家在今毛道乡（原来的雅袁乡和毛道乡）关于合亩制的社会调查资料，我们可以窥见当时所接受调查的村落的相关情况，这里仅摘取研究对象南门村及其所在的雅袁乡的相关资料进行对比研究。在封建社会时期，这里被称作雅袁小

---

① 曾昭璇、张永剑、曾宪珊：《海南黎族人类学考察》，第19页。
② 曾昭璇、张永剑、曾宪珊：《海南黎族人类学考察》，第20页。

峒，接受毛道大峒的管辖。按照《通什市志》的记载，雅袁的始祖原姓梁，住在"清集""清冲"（今东方市西部）的深山大石洞里面，后迁到"抱瓦""抱硬"（今三亚市东部），再迁居"男巴"（今通什市番阳镇），后又迁到"排南"（今毛道乡南冲村后面），约19世纪中叶才落脚到雅袁峒盖章村（今什守村的一部分）定居，之后子孙繁衍，自成一峒。该峒（毛道大峒）原属红毛峒总管管辖，因红毛峒总管姓王，雅袁峒民众也俱改姓王。白沙县红毛峒总管在出巡到毛道峒时，曾对大家说："我们都是兄弟，要团结，搞好生产。"因为他说大家是兄弟，于是凡受其管辖的毛道、毛枝等地的黎人都跟着总管姓王。①

不过值得补充的是，在我们近年来的调查中，关于该村黎族祖先的姓氏问题，当地人认为自己的祖宗以前姓刘，而不是姓梁。20世纪50年代有关毛道峒、雅袁峒、番阳峒的社会调查显示，许多黎族调查对象都姓王。

这是十分奇怪的事情，因为再重新回到60年前先辈学者所做调查的地方时，我们发现这里的人很少姓王，而是以黄姓为主。按理说60余年的时间并不算长，但是村民们从来不知道他们的祖宗在50年代时是姓王而不是姓"大肚黄"。我们把以前的资料给他们看，他们也是一脸茫然。具体是何时改的姓氏更是无人能够说清楚。村民只说："因为与毛道联盟，他们都姓黄，雅袁也都改姓了黄。"不过，按照南门村村长的说法，那时候村民很少有读书识字的，没能分清"王""黄"的口音区别也是极有可能的，因而当时调查人员误将他们的姓氏写错了。

关于姓氏来源与使用的乱象，说明黎族民众对此并不是很看重，这和汉族地区的文化不太相同。当然，这也和当地民众的受教

---

① 海南省五指山市地方志编纂委员会编：《通什市志》，第194页。

育程度有关，① 尤其是在汉语成为官方文字时，更是如此。因为按照历史资料的记载，黎族民众在使用本民族语言方面，姓氏的使用是比较一贯与统一的。之所以会出现这样的问题，大概也体现了人类学上的"文化霸权主义"在这一地区文化上所造成的一个消极后果。

人类学家曾在雅袁发现了 6 件新石器时代的石器，说明当地在很早以前就已有人类居住。据 20 世纪的调查资料显示，王老洪（保空村鬼公，时年 40 岁）、王老提（南门村鬼公，时年 40 岁）都说自己的祖先是从乐东迁来的，② 这与现在南门村辈分最长的老人 HDL 的说法相互印证。

"雅袁"（或作"雅猿""牙猿"）有"偏远地区"之意，是一种表示轻蔑的贬称，是以前毛道人用来称呼住在深山里的这几个自然村的。历史上的雅袁由 6 个自然村构成，分别是南门、盖章、什守、什研、保空、马温。各村的名称都是以周围的自然物命名。南门村的前面有一条泉水，相传曾出现过狭狸鱼，南门村人的祖先看到这条鱼钻进地里，便挖土寻找，挖到很深的地方，忽然涌出水流来，黎语称水为"南"，称狭狸鱼为"门"，由此得名。盖章村左边原有一株"志章"树，是村界的标志，在黎语中"盖"是"界线"之意，盖章村由此得名。什守村有许多田鼠，黎语称田为"什"，称老鼠"守"，因此得名。③ 按照如今村民的解释，"南门"村本身的黎族语言之意是指"穿山甲穿了很多洞的地方"，这与 20 世纪 50 年代在该地所做调查中的记录有所不同。

---

① 1949 年前雅袁没有识字的人，1951—1956 年当地办了夜校，在中年和青年中进行扫盲活动；1952 年有 9 个孩子上了小学。1956 年 3 月，雅袁的 9 个合亩合并为 1 个大亩。同年 6 月，雅袁组织了农业合作社，11 月成立高级农业社。参见广东省编辑组、《中国少数民族社会历史调查资料丛刊》修订编辑委员会《黎族社会历史调查》，民族出版社 2009 年版，第 100 页。

② 广东省编辑组、《中国少数民族社会历史调查资料丛刊》修订编辑委员会：《黎族社会历史调查》，第 100 页。

③ 海南省五指山市地方志编纂委员会编：《通什市志》，第 773 页。

　　20 世纪 50 年代的调查资料显示，雅袁的东边和毛道毗邻，西南接近乐东县，四周被高山峻岭所包围，中间是一个小盆地，6 个自然村分布在其周围，旁边有一条小溪，可供灌溉。雅袁是山区，交通不便，在历史上与外界的接触比较少。雅袁 6 村在 1949 年前有 6 个合亩，中华人民共和国成立后分为 9 个合亩，共有 45 户，164 人。其中，男性 87 人，女性 77 人；全劳力 80 人，半劳力 27 人。[①] 具体到南门村，1947 年其由两个合亩组成，即王老加合亩和王老凹合亩，分别是 8 户、29 人和 7 户、25 人，共 15 户、54 人；在 1956 年因为王老加将其 1 个合亩分化成 3 个合亩，南门村最终由 4 个合亩构成，即王老论合亩、王老刘合亩、王老遍合亩和王老欠合亩，分别是 7 户、31 人，3 户、10 人，2 户、9 人和 4 户、13 人，共 16 户、63 人。这一时期的南门村村民主要居住在现在的老村位置。

　　如今，原来的 6 个自然村逐渐演变为现在的 2 个村，即南门村和什守村。因为两个村庄都沿着一条小溪发展，因此在小溪上游的什守村被称作"上村"；在下游的南门村被称作"下村"。通过这种对双方村落的内部称呼，外人很容易推测出两者存在血缘关系，因为人们从来都把两个村落视作一个整体。

　　南门村和什守村是由同一个祖宗发展而来。最早的祖宗生有两个儿子，大哥在什守村附近，后来发展为 5 个村；小弟则在南门地区发家成村。在集体化时期，该地所有自然村与今毛道村村委会的其他自然村共属一个生产大队，在村民的记忆中，他们还一起吃过大食堂，食堂的具体地址在现今两村之间靠近小溪的地方。就南门村而言，一个祖宗生有两个儿子，老二生的孩子少，就是现在 HQG 那一支；其他人都是老大生的孩子，如今已经是第六代了。南门村的这两个支系，历史上就有磕磕碰碰之处，但是即便如此，

---

　　① 广东省编辑组、《中国少数民族社会历史调查资料丛刊》修订编辑委员会：《黎族社会历史调查》，第 100 页。

相互之间仍然以兄弟相称。

(二) 今毛道乡下属村组

毛道乡全乡土地总面积 11309 公顷，管辖 4 个村委会，28 个村小组，总人口 5440 人（截至 2010 年），1613 户，其中农业人口 4922 人，1457 户。全乡耕地面积 17.5 万亩，森林覆盖率为 82%。[①]

毛道乡交通较为闭塞，以前只有一些山道供人行走，机械设备方面只有摩托车能够勉强骑行。直到 2000 年左右才开通公路，但因为道路没有硬化，一到雨天就泥泞难走。2009 年，政府投入 2700 万元建设五指山市区到毛道乡公路（总长 17 公里），投入 136 万元硬化空共下村至什守村公路（总长 5 公里），投入 200 万元硬化建设毛道乡至番阳镇公路（总长 13 公里）。[②] 这些道路的开通与硬化为本书研究对象——南门村的发展带来了巨大的积极影响。

2010 年，毛道乡全乡社会总产值 3559 万元，同比增长 23%；农业总产值 2783 万元，同比增长 24%。其中粮食作物产值 468 万元，林业橡胶等热带作物产值 1780 万元，畜牧业产值 485 万元，农民人均收入 4115 元，比上年增加 1205 元，同比增长 29%。全乡种植谷物粮食作物面积 4457 亩，谷物粮食总产量达 1861 吨；种植各种经济作物 55386 亩，平均每人占有 11.2 亩。其中橡胶种植 50477 亩，人均 10.2 亩，已开割 21528 亩，干胶年总产量 1500 吨，这也成为毛道乡经济收入的主要来源；其他经济作物还有：椰子 611 亩、槟榔 1570 亩、胡椒 124 亩、芒果 324 亩、荔枝 295 亩、龙眼 125 亩、香蕉

[①] 五指山市史志办公室编：《五指山市年鉴（2011）》，南海出版公司 2012 年版，第 378 页。

[②] 五指山市史志办公室编：《五指山市年鉴（2011）》，南海出版公司 2012 年版，第 323 页。

1860 亩、瓜菜（青）65 亩。[1]

南门村是毛道乡毛道村村委会下属的一个自然村。由于人口繁衍速度较快，村庄原有的居住地已经难以承载现有的人口数量。1984 年，村庄的一部分人口搬迁到了离老村一公里左右的地方。尽管如此，新老两村仍然属于一个小组，村小组的干部由村民共同协商选举产生。新老村的村民本身仍是一个大家族，耕地和林地依然混合在一起，因此，地理位置上的分隔并没有将其完全疏远开来，只要条件允许，村民仍然可以在两个地方之间自由地决定居住地。因此我们看到，老村有些人搬到了新村，同时又有些人搬到了老村，笔者借住的房东 LJY 一家就属于后者，因为老村离橡胶地更近一些，干活方便。在茅草房时代，这种自由决定居住地的现象更为普遍，不过近年来人们开始建造砖石结构平房，村民原来的随意迁移受到了很大的影响。南门村共有人口 161 人，46 户，2012 年外出打工有 4 人，老村和新村各 2 人。

南门村的地界在 1980 年就已经被划清，1982 年土地承包到户；[2] 林权改革也已经在 2009 年完成。现在村民们手上都拿到了土地承包证和林权证。作为集体代表的村小组只剩下很少的公共耕地，按照村干部提供的材料，集体土地只有什守村南侧的 5.27 亩、西南侧的 6.16 亩，合计 11.43 亩。村民们已经承包的水田为 67.6 亩。在林地方面，由于地处山区，大部分属于禁止开发的天然林，因而属集体所有的林地面积较大，合计 1728.32 亩。

南门村对集体土地和集体林地的使用方法有所不同。土地采用的是直接对外出租经营方式，每亩地每年交租金 400 元，本乡毛枝

---

[1]　五指山市史志办公室编：《五指山市年鉴（2011）》，第 378 页。

[2]　笔者在队长 HJB 家查看土地承包合同时，只看到 1998 年第二轮承包的老合同，以及海南率先于 2005 年取消农业税之后补充的一个承包合同，没有看到第一轮承包的合同。按照第一轮承包期为 15 年可以推算，该村的土地承包到户应该是在 1983 年，而不是 1982 年。

村委会的一位村民租了南门村的 10 亩地种植芭蕉，每年交 4000 元租金。租金一般用来买猪，猪肉在村庄各户之间平分。在集体林地方面，南门村将 300 亩林地租给了保亭县新星农场联合体 ZSG 和 ZW 种植芒果树（后来因为芒果效益不好而改种橡胶树），按照每株每年 2.5 元收取租金（乡政府分 0.5 元，村委会分 0.8 元，南门村分 1.2 元，具体可见合同）。2012 年按照 898 棵橡胶树来收租金，村里得到 1007 元，这些钱分给了每一位村民，每人将近 10 元。另外，什守村也使用了南门村的部分土地，每年也要付给南门村一笔租金。

毛道乡在五指山市属于较为落后的乡镇，南门村则是毛道乡最偏远的自然村之一。2010 年以前，几乎全部村民，尤其是老村村民都住在传统的茅草房中，只有两户盖起了平房，因而人们的生活原本很平静与传统。不过 2010 年 4 月 5 日清明节①的一场大火改变了整个村庄。那天中午，村民 HS 三岁大的小孩，在玩火的时候把自家的茅草房点着了，借着风势，大火把整个村庄都烧掉了。当时属同宗的什守村村民也赶过来帮助兄弟村救火，但是因为火势太旺，只有极少数的贵重物品被抢救了出来。很多村民由于在外干活，来不及回村救火，现金都被烧掉了，据说这也是现在村民很少在家里存放现金的原因。

南门村的这一把火把村民烧懵了，不过随着政府救灾计划的实施，村民们也算是"因祸得福"。在火灾后不久，政府就立即进行了安置工作，并对村民们建造平房提供比一般村庄更多的补贴。这几年海南省政府正在开展茅草房改造工程，鼓励黎族民众建造砖混结构平房以取代茅草房。按照相关规定，政府给予每户 2 万元人民币的建房补贴。鉴于南门村的火灾情况，政府将原先的补助款提高

---

① 本村所在地区没有清明祭祖的传统，之所以对此记忆深刻，大概是外界强化的结果。

到每户 4 万元，直接拨付给政府指定的建筑施工队，其中包括了平整土地、建房材料费和工钱等。在该地建造一座平房的费用是 7.2 万元左右，相当于自己只要支付不到 4 万元就可以盖好一座新房（南门村 HJB 队长提供的数据），所以很多村民觉得这把火"烧得好"。

现在，包括南门村在内的各个黎族村落已经较少见到传统的茅草房了。村民们都说现在的住房条件比以前好了很多，大部分村民都住上了平房。现在要盖茅草房，难度也比以前大，因为天然林保护政策的实施，政府已经禁止烧山垦殖，所以山上很难长出芒草（建筑茅草房的主要原材料）来，取而代之的都是灌木丛。而且如今人们在山上主要种植橡胶树，芒草也没有空间生长了。另外，据说猴子喜欢吃芒草心，为数不多的芒草很容易被猴子拔掉。而在以前，村民从来不担心没有芒草来盖房子。

村庄重建的规划对传统的居住格局产生了极大的影响，以前整个村落的布局与排列比较分散，村民各家的茅草房之间道路比较崎岖，相互之间的走动也比较吃力。笔者和调研组仍然可以在新房之外且没有过火的地方看到这种状态的痕迹。新规划的南门老村现在的布局十分规整，依照山坡的走向，村民的房子被分成四排，存在十分明显的人为规划特征。村庄从下往上：第一排住了 5 户、16 人，第二排住了 5 户、18 人，第三排住了 5 户、20 人，第四排住了 6 户、27 人，总计 21 户，共 81 人。

现在村民们的宅基是政府用推土机推出来的，因此原来各自茅草房的具体位置都已经无法确定了，村民们现在的住房基地大部分是通过抓阄的方式确定的。不过即便如此，也是在一个大致的原则下进行的，即兄弟父母尽量安排在同一排，出于这个原因，我们可以看到村庄现今的居住格局具有按血缘关系排列的特点，村中的两个支系分别居住，各个大家庭分别居住。当然，在村民内部之间，人们也都希望能够挑到更好的地段，相较而言，在每一排的最内侧位置最好，因为这样就有比较大的拓展空间，而靠近大路这一侧的位置交通方便一些，但是可以利用的拓展空间有限，因而被村民认为比内侧位置稍微差一些，而其他位置的宅基则是固定的，没有办法进行拓展。

在村庄的第一排四户中，其中有一户是南门村小组的 HJB 队长一家。HJB 队长有三兄弟，他排行老二，新房建在第一排的最内侧，育有两子，还有一个女孩是嫁到番阳南打村的姐姐的女儿，因为超生寄养在外婆家，主要由 HJB 抚养。HJB 的父亲年轻时很能干，给儿子们开垦了很多亩橡胶园地，生前的条件在南门村也是最好的，最早在村里盖了砖石结构房，因此没有在火灾中被烧尽，所以三兄弟就没有在其他地方建房，他们以内部协商的方式决定住房位置，而没有采用抓阄的方式。他们的父亲在笔者和调研组去之前刚去世，我们到村里没过多久，他们就开始喝欢乐酒①了。老大住在老房子里，育有两子一女，女儿因病常年卧床。老三 HJQ 家也是新建的住房，HJQ 育有一子两女，大女儿嫁到毛道村村委会牙冲村，儿子 HSM 已婚生一子。老母亲与老三同住，但是有一个单独的茅草屋作为厨房，也是单独开火做饭。

村民还记得在集体化时期（1977 年左右），村里从外面买了一辆拖拉机，但是因为没有宽敞平整的道路通到村里，只好在毛道乡政府把它拆成零件运到村里，然后再组装起来使用。这在现在看来是不可想象的事情。如今村庄周边由政府出资建成的道路已经尽数硬化，而从村寨进到橡胶林地的小路则是通过其他方式加以拓宽。南门村第一排 HRC 的住房是离橡胶园地最近的，去往村庄最主要的橡胶园地的道路就从他家开始，一路向里延伸。以往的道路只能

---

　　① 本书后文将会提到，欢乐酒是当地黎族丧葬仪式中的一个重要环节，代表丧葬仪式的正式结束。

供村民步行上山，回来则是辛苦地挑着橡胶片下山；现在这段山路已经被拓宽，可以容下拖拉机进出。关于这一段土路所需费用的来源，据说一部分是由收购橡胶的老板出钱，他修了前面的100米，之所以愿意这么做，主要是因为他可以免费获得不再出水的橡胶树，并可以将其出卖变现。其余的钱则是由村民自己集资，请挖掘机来修缮，具体的费用是每小时170元。此地还摆着一些半圆形的水泥预制板，将其铺在水渠处，可以提高水渠的利用效率，也可以用其排出鱼塘多余的水。

第 三 章

村庄经济生活变迁

一 传统经济生活方式

　　海南岛属于热带地区，该地的传统的社会经济生活都具有明显的热带地域色彩。按照资料的记载和村民们的回忆，就传统农业种植结构而言，大部分传统种植作物现在都有种植。当然随着时代的发展与进步，该地在农业领域还是发生了较大的变化，主要体现在"一增一减"两个方面。增加的方面是橡胶种植，而且此种植业已经越来越成为黎族群众的主要收入来源；减少的方面主要是指传统的山栏稻种植已经趋于消失。

　　如果说种植结构的调整仅仅是表面的变化，那么在经济生产方式方面所发生的变化无疑更为深刻；让当地黎族群众感受最为明显之处也体现在经济生产方式的改变上，即在较短的时间内，人们从传统的具有原始公社色彩的合亩制生产方式过渡到现代的经济生产方式。

　　传统的经济生产生活主要包括了几个方面，种植业自然是其最重要的方面，狩猎活动也是经济生活的题中之义；另一个重要的方面则是商品交换交易。本章主要通过对历史上相关情况资料进行回顾，并与现代经济生活进行对比，从而发现其中的变迁细节。

　　按照 20 世纪 50 年代社会历史调查资料显示，至晚在 60 年前，农业仍然是毛道乡唯一的独立生产部门，手工业还没有从农业中分离出来。在农业生产之外，村民会利用空闲时间，从事一些狩猎活动和副业生产。农业生产是人们经济收入的主要来源，狩猎活动和副业生产则提供了额外的经济收入补充。一直到中华人民共和国成立前夕，铁器工具都是从汉区输入当地，黎族群众并不会熔铁和制造铁质生产工具，生产技术及劳动经验水平低，手工业没有和农业分离，生产力由此处于十分低下的水平。

虽然如此，但是对于当地人来说，当时的生产力水平已经使人们的劳动产品不仅可以维持低下的生活需要，而且可以提供某些剩余产品。副业生产就是提供剩余产品的主要场所，每家每户都饲养不同数量的家畜和家禽，除了自己消费以外，一部分产品用来交换农具，另一部分产品用来交换生活必需品，还有一部分产品用来换取牛只。牛只是被当作财富保存的，因此可以以牛只兑换土地。至于剩余产品，包括黎族群众编织的藤萝、凳子，除了满足自己的需要以外，都可以用来交换。① 在笔者的调研组经过仔细的研究与调查后，该地黎民的有些传统生活方式和经济形式仍旧能够在如今的黎族村庄里看到，甚至在某些方面还保留着以前的样貌，较少发生变化。

由于历史原因，该地区比较落后，存在较为原始的合亩制度，比较现代的生产生活方式还没有完全建立起来。在生产工具的使用方面也是比较原始的，基本上依靠从汉区换来的简单工具，采用的生产方式则是刀耕火种的原始耕作方式。

在解放以前，山栏坡稻种植是当地主要的种植作物，一年一造，每年3月至4月份播种，9月至10月份收获。山栏坡稻

---

① 全国人民代表大会民族委员会办公室编：《海南黎族苗族自治州保亭县毛道乡黎族合亩制调查报告》（初稿），1957年内部铅印版，第48页。

是水稻的一个特殊品种,因其耐旱,生长力强,适宜山坡地种植。由于刀耕火种,生产技术落后,产量很低。1990年全市种植面积416.2公顷,亩产88公斤。……山栏种植一般不需要翻地,只需把地块完全烧熟后即可种植。[1]

在山栏稻种植方面,我们可以清楚地看到该地区黎族人民传统生产生活方式的原始色彩,尤其是"刀耕火种"更让人们联想到原始农耕社会的粗放型生产种植方式。

在19世纪50年代关于生产工具演变的调查中,根据当时的王老限、王老发等老人反映,传说9—12代[2]前,他们的祖先开始使用铁犁,再早是使用竹犁。竹犁犁田是一人手握竹竿,前面有五六个人用绳拖犁。犁一次田往往要弄坏许多竹犁,因此,在一般情况下是用牛踩田。后来,黎族有一位祖先到汉区,汉人告诉他,人拖竹犁和牛踩田都很辛苦,而且犁的田又少,因此就教黎人使用铁犁。之后,又有汉人到黎区去,教黎人使用铁犁。[3]

关于铁质锄头的使用,"在9代以前,黎族的祖先已使用锄头了。相传黎族有一位祖先去汉区时,看到汉人用锄头锄地,于是他就把在汉区拾到的一把破锄头带回去使用。又据说:另一个黎族的祖先替汉商挑东西回乡的途中,看到汉人用铁犁犁田、锄头锄地很羡慕,就对汉商说:'我给你挑担,不取工钱,请你给我一把锄头。'于是汉商就给了他一把锄头,黎族祖先就这样开始使用锄头了"[4]。在外人看来,尤其在一些文人雅士看来,用牛踩田、用木质工具耕

---

[1]　海南省五指山市地方志编纂委员会编:《通什市志》,第243页。
[2]　按照黎族社会成家年龄为18岁来推算,该地使用铁器农具是在清朝中期。
[3]　广东省编辑组、《中国少数民族社会历史调查资料丛刊》修订编辑委员会:《黎族社会历史调查》,第100—101页。
[4]　广东省编辑组、《中国少数民族社会历史调查资料丛刊》修订编辑委员会:《黎族社会历史调查》,第100—101页。

地是一种看起来有些浪漫的耕作技术，但是实际上这不过是由于铁器技术不发达而被迫选用的落后方法而已。传统的非铁器时代的耕作技术效率十分低下，而且非常浪费劳动力；这又在事实上促使人们采用共同劳动的落后方式来从事农业生产。

中华人民共和国成立前该地区的作物收获方法是使用手捻小刀捻穗，速度极慢，普通一个劳动力，每天只能收割30—36把稻谷。所以，当地收割的时间很长，从开始到结束需要一个多月。① 而且中华人民共和国成立前，雅衷（现在的南门和什守）地区的黎族人民耕作稻田还是采用一犁、一耙，没有积肥、施肥的习惯。对猪粪和人粪都未加以有效利用；肥料只是一些草木灰和稻草灰及耕牛的少量牛粪。"所有地区的黎族都不以人的粪便做肥料。从这一点来看，他们似乎对人的排泄物存在某种禁忌。"② 笔者所调查的村落似乎还保留着这样的做法，当然这和厕所一类的粪便收集技术的缺乏也存在一定的联系。不过对另一些已经具备了条件的黎族村落来说，在政府的帮助下有少数家庭建起与化粪池相匹配的厕所，或者在村庄较偏远的角落建造起公共厕所，但据笔者了解，即便在这些地方，人们也很少使用人畜粪便做肥料。

该地区黎族群众合亩制时期的分配方式也具有原始公社的特点。表现在狩猎活动中，"头人得头，猎手得腿，余归全村分吃，内脏煮粥聚食（每家出米半斤）。共吃内脏是原始共产主义社会的习俗之一"③。在安排农事、狩猎活动方面，合亩地区的黎族群众使用的计时方式也比较落后，具有原始色彩，尤其是某些禁忌日的设置更是如此。他们以类似汉族的"十二地支"计算月日，以十二天为一个周期，每一个周期有四天是禁忌日，如遇牛日，不能用牛犁

① 广东省编辑组、《中国少数民族社会历史调查资料丛刊》修订编辑委员会：《黎族社会历史调查》，第102—103页。

② ［日］冈田谦、尾高邦雄：《黎族三峒调查》，民族出版社2009年版，第134页。

③ 曾昭璇、张永剑、曾宪珊：《海南黎族人类学考察》，第30页。

田耙田；遇鸡日，妇女不能拔秧插秧；遇虫日和马日，不能犁田、耙田、播种、拔秧、割稻，但可以做其他各种农活。①

在合亩制社会中，每一个合亩中的分配方式大致是按户平均分配，在什么情况下才能够从分配方面取得一户的权利呢？第一，只要结婚后，有了房子，自己单独开伙，同时自己能够参加劳动或自己年幼不能参加劳动，但妻子回家劳动，这时候就可以取得一户的权利。第二，婚后不久，妻子逝世，男子仍然保存分配方面的一户的权利。第三，婚后，有了房子，但男子年幼未能参加主要劳动，即犁田、耙田，只能参加次要劳动，如挑稻；同时妻子又住娘家，未落夫家参加劳动，这时男子会在父亲家里吃饭，分配方面只能取得半户的权利。第四，婚后，有了房子，男子年幼不能参加劳动，而妻子偶尔返夫家参加劳动，在这种情况下由合亩适当分其一些谷子。第五，夫妻双方皆逝世，分配方面的一户的权利就被取消，年幼的子女由合亩里血缘最近的成员负责抚养。②

可见，合亩制度在实践过程中主要表现为多个家庭之间的相互联合，大家在一个共同领袖"亩头"的带领下，遵照历史习惯，一起干活，并且按照家庭（而不是按照人口）来平均分配劳动成果。在笔者看来，合亩制不仅是一种社会制度，更是一种经济制度和经济生活方式，尤其是将其与中华人民共和国成立以后所实行的生产合作社制度进行比较之后，更是如此。

20世纪50年代初，随着社会主义改造过程的推进，全国范围内开展了相应的社会变革进程。黎族地区原始的"合亩"制度也要与时俱进地开展相应的社会主义改造。不过因为合亩制地区和中国其他的一般个体经济地区相比具有不同的特点，尤其是其本身就具

---

① 参见中国科学院民族研究所、广东少数民族社会历史调查组编印《黎族合亩制调查综合资料》，1963年版，第43页。

② 全国人民代表大会民族委员会办公室编：《海南黎族苗族自治州保亭县毛道乡黎族合亩制调查报告》（初稿），第28—29页。

有一定的公有制因素，而且至少在形式上，它与后来所推行的社会主义集体制度具有较高的一致性。因此，在合亩制地区推行社会主义改造所遇到的阻力就比在其他地区要小得多。

但是由于该地合亩制经过了较长时间的发展，本身也产生了一定的分化，有些合亩已经具有了剥削的性质。[①] 社会主义改造在合亩制地区的实践，通过民主改革，废除了封建剥削，但仍然保留着合亩的形式，即若干户土地私有，合伙经营，按户平均分配，亩头仍然保留着对合亩成员的传统习惯的影响。根据这种情况，政府[②]采取了积极慎重的方针，对合亩的社会主义改造是在原来合伙经营的基础上，逐步改造其劳动分工和使用、收获分配以及其他不合理的方面，增加合理的内容；规定在转为合作社后实行按劳分配，不计土地报酬，在分配方面可参照其传统习惯，对老人、小孩及学生给予照顾。在社会主义改造过程中，除少数属于剥削者的亩头之外，对于一般亩头，采取团结、教育、改造的方针。[③]

在合亩制地区实行社会主义合作化运动以后，有了如下的变化：

首先，农业合作社加强了生产计划和劳动力的管理，有效地提高了劳动生产率。在劳动力的组织和使用方面，改变了"合亩"对劳动力组织和使用的盲目性。过去"合亩"的共耕生产，人们想干什么就干什么，多少人干就一起干，做就一起做，歇就一起歇。……这样组织和使用劳力，其浪费之大是不

---

①　剥削关系在地区之间是不平衡的，体现在龙公对龙仔的剥削，以及少数亩头对亩众的剥削，比如 WLB 对亩众的剥削。在牛只的租赁上剥削也是比较重的。此外，还存在高利贷的剥削。参见中国科学院民族研究所、广东少数民族社会历史调查组编印《黎族合亩制调查综合资料》，第 23 页。

②　是指当时的原广东省海南黎族苗族自治州州委州政府。

③　中国科学院民族研究所、广东少数民族社会历史调查组：《黎族简史简志合编》（初稿），第 143 页。

言而喻的。其次，农业合作社实行新的按劳取酬的分配办法。"合亩"的共耕经济，一直是在"合亩"内以户为单位平均分配劳动产品。分配的不合理，有损于群众的劳动积极性，劳动效率极为低下。农业合作社改变了这种不利局面，决定原则上实行按劳取酬的产品分配办法。再次，农业合作社组织和引导社员改变"合亩"耕作粗放的生产方式。①

合亩制地区关于生产资料的处理，也有其独特的地方。（在黎族地区）牛只是主要生产资料之一，有着多方面的用途，在生产中是主要的农耕畜力，在以物易物的交易中又是媒介物，家庭牛只的多少还是贫富的象征。因此，对牛只的处理，绝不只是涉及其所有制的问题，还必须看到牛只在当地黎族人民社会生活中的多种地位和作用，以及人们在观念意识中对牛只的看重。可以说，在合亩制地区，牛只所有制包含较多的私有因素，人们对牛只的私有观念根深蒂固。针对这些特殊情况，在合亩地区推行农业合作化时，没有简单行事，也不采取汉区办社的经验，把牛只折为公有入社等，而是采取牛只私有公用的办法，没有急于处理牛只的公有化问题。对节庆、盖房和婚丧中的斩牛，政府做出规定：只准许斩杀失去劳动能力的老牛。

合亩制地区的土地所有制，刚好同这里的牛只所有制相反，土地所有制公有化的问题极易解决。（该地原有的三种形式的）土地所有制以公有因素的居多，公有因素的土地占总耕地大部分，同时极少存在土地买卖的现象。"合亩"的成员积极拥护土地公有化。

合亩制地区从实际出发，推行农业合作化的第一步是建立生产组，基本上一个"合亩"成立一个生产组。每个"合亩"除原来

---

① 陈立浩、陈兰、陈小蓓：《从原始时代走向现代文明——黎族"合亩制"地区的变迁历程》，南方出版社/海南出版社 2008 年版，第 126—128 页。

的亩头外，另由亩众推选一位组长，并将"合亩"之名改为生产组，然后在生产组的基础上组建合作社。[①]

按照资料的记载，合亩地区在建立生产合作社的过程中、建社后，暴露了一些值得注意的问题：

第一，亩头特殊地位的残留——亩头不愿放弃以前合亩制所有的"稻母谷"的权利；又怕参加合作社会没有领导地位。社长（以前是亩头）为了保持不经常出工也可以得到同样数量产品的传统习惯，提出按底分配的假评工办法，同时亩头的妻子也情绪低落，怀疑顾虑。

第二，私有财产观相当严重——社章规定土地连片经营，但群众要求用竹签作为界，有公牛的亩众想换母牛入社，土地多、劳动力多的家庭怕吃亏，一般怕吃大锅饭。

第三，保留原始性的单纯劳动协作——当分配一部分人去造房子、一部分人去开水沟时，便有群众不满意，要求集体造好房子再开水沟，严重浪费劳动力，不懂得分工协作。

第四，保留原有的生产习惯——群众除传统的农作物外，不愿耕种其他新品种。有的亩众被分配去犁田，结果又牵牛去踩田，对进步生产技术的接受程度低。同时，顾虑实行评工后，便不能按风俗习惯到亲戚家或者家里陪伴客人喝酒。[②]

第五，集体主义思想薄弱——在建社过程中，群众愿合小的亩，不愿合大的亩，怕人数多，难领导，难团结，生产搞不好。

第六，建社不是真正的自觉自愿——当地民众错误地认为社是政府工作同志办的，大小问题都依赖工作同志。

第七，在相当长的时间，依赖政府——社内目前没有积累资

---

① 陈立浩、陈兰、陈小蓓：《从原始时代走向现代文明——黎族"合亩制"地区的变迁历程》，第124—125页。

② 应该说这也是现代新技术等不能被接受的原因，因为这样一来会改变传统的习俗和生活习惯。

金,社员生活水平低,也没有结余,社内一些事情只靠政府贷款。同时,社内没有一个能计划生产、进行政治思想领导的骨干,要政府派干部经常驻社。

合并之后,只是把过去按户平均分配改为按劳力的等级分配。对生产资料——田地、耕牛的处理基本上和合亩一样,由合作社公用公养,不计报酬,合亩时可以分亩和退亩,田地耕牛可以自由带走,但入社后这一点权利都受到了严格限制。以上情况均严重挫伤了农民的积极性,合亩制地区过早地办农业合作社,既超越了农民的思想认识水平和农村干部水平,也超越了生产状况,违背了生产关系必须适合生产力性质的原理。①

其后,作为合作化运动的升级版,人民公社将社会主义改造带上了一个极端。这里有必要将人民公社和合亩制进行比较。人民公社除了把合亩制不完全的生产资料私有制改变为公有制外,其他大致相同。例如,田地统一经营,不计报酬;耕牛公养公用,也不计报酬,这本来就是合亩所固有的。两者均采取"大呼隆"式的集中劳动形式,不过公社在劳动力的安排上有所改进。在产品的分配方面,两者基本上是吃大锅饭,不过一个是按户平均分配;另一个是按劳动工分来分配。所以,合亩制地区的群众称呼人民公社为"合大亩"是毫不奇怪的。②

在合亩制地区,人们在生产中的地位和相互关系于1956年下半年发生了变化。这时已经开始推举农业生产合作社的社长及生产队长,生产队以原合亩为单位,生产上的组织和领导工作已经由社长及生产队长负主要责任,亩头仍然主持生产前及生产后的一些具有民间信仰性质的仪式,农业方面已经不存在合亩内几户农户参加

① 杨德春:《对黎族合亩制社会主义改造过程的回顾及其评论》,载詹慈编《黎族合亩制论文选集》,广东省民族研究所1983年版,第322—323页。
② 杨德春:《对黎族合亩制社会主义改造过程的回顾及其评论》,载詹慈编《黎族合亩制论文选集》,第325页。

的集体劳动，也不存在合亩内以一户为单位的个体劳动，副业生产和狩猎活动的情况没有发生改变。①

此时的分配原则已经改变了传统的按户平均分配方式，而是采用按劳动力平均分配。和全国其他地方一样，劳动力只分全劳动力和半劳动力两种。一般说来，如果全劳动力分得 6 把稻谷，半劳动力就分得 3 把稻谷，对于小孩、老人以及失去劳动力的人也有照顾：小孩可分得 1 把稻谷，老人可分 1—3 把稻谷。很明显，这种分配是按照劳动力平均分配，就以全劳动力来说，他们仍然存在劳动力强弱、劳动技术熟练与不熟练之分，劳动经验也是不同的，因为全劳动力都同样分得 6 把，这在实质上是按劳动力平均分配。

另外，糯米还是按户平均分配，群众认为糯米是用来酿酒的，每家都要酿酒，同时半劳动力和失去劳动力的老人也要喝酒，他们不一定比全劳动力的人喝得少，因而群众仍然依照按户平均分配的原则来分配糯米。

产品按照上述办法分配以前，要取出一部分产品用于以下各个方面：

第一，稻公稻母，1956 年下半年亩头收稻公稻母数量和过去相同。

第二，公益粮，1956 年下半年新设这项。群众生活有困难时就以公益粮补助他。

第三，公积粮，1956 年下半年新设这项。生产种子不足时，以此粮解决。

第四，公家聚餐的谷子。

第五，留新谷，毛道乡各个合亩仍然各交十二把谷子给亩头吃，副业和狩猎方面的分配仍然不变。小块园地的产品仍然归各户

---

① 全国人民代表大会民族委员会办公室编：《海南黎族苗族自治州保亭县毛道乡黎族合亩制调查报告》（初稿），第28页。

所有。①

　　有人认为，中华人民共和国成立之前，合亩制从大变小，由合变分，从纯粹原始公社向带有封建剥削演变，是一个历史趋势；但是合作化人为地阻断了这种趋势，杨德春认为合亩制地区的社会主义改造是"左"倾思潮的产物，它超越了生产力发展的状况。用行政命令手段建立起所谓"先进"的生产关系，其实它并不先进，而是冒进。之所以给人这样的印象，主要原因在于合亩制本身具有的集体主义色彩和社会主义改造时期的集体主义色彩有一定的重合一致之处。直到改革开放实行家庭联产承包责任制以后，真正的实践意义上的个体小农户经营才出现在这一地区，"合亩"制才真正在实质上被消灭于历史的舞台。

　　在社会主义改造之前，合亩制地区大亩变小亩，且出现单干户现象，据群众反映，其原因可归纳为四点：（1）合亩内的人口年年增长，但耕地面积一般不增加或者增加很少，因此农产品不够维持合亩地区民众的生活，于是便分开谋生；（2）合亩内各户的田地、耕牛、人口和劳动力有多有少，其中田多人多的家户，受到按户平均分配产品原则的限制，往往缺粮，因此一旦达到劳动三个条件（指具备了田地、耕牛）之后，便宁愿单干，从此可以收多少得多少，生产积极性提高，逐步做到不缺粮；（3）合亩内兄弟、妯娌之间往往因出工勤怠等原因彼此闹意见，不团结，难以合作，也导致分亩现象；（4）极个别好吃懒做的亩众，屡教不改，被勒令退亩，变成单干户。无论在哪种地区，合亩制瓦解后的出路只有一个——个体小农户，从合亩中分化出来的单干户和合亩已经全部瓦解的单干户，外加现存的合亩都重新组织在一个生产共同体中。这实际上不是前进，而是生产关系的倒退。

────────────

① 全国人民代表大会民族委员会办公室编：《海南黎族苗族自治州保亭县毛道乡黎族合亩制调查报告》（初稿），第31—32页。

在交易方面，历史资料记载为："黎人弗宝金银，黎人之富视牛之多寡焉。"① 合亩制地区商品生产和交换关系很不发达，还没有形成本民族的商人阶层。他们对于金钱货币没有更深的认识，仅有的商品交换意识也停留在原始的以物易物层面。交换关系主要在黎族人与汉商之间进行，并以物物交换为主，只有少数人使用汉区通行的货币，如光洋、铜钱、铜币等作为交换的媒介物。汉族商贩有坐商和行商（担货郎），前者分散住在各个较大的黎族村寨内。汉商来自乐东、崖县、陵水等地，一般是五六人同来，多则十余人，从不定期流动到定期定地，个别还成为坐商，主要经营各种生产资料（如犁头、锄头、铲、手捻小刀、钩刀等铁质农具）和生活用品（主要是食盐、棉纱、丝线、针、金属饰物等），以换取黎族的牲畜、红白藤、烟草、藤萝等土特产。交换大致按照这样的方式进行：一个犁头换一头小猪（二三十斤）或两只大肥鸡；一盒火柴换一只鸡；一根针换一只鸡；一箩筐盐换四箩筐谷等。②

当然，交换关系还发生在毛道乡黎族人民内部以及毛道乡黎族人民和其他黎族人民之间。南门村老人 HWD 说在他小时候③，六把稻子就可以把一棵椰子树永久换走。当然这方面的交换主要是以买卖土地为主。"雅袁 6 个村的土地买卖现象则较多，例如解放前王老论合亩共发生过 9 次土地买卖现象，王老扁合亩共发生过 5 次土地买卖现象，王老蟒合亩共发生过 2 次土地买卖现象，王老合合亩发生过一次买卖土地现象。购买土地主要是各户农户用自己的死牛买进来，买进的土地归各户私有，也有用合亩所有的牛购买土地，买进土地归合亩所有。"④ 至于出卖土地的原因，主要是：（1）

---

① 中国科学院民族研究所编印：《海南岛民族志》，第 14 页。
② 五指山市地方志编纂委员会：《通什市志》，第 336 页。
③ 估计在 20 世纪 50 年代初。
④ 全国人民代表大会民族委员会办公室编：《海南黎族苗族自治州保亭县毛道乡黎族合亩制调查报告》（初稿），第 33 页。

被人处罚牛只，因而不得不出卖土地。例如，王老蟒合亩的王老扁偷了别人一头牛，后来被发觉，于是被罚水牛八头，为了还牛不得不出卖五亩旱田。又如，王老陆合亩的四个成员被王老本罚水牛五头、黄牛四头，为了还牛不得不出卖四亩旱田。雅袁 6 个村的合亩因被罚牛只而出卖土地的现象不少。（2）是以土地换牛来作鬼。因为这里的群众生病时往往要杀牛或杀猪"作鬼"。在后文可以看到，如今有些村民仍然会因病因灾"做鬼"而负债。

典型经济活动除了交换关系之外，还存在于借贷关系之中。新中国成立前，合亩制地区的借贷关系主要发生于合亩内部和合亩之间。亩内成员之间借粮食绝大多数要利息，年利率百分之百，复利计算。例如今年借粮食 1 攒，明年还 2 攒；明年还不起，后年就得还 4 攒。借贷（光洋）则不要利息①。借牛在三年内归还的不取利息；三年以后，每头牛需付息 1 拇稻谷（约 144 公斤）。合亩之间以借稻谷的居多，牛只、光洋次之，利率与私人借贷相同。由于合亩制地区的商品货币关系不发达，借贷通常发生在因病杀猪宰牛"作鬼"而不堪负担，或歉收缺粮的时候，因此借贷关系不多见，而且尚未出现以放债为业的"债主阶层"。②

在"合亩"之间也出现了租种田地和租用耕牛的现象，一般是租种旱田三亩至五亩收租谷一拇，但也有个别不出租谷的；租用耕牛，一般是一头耕牛三年付租金光洋一元或年付豆子一拇，个别有年付一元的，也有不要租金的。这种现象大多发生在靠近乐东的雅袁，而毛道和毛枝大村都极少出现。③

---

① 这种现象说明在传统的黎族社会中，商品经济是十分不发达的，人们更多的是从表象上来看待问题，而不会从更深的商品经济角度来看。因此，黎族人认为粮食是活的，可以通过种植而得到更多的收获，因而对借出的粮食要收利息；同时认为货币不过是死物件，不会增殖，因而对借出的货币并不收取利息。

② 五指山市地方志编纂委员会：《通什市志》，第 439 页。

③ 吕振羽：《黎族的"合亩"制》，载詹慈编《黎族合亩制论文选集》，第 56 页。

对牛只等牲口的租用是一种存在于合亩制地区的特殊借贷形式。这种历史传统在如今的黎族社会中也还有存在的痕迹。2012年，南门村 HWD 养有四头牛，这四头牛最早并不是他自己家的。第一头牛是他的妻子的弟弟（外家）因为没有时间养，就把一头母牛托他来养，后来生产了一些小牛。按照规矩，生下的第一头牛归养牛的人；第二头牛归原来主人，依此类推，如果母牛死了，则一人一半。如果牛死了不告知则要罚两头牛。理论上讲，他现在手上的四头牛只有两头是自己的，另外两头则是属于外家的。HWD 所说的关于租牛的分配方式基本上和历史资料记载的一致。

此外，还存在典当及抵押现象。新中国成立之前，通什地区①典押的情况相当普遍。典当的对象是水田、旱田、坡地、园地、山栏地。据对番阳乡什茂村的调查，典押没有严格的时间限制，大抵要在两年后才可赎回典押物，有时父亲出典的东西，到儿子时才赎回。典押价格，一般是相当于出售价格的二分之一至三分之二。土地典押的价格大约是：上等田两亩值两头水牛和五个光洋，中等田两亩值一头水牛和五个光洋。赎典物都是以原典价赎回，不论年限长短，一概无息。在典押关系成立后，双方还要剖竹为凭，即用一块 5 寸长、1 寸宽的竹片，把典押价格用钩刀刻画于其上（如典价为两头牛，即刻二划），然后由中间人（若无中间人，就由当事人的某一方）将竹片一劈为二，由出典人与受典人各执一半为据。而毛贵乡典押都有期限，时间由双方协商而定。在典押期间，土地所有权暂时转让给承典人，他有对该土地的使用权。典主到期若不能赎回，可与承典人协商延长期限。近亲之间典当是直接商议，没有契约；如果与远亲或峒外人典当，一般要刻竹为据。竹片契约的长短和大小，取决于典当的数量。数量大的，一般约有 4 英寸长、1

———————
① 即现五指山市。

英寸宽；数量小的，约有 2 英寸长、0.5 英寸宽。竹片头端刻典价，一个刀痕代表十个光洋或一头牛。赎典时，以竹为凭。出典人归还典价后，就收回出典物，同时，当场焚毁竹片，典押关系即结束。①

上述劈竹片制作证据的典押方式只是其中一种。另一种双方执为凭证的典押方式是所谓的"对牌"。由于没有自己的文字，而且民众既不会读，也不会写汉字，有些黎族人在发生借贷时会使用对牌来记录相关内容。对牌以竹管制成，直径在 8 毫米左右，长度因刻文的大小、数量不同而有所不同，一般在 18 厘米以内。以这样的方式制造出来的对牌，顾名思义要在中间纵向劈开，借方和贷方各持一半。如果借方欠债不还，贷方可以向其出示对牌，敦促其偿还债务。如果借方偿还了部分债务，双方都要将对牌的相应部分切掉。债务全部还清后，双方均废弃对牌。黎族人之间的借贷，大多没有固定的偿还期限，也没有利息。对牌的制作，一般在长老的监督下进行。此时，按照习惯大家要在一起喝酒。②

具体到南门村，根据 20 世纪 50 年代的调查资料，雅袁的借贷关系、租佃关系都比毛道七个村及毛枝大村多。为什么会有这种区别呢？雅袁靠近乐东县，因而雅袁和乐东县的关系较为密切。而在乐东县，黎族社会除极少部分地区存在合亩组织外，社会经济已有进一步的发展。③ 雅袁或多或少会受到较为发达地区社会经济思想的影响，因而在经济活动方面较之传统有一定的突破。

按照对南门村村民的调查访问，黎族没有"还"或者"交换"的概念，但是存在事实上的交换关系，一家缺什么就从另一家拿，比如糯米酒，由于在黎族社会中喝酒送酒的机会多且不确定，因而经常会出现亏空，这就导致在需要的时候互通有无，以应不时之

① 五指山市地方志编纂委员会：《通什市志》，第 439 页。
② ［日］冈田谦、尾高邦雄：《黎族三峒调查》，第 212—213 页。
③ 全国人民代表大会民族委员会办公室编：《海南黎族苗族自治州保亭县毛道乡黎族合亩制调查报告》（初稿），第 37 页。

需。人们之间都很慷慨地借出，也不期望能够很快就还回来，因为大家都知道下一次自己家没有酒了，也是要从对方那里拿的。从人类学的角度来看，这是一种特殊的交换关系，发生在不同的时空之间，不同于经济交换是一种即时的瞬间交换行为。

如果缺钱，主要是向亲戚借，不用还利息，这和传统时代的借贷方式高度一致。村民一般不会向别人借，村庄的借贷关系主要建立在血缘姻缘基础之上，如果不存在亲戚关系，就不会有借债现象发生。人们很少向银行、信用社贷款，2011 年建房时，有三户村民准备向信用社贷款，三户之间互相担保，但是最后没有办成。因为手续非常复杂，上面来人做了调查，似乎在确认村民的还款能力。而且这种贷款往往只用于发展生产，因为投资尚有收回的可能性，但是建房子这样的消费行为并不受到支持。

在笔者看来，当地的人情往来状况还保留着很强的传统特征，但是时代发生了巨大的变迁，任何一个地方即使十分落后也必然会受到现代社会文明的影响。因此，我们在具体的社会调查中也可以发现，在保持传统的民风之余，现代的理性经济思维在人们身上也有所印刻。

2011 年 8 月起，在番阳和毛道方圆几十公里之内，发生了一起十分重大且引人躁动的事情，让人见证了即便保留着传统特征，该地人对于金钱和暴富仍心存渴望。

事情源于在番阳镇一片深山老林中发现了一座鸡血石矿藏①。有人说鸡血石价格奇高，能够达到 100 元钱一斤。这个消息迅速在十里八乡传播开来，大家纷纷向目的地聚集，并将石块采集搬运回来。取石地点在五指山靠近白沙县和昌江县的地方，春节假期，因为是法定假日，林业部门也放假了，所以当地人纷纷上山

---

① 事后被证明是子虚乌有。

去取石头回家。南门村村民之前还不知道这件事情，年前 HWD 的妻舅喝酒时提到了这件事，并约时间一起上山取石头。开始时仅仅是一些年轻仔，但是到后来几乎村里所有人都上过山，有的人还几天连轴转。在想象的利益面前，人们已经不顾当时还正处于过年期间了。

2012 年 1 月 27 日（正月初五），笔者房东的儿子已经接连去了好几天，笔者决定和他一起上山去看看。那山比想象得要高要陡，爬着非常吃力，甚至出现了缺氧眩晕的状态。爬了将近 3 小时的山路，我们才到目的地，到这里之后倒有豁然开朗的感觉，头晕的症状也减缓了不少。在一条不算窄的小溪里面到处都是人，笔者目测不下千人①，有认识的，也有不认识的，有毛道的，也有番阳、毛阳和万冲的，绝大部分是黎族人，少数是苗族人。他们或者抢着铁锤，或者拿着钢钎，或者拿着锄头，或者拿着砍柴刀，在小溪里、在山坡上、在泥土里找寻着石头，那些看上去鲜红的就容易被青睐。接着下山又是三个小时，在陡峭的山峰上行走，的确是一件很危险的事情。看着熙熙攘攘的人扛着大块的石头往回走，让人真正知道了什么叫作金钱的力量。据说正月初八那天林业局就要来封山，因此大家就更疯狂了，要在这之前尽量多地弄些石头回家。

下午 4 点多人们才从山下集结回家。因为很多人早上吃得少，中午没有吃饭，都很饿了，因此大家相约在番阳的 WGF（本名 HGF，因为做了上门女婿，改姓 W）家吃了些饭，接着赶路。突然来了这么多人，WGF 和他的妻子措手不及，不过他的妻子还是很热情的，并没有因为丈夫是上门女婿而看不起对方。

---

① 用村民自己的话说就是"像'菜市场'似的"。

二　当前经济生活方式

（一）作物种植

在南门村，现有粮食作物主要有水稻、玉米、木薯、地瓜、花生等，其中水稻是主要的粮食作物，占60%以上，也是主食，其他作物则是附带种植，种植的随意性很大；经济作物主要有橡胶（占80%收入）、槟榔①（占15%收入）、芭蕉（占5%收入）、香蕉（主要是自己吃或者喂牲口）等。除了新式经济作物橡胶之外，其他传统作物的种植种类与方式都和以前一致。

事实上，如前所述，在毛道地区，除了一增一减之外，传统的农业种植结构没有太大的变化。但是正是这一增一减，尤其是前者即橡胶树的种植给当地黎族群众的生活带来了十分深刻的变化。在笔者看来，这是仅次于集体主义生产方式发生变化之后的另一个重要变迁。虽然这看上去不过是一种经济作物的广泛种植而已，但在本质上，它给本地区人们带来的绝不仅仅是经济影响，而是纵深且广泛的整体性影响。尤其值得注意的是，传统的较为封闭的农业生产被纳入开放的市场经济环境中，没有哪个时期的黎族群众像现在这样会时刻感受到瞬息万变的外部市场所带来的各种影响。

五指山地区的橡胶种植从20世纪60年代开始引种（村民说大规模种植应该是在1995年左右），1987年年末种植面积达3562.3公顷（其中当年新种279公顷），干胶总产量达487吨。种植面积逐年增加，至2000年年末，全市种植面积达5036公顷（其中当年新种121公顷）。②橡胶树的种植改变了该地区的经济和社会面貌，如今橡胶产业成为当地黎族群众最主要的经济收入来源，对于某些

---

① 由于品种的原因，该地区的槟榔一年只在9—11月收三次，在其他地区一年四季均有收获。

② 五指山市地方志编纂委员会：《通什市志》，第248页。

民众而言甚至是唯一的经济收入。橡胶树在整个海南岛都有种植，在邻近五指山市毛道乡的乐东县也有较大的种植面积。在五指山的所有乡镇，橡胶树都作为主要的经济支柱，其中毛道乡是其中最重要的、种植面积最广的一个乡，这与该乡广袤的山林和相对而言较少的人口分布有关。

与橡胶产业的兴旺发达直接相关的大概就是加工产业的兴起，在该地区有几座新建的胶片加工厂。人们每天都会在乡间小道上碰到一些皮卡车或者三轮车，或者是外地人，或者是当地人在收胶片。什守村的村长和妇女主任就身兼胶片收购老板的角色，南门村村民 HYJ 在割胶之余也会到别村去收购胶片。

各家各户不管男女老少都被教授了割胶以及进行橡胶水简单加工成片的技术。所有能够开垦出来的土地都种上了橡胶树。南门村队长 HJB 种了 2000 多株橡胶，开割的有一半左右，价格好的时候（2012 年胶片每公斤的收购价为 20 元），一年卖胶片的收入可以有 5 万元，勤快一点可以割到 6 万多元。每年投入的成本主要是在肥料上，2012 年用掉了 16 包肥料，一包 120 元，总计将近 2000 元。有些农户还要购买除草剂，每桶要 200 多元。稍加计算，我们就可以看到该地区的村民 2012 年前后的净收入相当可观。

作为新式的提供主要经济来源的种植结构，也给人们的生活方式带来了极大的变化，在笔者看来这恰恰是最大且最有影响的变化。在以前，主要的农忙季节是水稻和山栏稻播种和收割时期，全年不会超过 3 个月，在农闲时则无所事事，晚睡晚起是正常现象。但是现在的农忙时节被扩大为从每年的 3 月到 12 月，只要不刮台风和下雨，人们都会早早地入睡，然后每天凌晨 4 点就要早起上山去收割橡胶，等温度高了再回家休息。

20 世纪 90 年代以后，随着政府相关政策的制定实施，传统的山栏稻种植逐渐被禁止，到 2003 年就完全禁止当地种山栏稻，原因在于其产量太低，且原始的刀耕火种被认为会导致水土流失而造成土地被破坏现象。然而作为一项传统的粮食作物，人们已经种植了千百年，要戛然改变这样的习惯是很困难的，尤其是嗜好山栏稻糯米酒的黎族地区更是如此。因此，在比较偏远的山区，还是有黎族民众进行小块种植。山栏稻种植的时间是固定的，村民们记得很清楚：农历一月至三月，砍山，烧山；四月至五月，种山栏稻；七月用泥巴围山栏稻，防止野兽来吃；十月开始收山栏稻（山栏稻收的是稻穗）。

在黎族传统的农耕活动中，他们有自己的记日法，并严格遵守习惯和禁忌。具体而言，就是把每一天按照如下方法进行标记，为狗、猪、鼠、牛、虎（虫）、兔、龙、蛇、马、羊、猴、鸡日，在对应的某一天都规定了可以做什么以及不可以做什么。村民对比太阳初升和降落的情况，认为早上播种则成熟的时间太长，而在下午太阳将要落山的时候播种，成熟的时间就比较短，很快就可以获得丰收，因此人们往往在下午太阳将要落山的时候才去播种。笔者认为，这种解释的逻辑比较浪漫，但实际效果可能是科学的，上午的光照太强，土地温度太高，种子容易被晒伤；而下午温度比较低，种子容易正常地成长发芽。

包括橡胶树在内的经济作物的种植是受限制的，政府不允许随意将灌木砍伐开垦成橡胶种植地。事实上，橡胶树的种植对于维持水土生态平衡来说是不够的，比起原始生态环境的保持功能还是逊色不少。因此，如今政府不让砍山了，村民们也就没有办法大规模开地，否则就要被罚钱。不过村民们采用了一些策略性的做法，即采取蚕食的方法，每年往周边扩一点。这在2010年以前是比较普遍而且有效的做法；2010年政府为村民办了林权证，对之前林地的使用权做了确认，这其实把村民以前所蚕食得到的林地包含在正规的林地之内了，一并确定为合法拥有。在这之前为了争地，村里经常有吵架的事情发生，现在有了林权证对林地使用权的确认，就不再有纠纷了。

南门村的退耕还林从 2002 年开始，采用 8 年一补的方式，2010 年开始补第二轮。政府要求在退耕还林的林地种植指定的树种（桉树或者橡胶林）就可以获得补贴。LJY 一年的退耕还林补贴有5000 多元。在"五指山市 2008 年度退耕还林工程粮食改发现金和生活补助现金兑现表"中，笔者发现南门村得到补助最多的村民是HJL，他每年有将近 1.2 万元的补贴款。

当然近代以来，随着外部种植结构对生态及经济环境的影响，在种植传统山栏稻之外，该地区也会种植其他作物，其中最为重要的一种就是水稻。在五指山地区，由于海拔相对较高，水稻种植模式为一年两造。农历一月至三月，拔水田草，五月收第一造水稻；农历六月，犁第二造田，稻种育苗，插秧；七月种第二造水稻；九月收第二造水稻；十二月犁第一造田，稻种育苗，插秧。现代水稻种植过程中要使用农药化肥，不过在水稻开花的时候是不能打药的，因为人们认为这会把毒性带入稻谷。传统的黎族稻谷去皮工具是舂臼，但是由于火灾，也因其效率低下而被抛弃，现在村庄中基本上见不到这一类工具了，取而代之的是加工机器。农户购置的碾米机器本村只有 HRC 有，兼有碾米去皮和磨粉的功能，不从事经营。其他村民则主要通过将稻谷运到万冲、毛道乡政府或者番阳去加工，价格为每百斤稻谷收 4 元、5 元。

在水稻种植方面，每家要投入一定的成本。以 LJY 为例，她家有近两亩水田，一年时间中的农药（主要有甲胺磷、乐果等）要花100 多元，化肥花费将近 500 元。另外，杂交稻谷种子不能自己生产，只能从市场上购买，每斤价格为 25 元。糯米稻种则为自留的。前者的亩产量能达到 800 斤；后者要稍微少些，不过从来没有确切称过，是估计数值。以往村民主要使用耕牛，现在她家则买了铁牛，已经使用五年多了，当时花了 2000 元，每年至少要烧 100 多元的油钱。

在南门村，以前基本上所有的农田都要种满，耕地处于超负荷种植状态，不会有农田空置现象。现在则不一样了，因为随着产量的提高和市场上购置粮食的便利，土地的产能出现一定的过剩，村民的应对之道是或者抛荒或者送给别人耕种。LJY 的一间卧室里堆满了稻谷，据她估计，这足够她一家人食用两年，因此就把田地让给了其公公种植第二造水稻。在乡间小路上行走，我们也经常看到有些田地暂时荒芜，无人耕种。

犁田的工具有牛、木犁，以前一般认为犁三次、耙三次是最好的。现在村民普遍购置了"铁牛"，即用作耕田的拖拉机，它的耕地效果非常好，因为它可以犁得更深。相比传统的农耕用具和畜力，村民们现在使用的机械工具的生产效率高很多。在老队长 HRC 家门口搭了一个雨棚，停着一个手扶拖拉机，是他 6 年前买的，花了 5000 元。在其子 HCJ 的新房子门口也有一个大一点的带方向盘拖拉机，是毛道的女婿暂时不用给他用的，这些现代化的生产工具和运输工具给村民的日常生活和劳动带来了便利。

在农业耕作方面，传统的带有一定迷信色彩的做法也有所保留。比如，种田时必须由老人先动手，不然就会批评年轻人，如果当年因为年轻人先插田而没有获得好收成，就更要怪罪于年轻人。在家人的忌日那天也是不能参加耕种的，如果果然出现了人们认为不吉利的、会影响农业收成的事情，村里的年长者就会请人作法破解危机。在南门村，辈分最高的 HDL 老人就承担着这种责任。

一般来说，插田之后的十几天就过年了，但是 2012 年的水稻插秧时间比往年要晚一些，出于水渠破坏修理滞后的原因，稻种育苗的时间已将近年节，因此插田的时间安排在正月十五以后。每年收获和种植水稻的时候是最忙碌的，这时如果人手不够，就需要请人来帮忙。一般是首先请亲戚来帮忙，要杀猪、杀鸡招待，有时候要两天时间才能完成。也可以雇人来做，据说乐东万冲镇有一些苗族人就专门给别人种田，靠这个赚取费用，不过在毛道乡这种情况并不常见。

关于雇工，毛道村副书记、南门村组的 HJL 介绍说，当地一般不需要雇工，但是有些村民，因为劳力不够会有雇工的需求。特别是割橡胶这样持续时间较长的工作，和种水稻（拔秧和插田）时候的短暂忙碌不一样，后者可以通过亲戚朋友之间的相互帮助来解决，有时会有外村的亲戚朋友过来帮忙，受助者则要杀猪、杀鸡和杀鱼请他们吃。而像打橡胶草这样的活，村里人也可以帮忙完成。以前建茅草房也要请人帮忙，东家只需管饭即可；现在人们一般是建造楼房，主要承包给外地人，不存在雇工的必要性。

HJL 是村党支部副书记，几个孩子都有正式的工作，因此家中劳力严重不足，他说今年①橡胶树开割 1000 多株，明年就要达到 2000 株，那时候就需要雇人来割了。愿意来做这种工作的人一般都是乐东或者大陆的人，本地人一般都不愿意做，因为本地人自己也要割橡胶。雇工的工资并不是固定的，而是以产出效益的三七开分成。这种雇工方式从严格意义上讲应该不算雇工，而是包给别人。

村民虽然因为割橡胶比其他村子的人有钱，但是只有在卖了胶片之后才有钱，不卖就没有钱，当手头紧需要钱的时候就卖胶片。出于上一次大火的教训，很多人现在会把大钱存银行，家里最多放两千元现金。不过村民自己也说很少有大钱，钱都会通过各种方式被花掉。

橡胶片在当地因为存在普遍，基本上取代了传统社会的牛只而成了财富的象征，甚至成为某种程度上的"硬通货"，经常会有一

---

① 指 2011 年。

些收购胶片的商人运着装满三轮车或者拖拉机的米、面、肥料到村里来卖，村民如果没有现金就可以用胶片按照当时的胶片收购价来换。村民们也乐意用这个方法来换取需要的物资，因为这样可以省去到镇上购买物资的成本。

该地气候湿润温暖，极适合蔬果的种植生长。但是黎族群众蔬菜种植的经验不足，又由于禽畜采用放养的方式，很容易在菜园子里糟践蔬菜，所以较少自己种菜。如果条件允许，他们也会种些家常菜，萝卜和白菜是主要品种。种菜时间集中在每年的 10 月到次年的 2 月，在其他月份则不种，原因是做工（干农活，主要是割橡胶）太忙且这个时间雨水太多，所以其间要从市场上买菜。由于从外地来南门要过一条河，要是小河涨水了就回不去，所以卖菜的人大都不愿意来这里贩卖。

以前每年的冬天，由于橡胶树已经停割，正是村民最轻松休闲的时候。但是 2013 年的冬天，南门村部分村民正在田地里忙碌着种植一种以前没有种植过的作物——青瓜。青瓜其实就是市场上很常见的长条黄瓜，但是当地黎族村民并不熟悉它，人们甚至会一下子想不起来它叫作什么。村民们看到乐东、万冲那边种过青瓜，且价格很好，很多人种青瓜发了家，所以当毛道乡政府发出号召后，一些村民也开始尝试种植。

笔者到南门村的时候，村民在各自承包地里支起了一排排的架子，然后把线的两端分别系在幼苗和杆子上，以便青瓜苗顺着杆子往上爬。这些青瓜苗已经栽植了两个月的时间了，但是苗还未足够高。种植青瓜非常耗费时间，而且瓜苗很容易出现虫害，主人必须经常跑到万冲镇上找专门的技术人员咨询相关问题。好在从 11 月开始，割胶工作已经基本停止，人们可以腾出较多时间来侍弄青瓜。

听 HJL 书记说，政府开会布置时说连片 10 亩以上的耕地每亩会补贴 500 元，这个比补贴稻田要多，"农民不愿意搞，嫌麻烦，所以要补贴"，不过南门村村民很少有哪户人家有超过 10 亩以上的连片耕地，于是就几个村民联合搞，上报的数据还是存在一些水分的。青瓜种子是在万冲买的，农药也是专卖。按照上报的材料来看，该年度南门有四户种青瓜的，他们是 HMJ 和 HXL 兄弟、HRC、HJQ 和 HLD。青瓜成熟之后就要运到万冲卖给收青瓜的商人，或者卖给上门来收购的人。HMJ 说现在比较后悔种青瓜了，比割橡胶要累很多，等种完这一茬之后应该不会再接着种了。

（二）狩猎养殖

在狩猎养殖方面，由于地处山区，山林繁密，而且又有毛道河等大型河流流经此地，因此当地黎民擅长渔猎者较多。具体擅长何种狩猎技术与所居处地理环境密切相关。南门村村民由于距离毛道河较远，因此在自然渔猎方面不是很在行，仅有在小溪中捡捞田螺类活动，偶尔也会有一些年轻人跑到毛道河去捉小鱼小虾等。在黎族地区待一段时间很容易发现，田螺和小鱼小虾在人们的日常生活中比较常见，而且在某些场合会充当宗教仪式的辅助工具。

如今当地很多村民利用山体的自然地势，尤其是在山谷底部阻坝建造人工鱼塘，里面主要饲养福寿鱼、鲤鱼和鲳鱼。如果要去野外打鱼的话，主要使用网（包括撒网和拦网）、鱼篓（笱）捕鱼，或者用罩子来罩鱼（晚上打手电照着鱼，用篓子扣住鱼用手去捉），现在还有人使用电鱼的方式。在热带地区，一年四季都可以捕鱼，没有时间限制，但是三月的鱼最多，因为那时天气开始变暖。

上山打猎曾经是黎族社会中男人们的一项重要技能，在每年春节之后举行的集体狩猎活动中，其主体就是村庄中的青壮年男人。按照南门村老人的说法，南门村祖先的地盘很大，山林和土地一直延伸到毛枝大村和番阳九队即南打村，往西可以到乐东县的万冲和三平①。后来政府把其中一些土地和山林分给了其他村子，村庄才缩小为现在规模。合亩制地区的人们打猎一般都在自己的地盘上打，因为人们相信到别人的山上打猎会一无所获。

在出发打猎之前村庄会举行一套仪式，主要采用杀鸡取腿骨并观察鸡血走势的方式来预测当天打猎能否成功。村民 HWD 做了具体说明：小鸡的右腿代表人，左腿代表山猪等野兽，如果用小棍子插入骨头后，右边的骨头上有血就预示着可以打到猎物；如果相反，即野兽的腿骨有血，表示人会被野兽伤到，就不能上山了。狩猎获得的猎物下颌骨头要挂在茅草房上，由头人来管，他是村里最有威信的人。

以前打猎有用枪、下套和夹子等方式。相较而言，现在山上的野兽种类和数量都比以前少了很多，狩猎工具也因为禁枪而变得简单化。如今，人们的狩猎对象主要有老鼠和松鼠，采用的多是捕鼠夹或者捕鼠笼，有时也会捕到稍微大型的动物。

南门村老队长 HRC 经常上山去放置老鼠夹子和老鼠笼。他说老鼠肉在当地是非常有价值的食材，只有客人来了才愿意拿出来招待。有时候也能逮到山猫、蛇，和鸡炖在一起，味道特别好，也很有营养，叫作"龙凤汤"。笔者有一次和他去取猎物，但是那次他的运气似乎不好，近二十个捕鼠工具，只逮到一只老鼠，而在山上碰到的另一位村民 HQG 至少抓了 6 只，后者特地把它们一字排开让笔者拍照片，自豪感明显地写在他的脸上。

人们捕到老鼠等猎物后，将其内脏取出洗净并串在铁签子上，然后直接放在火上烧烤。老鼠的毛就在火中被烧掉。这里杀猪和杀牛也同样使用火烧的方式进行，这是当地黎族群众传统的加工方式，在历史资料中有很多记载，外地人并不能很容易接受这种食物

---

① 三平村，2002 年前是乡建制，同年合并到万冲镇，成为万冲镇辖下的村。

加工方式，但是本地人认为只有这样加工出来的食物才最香，这不过是饮食习惯方面的差异而已。

捕食蜜蜂蚂蚁等小型动物也应该算是简单原始的狩猎行为。蜂类比较常见的是土蜂和马蜂。对于前者，人们主要食用其蜂蜜；对于马蜂，则主要食用其幼虫。当地黎民包括小孩都会捕捉蜂类，在笔者房东 LJY 尚未烧毁的老茅草房里就存有两窝土蜂。

在野外，土蜂主要生长在土里或者不高的树洞里，可以对其进行人工饲养。具体的方法是：慢慢地拨开工蜂，找到蜂王，用头发丝捆住蜂王（大一点、黑一点或者黄一点）并将其绑在一个树枝或者其他重物上以防止它飞走，然后放到篓子里，接着其他工蜂就会纷纷自动飞到蜂王所在的篓子，这时把篓子盖上带回家，再用同样的办法把蜂王放在蜂箱里。三四个月之后里面就会有新的蜂巢了。

每年的 6 月是采集蜂蜜的时间。村民在取蜂蜜的时候并不会一次取完，而是要给它们留一半。之后一段时间蜜蜂就要离开蜂箱，到第二年又会回来，至于其间去哪里，人们并不是很清楚。正是由于这样的特点，养蜜蜂最怕蜂王被人抓走，蜂王被抓走了，整窝蜂就没了。在树枝上筑巢的蜜蜂个头比较大，蜂蜜也多，但是不容易家养，蜂蜜的价格也没有土蜂的高。

人们之所以捕捉马蜂，是因为要享用其幼蜂的美味，人们一般在晚上出动，使用烧火堆制造浓烟将成蜂熏跑，趁机将其摘下。蚂蚁卵和幼蜂一样富有蛋白质，也是极好的食物。不过由于蚁卵较小，而且不易从蚁穴中比较干净地取出来，因此此地百姓较少食用，主要将其取下劈开，轻轻敲打，让鸡鸭等禽畜食用。蚂蚁窝一般都筑在树上，它们的窝用的是诸如牛粪一样的材料。每年 3 月是蚂蚁的产卵期，这个时候就可以把蚁巢摘下来。

以上所述主要为非经常性狩猎活动，这些活动无疑为人们提供了高质量的食物来源，但是村民们更主要的是通过人工饲养禽畜来获得肉质食物。传统的饲养对象有牛、猪和鸡、鸭等，当前牛的饲养越来越成为个别现象，南门村只有 HWD 和 HDL 两位老人还饲养了几头牛，并都表示不杀也不卖，要留着给自己没有结婚的儿子娶媳妇使用。人们之所以不太愿意养牛，主要在于牛只的食量较大、放养范围广、容易损害庄稼，因而必须时刻有人看管，所以饲养太耗精力，必须投入足够多的人力。改革开放之后，家庭经营不可能抽出劳动力来专门从事牛只的放养，除非家里有老人和小孩，南门村现今养牛的两个老人就是这种情况。HWD 经常把牛放养在村头一个类似于盆地的地方，他自己就守在唯一的出口抽烟，他说不能让牛乱跑，不然吃了别人的庄稼，要给别人买肥料，还要被别人骂。在他休息的地方有一个水烟筒，是公用的，大家都可以使用。在他的腰篓里除了一把砍刀外，还有一张废纸，上面写着一串用来买彩票的数字。放牛在稻田，牛会吃别人的香蕉树、橡胶苗，如果是吃别村的就会罚钱，吃了自己村里的，就会骂你；如果吃了别人家的水稻，就会给别人家的水稻施肥作为补偿，让它长得旺一点。

但是村民在办红白事时对牛只的需求却没有减少，村民们都纷纷为以后找不到牛而担忧。村里对猪和鸡鸭的饲养仍然十分普遍，五指山地区的黎民喜欢放养牲畜，因此可以在村庄看到包括牛只在内的畜禽到处走动，尤其是当地的黑白相间"五脚猪"更是一道独特的乡村景致。

不过村民们一般都不愿意养太多畜禽，也不敢养太长时间。因为从以往经验来看，当地经常出现猪瘟，如果养太多、养太长时间就会有较大的风险。这也是为什么有好几户村民在橡胶地里搭建鸡舍的原因。当遇到禽流感等流行性疾病时，鸡鸭就会大量死亡。尤其是在过年那段时间，极容易出现瘟病。村民怀疑是过年时节，外来人员比较多，将病菌带到了村里。当然，有时候，上村（什守）的畜禽瘟病会通过小溪传染到南门村等下游村落。

由于海南岛属于热带地区，气温常年比较温暖，这种气候条件对食物的储存造成了负面影响。因此当地对于食物的储存和加工方式比较少，而且黎族群众向来好客，有好吃的就大家共同分享（有些学者认为少数民族热情好客的性格不过是由于缺少食物的加工储存方式而已）。相对而言，每年春节前后的气温较低，过年时准备的食物种类较多，数量也丰富，这时候对于一些没有能够及时吃掉的肉类就要采用风干的方式来储存。平时则也有腌制菜、腌猪肉、做肉茶（猪肉和米饭放在一起，味酸）的情况，村民对于这些食物十分喜爱，视作美味，当有重要客人到来的时候才拿出来食用，不过对于外地人来说，一般都不喜欢这样的味道，甚至可能会将其视作半生不熟的不卫生食品而加以拒绝。

（三）主要开支

南门村村民一年中最大的开支是结婚、造房、办丧事以及子女上学。结婚并不仅仅对当事人的经济状况造成极大的压力，对于参与婚礼的人来说压力也不小。村民介绍，如果在毛道乡当地娶媳妇，至少要花费 3 万元彩礼，不过对大部分男性村民来说，能够找到媳妇已经很不错了，因为还有相当多的男人找不到合适的婚配对象。相较而言，取外地媳妇花的钱比较少，比如村民 HXL 的媳妇就是从乐东万冲嫁过来的，女方父母对彩礼的要求不到 1 万元。对于非当事人来说，只要亲朋家庭中有人结婚，都要去参加婚礼、给红包，对关系近的新人则要买家具电器等。关于丧礼，情况类似。子女上学方面的开支则比较固定，主要开支为孩子的学费，因为中小学已经免学费了，压力比较大的开支表现在有孩子在外读大学的家庭中。

从地理环境和交通状况来看，南门村属于偏僻的村庄，但是现代市场经济的力量还是推动着外部人员进入村庄里从事一些经济活动。在此地承包建筑的工人自不必说，还经常会有一些收购香蕉、橡胶，卖馒头、豆腐或者收废品的人员来到这里。在农忙时节（主要是在拔秧和插秧的时候），在毛道乡政府所在地做生意的人就会拉着猪肉和蔬菜来叫卖。有些商品是当地村民历史上没有接触过的，都是在近代以后才开始接触见识的，比如豆腐即是一例。黎族地区没有种植大豆的习惯，商家制作豆腐的原料来自市场。

南门村并没有专业种植香蕉的农户，村民们仅仅是零星种植，到时会有人上门来收购，并将其转贩给万冲，收购价一般是每斤一元。槟榔则主要由毛道人和万宁人来收购，大概 2—3 元一斤，村民 HGS 也在进行槟榔的收购，一般都是自己动手摘下来后称重，收购价 2 元一斤，然后 1 元一个卖给商户，相当于一斤可以赚 5 元。村里的橡胶片主要卖给什守村的人，每公斤大约 20 元。

南门村中仅有的商店是老队长 HRC 经营的小卖部，现在已经交给儿子 HCJ 和儿媳来经营了。小卖部的规模很小，顾客也不是很多，主要提供一些最普通的牙膏牙刷等物品，另外就是散装白酒和便宜的香烟，兼卖一些质量较次的儿童食品。因为村民们经常到万冲等乡镇购买商品，因此本村的小店生意并不是很好。店主还要做一些其他生意来赚钱，笔者在驻村期间，去他那里买东西要先与他预约时间。

五指山地区没有赶集等流动集市的状况，人们主要去固定的市场购买一些商品。南门村基本没有人去集市出售商品，如果有剩余需要出售的产品也卖给上门收购农产品的小贩。如果需要日常生活用品和买肥料等物资，村民主要去乐东县万冲镇购买，虽然万冲离南门村比较远，但是商品种类齐全，因此村民往往舍近求远，越过较近的番阳镇和毛道乡政府而去万冲买。这和目前比较便捷的交通状况有关，也与人们对于热闹的集市生活的向往有关，因为在那里可以看到较大的世面，也因此会遇到很多新鲜的人和事。

毛道人经常会在万冲碰到熟人。一般来说，去万冲买完东西之后就到菜市场逛一下，约一些熟人，然后一起回来。在水泥路（1996年的时候开通了泥巴路，2010年进行道路硬化）开通之前，人们要翻山越岭几个小时才能到达万冲，并且需要结伴同行以防止路上可能出现危险，而现如今人们可以很自由地骑上摩托车前往。LJY会在去万冲买东西的时候顺便到娘家看看父母和兄弟，如果事先打好招呼的话，大哥还会去河里打鱼让她带回来。

有时候村民会约好一起去市场上购买肥料等比较沉重的商品，然后包个车运回来，相当于城市社会中的团购，价格自然可以便宜一点。另外，有一些卖肥料等农资的商人则会在村民需要农资的时候上门来卖，村民可以用稻谷去换，一般来说，一袋稻谷还不够换一袋农资的就要另外加钱。在折算钱款时，稻谷的价格要比市场价低一些。正如前文所提及的，胶片在这里属于一定意义上的一般等价物，可以用它来交换所有的商品，甚至包括农药和蔬菜。在交易中，人们是可以赊欠的，收购橡胶的商人有时候也会打白条。不过当事人并不会特别担心对方兑付不了，因为对方也是本地人（毛道）。

（四）地下彩票

彩票在当地是一个产业，几乎每个人都购买彩票。这种制作简单粗糙的彩票虽然被冠以地下六合彩之名，以区别于官方的彩票，但是在当地，官方彩票俨然成了地下的一样，没有几个人知道国家正式彩票的情况，人们对此一脸茫然，而对地下彩票则娓娓道来、头头是道。虽说是地下彩票，但是彩票运营的原理是一样的，利用数字概率进行押注，因此从理论上来说，每一组数字的中奖概率是一样的。但是当地黎民普遍认为彩票是有规律的，乃至于邻村一位比较有文化的退休教师，也成天抱着一本预测书籍研究当期彩票数字。彩票也成了人们茶余饭后共同讨论的话题，笔者认为从这个层面来看，彩票的存在还是有积极的人类学意义，至少成了一种崭新的人际联系纽带工具。

这种来自外界的文化对传统村庄的影响的确很大，我们经常会在远离村庄的橡胶园和山林中，看到一些彩票数字预测书和宣传资料。HWD 老人外出放牛的时候会在自己的腰篓里放上一本资料册，抽空进行非常仔细的研究，等确定了数字之后，再去村里打听第二天有谁要去万冲或者番阳乡、毛道乡，把号码抄给对方让其代买。然后于晚上时间守着电视，观看国家体彩开奖摇号过程，以确定该期的中奖号码。

根据笔者的分析，之所以在包括南门村在内的广大农村地区，国家正式发行的彩票在农村市场不敌地下非法彩票，主要原因在于国家正式彩票的大奖虽然高，但是中奖率太低。而地下彩票的大奖虽然数额低，但中奖率要显然高，因为其只要四个数字押中就可以。事实也是如此，村民们经常会听到邻村的人中大奖的消息。这种幸运在 2013 年上半年终于轮到了南门村，村里的年轻仔 HYR 就中了一个大奖，奖金在 50 万元左右，中奖第二天他就请全村的男人去五指山市唱歌去了。

第 四 章

村庄的政治变迁

一 传统政治组织形式

虽然早在公元前 1 世纪汉武帝就在海南岛设置郡县，但是中央对海南的控制仅仅是名义上的，海南岛大部分地区仍然处于蛮荒状态，许多学者认为黎族地区此时的原始公社形态没有本质上的变化，甚至一直延续到了新中国成立之前。公元 6 世纪中期，南北朝时期之梁朝在海南岛重置崖州，岛上有黎族近千余峒 "归附" 冼夫人，因为冼夫人拥有国家正式官员身份，所归附黎族地区名义上由中央政府管辖，但是此一部分地区仅限于海南西北部地区的黎族，并非所有黎族地区都归顺中央①，此种情况一直延续到元朝。

中央政府和海南黎族地区产生直接联系的时间比较晚，按照《通什市志》的记载，最早的正式联系是在元朝时期。

至元二十八年（1291 年），湖广行省平章阔里吉思派都元帅陈仲达（是年 11 月仲达病卒，其子接任，次年 7 月由副都元帅统兵）所部征抚五指山、黎母山各峒，历时 3 年，设黎兵

---

① 中国科学院民族研究所、广东少数民族社会历史调查组：《黎族简史简志合编》，第 12—55 页。

万户府和屯田万户府，任用黎族峒首为万户。[①]

明朝时期，中央政府在少数民族地区实行土官土舍制，倾心朝廷的黎族峒首被赋予较高的政治地位和军事权力，"授以巡检司职事，其弓兵就于黎人内签名应当"，以加强对黎族人民的统治。中央政府的这些行动，都在事实上将其纳入国家正式系统中来，从此奠定了黎族作为祖国民族大家庭的一员的重要地位。

1887年，清政府广西提督冯子材率兵"平黎"后，设立"抚黎局"，作为统一管辖黎区的最高机构，下设总管、哨官、头家等官职，任用黎族内部原来的公众领袖，通过他们层层统治黎族人民。总管由"抚黎局"正式委派；哨官由总管委派；头家则由哨官口头指派。总管、哨官均为世袭制，头家多由群众推举。各人的职责视其所辖范围大小而定，总管一般是管一峒或数峒，哨官管数村，头家管一村。清代《黎岐纪闻》云："黎头辖一峒者为总管，辖一村或数村者为哨官，凡小事由哨官处断，大事即报总管，总管不能处断，控告州县。"处事完毕，除备酒菜宴饮外，还需要送酬物给哨官或总管。总管、哨官的职责有：每年替"官府"催收钱粮，平时根据传统习惯处理峒内事务，维护社会秩序。一般没有强制性的行政权力；备大鼓一面，遇事或开会则击鼓传众。

这种统治方法一直沿用至中华人民共和国成立之前，不同者只是官职名称的更改而已。1932年陈汉光任"抚黎专员"时，改"抚黎局"为"黎务局"，易总管为团董，日军登陆海南岛后，国民党军队退入黎区，又将团董改为乡长，下设保长、甲长。1935年3月，通什地区分属白沙县、保亭县、乐东县，设立乡、保、甲的基层政权，成立了毛贵乡、毛栈乡、通什乡、水满乡、志玛

---

① 五指山市地方志编纂委员会：《通什市志》，第19页。

乡、番阳乡等。一乡十保，一保十甲。乡设乡长一人，保设保长一人，甲设甲长一人。一部分原有的黎族上层人物，被委封为乡长、保长、甲长等；有些虽然不是峒长，但其前辈或家族中有人曾是峒长的、有势力的、又积极从事社会活动的人，也会被委封以各种官职。

新中国成立后，在黎族地区全面实施"乡、镇"建置，取代了黎族传统的社会组织"峒"。[①] 1947 年 5 月，通什、南圣地区解放，6 月，白保乐边区行政委员会即派工作组前来开辟新区工作。工作组一方面领导群众积极生产支前，另一方面则开展民主建政工作。同年 10 月，通什乡、南圣乡宣布废除国民党政府的保甲制度，成立基层民主政权，自然村设村代表，由若干村组成里，由若干里组成乡。村代表、里主任全是当地贫苦农民；乡一级干部除乡长为汉族干部外（上级考虑到当地干部全是文盲，必须安排一名有文化的汉族干部主持乡里工作），其余人均为当地干部。同年 12 月，成立保乐边区民主政府，领导通什、南圣、番阳和万冲四个乡新区工作，原白保乐边区政府派来的工作组，大部分被分配到保乐边区政府工作。1947 年至 1948 年，毛贵、毛栈、水满、番阳乡也废除了国民党的保甲制，成立了基层民主政府。

之后，黎族地区的行政建制和全国其他地方保持了高度的一致，从初级社到高级社，从人民公社到重新恢复乡镇建制，随着中国的整体社会变迁，黎族社会也经历了社会变迁的洗礼。如今，"峒"组织等传统的社会组织制度在黎族群众中已经逐渐被忘记，很少有人能够对"峒"组织展现似曾相识的感觉。

1950 年，通什地区各乡民主政府改为乡人民政府。该年共有白沙县第二区辖的毛栈、毛贵、水满等乡人民政府，保亭县第三区辖

---

① 五指山市地方志编纂委员会：《通什市志》，第 777—778 页。

的通什、毛道、南圣、福安、保国、畅好乡人民政府，乐东县第二区辖的番阳乡人民政府。此后，通什地区各乡行政区划几经变更，有分有合。至1958年8月，通什地区有通什镇、南圣乡、毛道乡、畅好乡、番阳乡、毛栈乡和水满乡人民政府。1958年10月，通什地区撤销乡镇，建立政社合一的人民公社。

1966年，通什地区有五指山公社、毛阳公社、通什红旗公社、南圣公社、毛道公社、畅好公社、红山公社、番阳公社。1980年12月，撤销通什镇红旗公社，恢复通什镇人民政府建置。1983年，公社改区，通什地区境设通什镇、五指山区、毛阳区、畅好区、红山区、毛道区、南圣区、番阳区人民政府，下设生产大队、生产小队。

1987年1月，区改乡镇。全市设立番阳镇、毛阳镇、南圣镇、畅好乡、毛道乡、红山乡、五指山乡人民政府和冲山街道办事处。1994年7月，增设保国乡人民政府。乡镇下设59个管理区、329个经济社。1995年7月，管理区改为村民委员会。乡镇人民政府是国家基层行政机关，是本级人民代表大会的执行机关，对本级人民代表大会和上一级国家行政机关负责并报告工作，设乡长、副乡长或镇长、副镇长。乡长副乡长，镇长、副镇长的产生和任期，按照《中华人民共和国地方组织法》的有关规定执行。乡镇人民政府下设办公室、武装部、文化站等，配有主任、武装部长、文化站长和民政、文教、生产、财粮、司法、畜牧等助理员，计划生育干部等。①

正如前文所述，近代以来走马灯似的官职名称的设置与变化，与传统的黎族地区基层社会政治组织具有耦合性，总管、哨官等官方正式任命的官员往往由峒长或峒主来担任。通过前述历史资料的

---

① 以上资料参考五指山市地方志编纂委员会《通什市志》，第528—530页。

分析，我们可以得知大陆与海南岛黎族地区的正式官方联系比较晚。对于黎族地区乡土社会的社会政治组织形式在历史资料中没有详细论述，但是至晚在南北朝时期就已经存在了"峒"的社会政治组织。这种直到新中国成立初期才被发现的组织形式已经存在了至少 1500 年，历史不可谓不长。

"峒"是新中国成立前包括黎族在内的一些少数民族历史上所存在的一种带有氏族部落性质的社会组织。在黎语中，"峒"的原意是"人们共同居住的地域"，汉语音译为"弓"或"峒"。黎族"峒"的组织基础是共同的地域和血缘纽带，有一套较为完整的行动准则。"峒"一般以山岭或河流为界，峒与峒之间界线分明，用立碑、砌石、插木板和埋牛角等作标志。从血缘关系上来看，不论大小，峒中成员都有一定的血缘联系，这是峒组织能够存在的基础。

峒有大峒小峒之分，大峒之下往往包括几个小峒。每个小峒最初是由同一血缘集团的人居住的，凡同住一个峒内的人，都被认为是峒的一个成员，他们都以世代祖先的传统习惯为一切行动的准则。如对峒的疆界的保卫责任、峒内成员间相互援助和保护的义务，特别是受到外峒人欺侮时必须帮助复仇，共同担负械斗时向外峒请援兵的费用，以及峒长（又称峒首、峒头或峒主）的选举、罢免和继承等等，大家都按传统习惯行事。峒内的社会秩序主要靠这些习惯法来维持。一般来讲，一个峒是由若干（自然）村组成。①

"峒"是一个封闭的集团，具有一定的领域。对于领域内的山地、森林、河流，峒内的成员均可以自由利用；而峒外之人若想使用，则须附加相当苛刻的条件。此外，人们对峒内成员的犯罪行为，表现得相当宽容，但对于非本峒成员的犯罪则往往采取严厉的惩罚措施。峒内发生的事件或峒与峒之间的事情，由峒内各村的长

① 五指山市地方志编纂委员会：《通什市志》，第 774—775 页。

老参加的长老会议负责处理。①

"峒"组织是土生土长的社会政治组织形式，具有很强的乡土特征，因而也就具有很强的对当地实践的适应性，乃至于在国家中央权威正式进入黎族地区，有了正式的官职设置以后，传统的黎族峒组织也没有消失，而是与后者形成了某种程度的适应性。官方正式组织形式的设置会参考传统的峒组织结构的特征，会尊重传统峒组织的历史与现实状况。

作为传统社会政治组织的"峒"的头领，峒长是由各村的亩头、村头集会选举出来的。当峒长的条件是通晓事理，爱护民众，为民众拥戴，能操海南方言者优先。选出峒长后，由各村头召集村民征询意见。然后村头告诉大家，今后要服从峒长的领导。冯子材深入五指山"剿黎"并建立保亭营抚黎局之后，峒长的产生要经过抚黎局任命的团总管（管辖若干的峒）委任，并赐长衫一套，皮靴一双，红缨帽一顶，长烟杆一支和皮烟袋一个。这些物品要依次传给下一任峒长。新的峒长也要经过团总管加委，才能正式上任。首选出的峒长是世袭的，父传子，子传孙，如无子，则由兄弟承袭。官方正式职务设置和传统峒组织在实践中并行不悖可见一斑。

峒长的主要职责有以下几个部分：调解峒内群众纠纷，维持全峒秩序；负责向群众征集钱粮，缴给官府，并分派群众工役；负责招待过往官员；召集全峒首领会议。大约在20世纪初，番阳峒才花村有人偷了哈方言黎族村民的牛被抓住，对方要求罚牛100头。峒长便召集全峒哨官、头家开会，商量解决办法，然后由峒长与哈方言的人们交涉，对方同意减罚为30头牛和50块光洋，并扬言如不照数付清将攻打才花村。峒长便到才花村召集全体村民商量，才花村同意付清牛和光洋。因偷牛者无力负担全部的牛和钱，便由他

---

① ［日］冈田谦、尾高邦雄：《黎族三峒调查》，第7页。

所在的合亩成员共同负担。问题解决后，偷牛者杀了一头黄牛，请峒长、哨官、头家、才花村全体亩头及牛失主一同饮酒，才花村村民自由参加。酒后偷牛者还送给峒长 800 枚铜钱表示感谢。

各峒之间疆界的确定是十分严格的，有一定的手续和仪式，在立标（界）的那一天，两峒的民众均前往参加，由两峒的首领主持立界，双方民众各派代表前往疆界地点杀牛，以血洒地。双方首领必须各自向本峒的民众说明，要严格遵守界线，并带领民众沿着疆界走一遍。

雅袁峒与毛道峒以卧欧山为界，而与毛枝峒、番阳峒的分界则以在河流中竖石为界。这些峒界早在远古时就已划定了，因此没有具体的实践知识。不过仍存一些相传下来的关于峒界确定的仪式：峒界划定以后，由该峒杀一头牛制成牛肉串，分送给邻近诸峒的峒长；各峒长把送来的牛肉串挂在自己的门前，并训诫本峒之人，此后不要侵犯对方的峒界。在划分峒界时，由团总管本人或派官员到当地召集全峒亩头、村头、头家、哨官、峒长等共同开会商议。在两峒的分界处，由两峒群众挑些蟹壳埋在山上，做成一条分界线，并在其上竖立一石块为标志。峒界确定后，由哨官或头家回去告知村中群众，并告诫他们以后不得越界开山、采藤、伐木等，以免引起纠纷。如果越界砍山，需要事前征得对方峒长的同意，并且要缴纳山租。山租多少，视开垦面积的大小而定。一般是以交稻为租，有时还有 1 缸至 2 缸酒，请峒内亩头、村头、头家、哨官喝酒，稻谷给哨官，作为对外招待之用。

在黎族地区的历史上，峒与峒之间的友好关系是居于主流的，这种友好关系主要体现为互相通婚、结成婚姻集团方面；在生产或生活上，如农忙、婚丧、建房等要互相支持或帮助；与其他峒或别处发生纠纷、械斗时，峒与峒之间相互支援。番阳大峒内的各小峒间，相互通婚是普遍的现象。据 1956 年全国人大民族委员会、国务院民族事务委员会调查组调查，才花峒仅抱隆村的 34 名已婚男性中，其配偶来自番阳小峒的共有 25 人；绸怀峒空透村 24 名已婚男性中，其配偶来自番阳小峒的有 14 人。番阳大峒和毛道峒通婚的男女也不少。峒与峒结了姻亲之后，彼此往来更加密切。平时互相拜访，主人必以美酒热情招待来客。一方遇婚礼、丧葬时，对方在可能范围内，都送酒去庆贺或吊唁。

峒与峒之间也会偶尔发生一些摩擦，甚至会因此产生械斗。械斗的和解一般请有权势的峒长主持，并由双方当事人杀牛设宴，在宴会上峒长与械斗双方砍箭为约，达成和解。清光绪二十三年（1897），毛道峒（今通什市毛道乡）空茅村亩头王老店因收租打人与雅袁峒（今通什市毛道乡）人发生纠纷，继而与毛枝大峒（今通什市毛道乡毛枝村）人结下仇怨，发生斗殴，至其子 WNP 继续扩大矛盾，与毛枝峒毛枝大村发生大规模的械斗。械斗历经几代人，延时几十年，双方都有人伤亡，损失财物无数。两村村民积怨很深，长期不通婚，断绝交往。民国 14 年（1925）WNP 之子、亩头王老遍进行调解，械斗虽告结束，但两村人感情上的疙瘩仍然解不开，直至新中国成立前夕，双方村民还互不通婚、互不来往。新中国成立后，在中国共产党实行的民族团结政策感召下，两村人民才逐渐消除宿怨，重归于好。

黎族的峒往往是由若干村落组成的，这些村落也因之构成了十分牢固的集团。黎族的村落大多是由相同方言的成员组成，具有很强的连带性。由于村落既是敌人袭击的目标，又是防御外敌之根据地，所以村民们往往在村落周围，栽种带刺的竹篱为屏障。在村落之内，村民们密集而居、相依相助，形成非常牢固的集团。村落的内、外事务，由村头"奥雅"负责处理。[1]

---

[1]　［日］冈田谦、尾高邦雄：《黎族三峒调查》，第 7 页。

按照本民族的语言习惯，直到 1949 年以前，黎族群众一般称总管、团董、乡长等类人物为"奥雅"，"奥雅"的黎语之意即"老人"，黎族称呼他们的首领为"老人"，说明原始氏族社会的长老观念仍存在于民众思想意识之中。这种意识不仅仅用以指称级别较高的本土官员，也用在各村的村长或村头身上。

通什地区的黎族每村有一村头。村头通常由一村中最年长、懂事理、经验最多、有能力处理群众纠纷的人担任，为群众办事不取报酬，是一村的自然领袖。村头是按班辈依次继承。在合亩制地区，当一村只有一个合亩时，村头往往又是亩头；合亩逐渐分化发展，一个村包括几个合亩时，村头便由最年长的一个亩头充任。每个自然村有一个头人，他也被民众称为"奥雅"。村头是在群众中产生的领袖，没有凌驾于群众之上的特殊权力。在平时，他们会劝诚群众不要偷窃，要好好生产。村头的职能是处理本村或本血缘单位内的纠纷。村中如有纠纷，由其负责调解。因是为群众办事，他们一般没有报酬，但若处理较大的纠纷，有时由当事人给予酒、肉酬谢。在中央政府通过正式机构履行对此地的管理机能以后，村头的部分职能，即被官府加封的官员所代替。民国 36 年（1947）10月，通什地区建立基层民主政权，自然村设村代表，由群众民主选举产生。1954 年，进行社会主义改造，各村办农业生产合作社，取消村头、亩头。①

在黎族各峒中，每一个成员都会履行一套较为严格的行为规范，或曰乡规民约。他们都以世代相传的传统习惯作为一切行动的准则，如成员们对峒的疆界有保卫的责任；峒内成员间有相互援助和保护的义务，如受到外峒人欺侮时，必须为其复仇；共同负担械斗时向外请援兵的费用；选举、罢免或继承村峒的首领等。这些行

---

① 五指山市地方志编纂委员会：《通什市志》，第 774 页。

为主要靠习惯法来维持。毛道的原住民是"朴基"和"朴冲"的后代，但后来移居该峒的"龙仔"及其后人，也成为毛道峒的居民，他们与该峒居民本无血缘关系，但他们在保卫峒的疆界和与外峒斗争时，也负有义不容辞的责任。① 自清朝以来，中国政府一直将峒作为黎族的行政单位，这使得黎族以峒为中心的生活，得到了进一步强化。

除了峒的社会组织之外，黎族地区还有一种独特的本土性组织，即合亩制度。因为本书中有专门的章节来介绍杞黎合亩制及其演变，此处暂且不论。

至于南门村历史上的社会政治组织状况，由于当地文字文化十分落后，人们对于本族本村历史的记忆主要依靠口耳相传的方法，因此没有较为具体的历史资料进行阐述与记载。依照新中国成立后调查资料的描述，雅袁原来是一个峒，首领是头家；头家通过亩头向合亩内各户收款上缴总管，再由总管交上级的地方官吏。头家通过亩头告诫合亩内的成员不要盗窃，不要吵架；亩内发生纠纷则由亩头负责处理。据当时的村民王老提说，过去雅袁曾与毛道合并为一个峒，峒长是毛道的王朝平。峒长召开全峒的群众大会时，雅袁因路远，一般只有亩头和奥雅（老人）去参加，再由他们向亩众转达。② 不过通过对这些资料的分析，可以发现，人们对于总管、头家等职务的职称是比较模糊的，并没有一个具体的确指，但是总体的职务设置还算比较清晰。

南门村村民王老论③在任亩头时，还做过雅袁的甲长。他从未参加过合亩的劳动生产，但是在合亩按户平均分配产品时，他又会多分一份，特别是在糯米的分配方面更不合理。据王老提说，王老

---

① 五指山市地方志编纂委员会：《通什市志》，第776—777页。
② 广东省编辑组、《中国少数民族社会历史调查资料丛刊》修订编辑委员会：《黎族社会历史调查》，第116页。
③ 南门村 HQG 的父亲。

论自己往往要占60%，其他亩众总共才分得40%。同时，王老论在任亩头期间，接收王老糖、王老店为龙仔，他们不仅要担负合亩的各种劳动，还要担负王老论家中的各种劳役。这些龙仔没有人身自由。1943年王老论被枪毙后，王老糖才回到通什。① 值得一提的是，资料中提及的王老论是现在南门村最早的两兄弟中的小宗一支，后文将要提及的当前南门村内或隐或现的村庄派系斗争的根源似乎可以追溯于此。

1949年前，包括雅袁村在内的毛道地区属于白沙县管辖。新中国成立以后，和全国其他地区一样，当地的行政建制经历了频繁的变迁。1947年，毛道地区划归保亭县管辖，分别属于通什乡五里、六里。1950年，隶属保亭县第三区管辖。1953年划出成立毛道、毛枝、毛卓3个小乡，隶属保亭县三区，雅袁在毛道乡内。1956年，成立毛道、雅袁、毛枝、红运、毛卓5个高级农业合作社。同年，毛道乡和毛枝乡合并为毛道乡。1958年3月，毛道乡、毛卓乡合并为毛道乡。同年9月，毛道乡、畅好乡的11个社、国营畅好农场合并成立红星人民公社。12月，隶属崖县管辖。1959年3月28日，并入通什镇红旗公社。11月隶属保亭县管辖。1961年5月从红旗公社划出成立毛道公社。1983年改为保亭县毛道区公所，1986年6月，划归通什市管辖，1987年1月改为毛道乡。②

从新中国成立以后的行政建制历史来看，南门村和其兄弟村——什守村始终是以雅袁村整体的名义被整合在毛道地区的。南门村与毛道乡的历史紧密联系由来已久。如上所述，南门村和什守村从来都被外界视作一个整体。在合作化时期，两村同属雅袁社③，

① 广东省编辑组、《中国少数民族社会历史调查资料丛刊》修订编辑委员会：《黎族社会历史调查》，第107页。
② 五指山市地方志编纂委员会：《通什市志》，第86页。
③ 全国人民代表大会民族委员会办公室编：《海南黎族苗族自治州保亭县毛道乡黎族合亩社会调查报告》，第1页。

在人民公社时期，两村也同为一个生产小队，而共用一个公共食堂。

二 当前政治组织形式

经过剧烈的历史变迁，曾经真实存在过的雅袁及其六村也已经变成了历史的记忆，并且仅仅存在于少数年老村民的记忆之中，即便是当地老人，也没有人能够清晰地指出这些村庄当时的地理位置。如今，在正式的行政建制中已经没有雅袁的说法了，但是有时候还会被外界提起，用以指称仅存的南门村和什守村，本村村民对此现象的自我解读是：外界对此地的蔑称①。

南门村和什守村在形式上是独立的，并各自以自然村的名义作为村民小组而构成毛道村委会的组成部分。毛道村委会是毛道乡4个行政村之一，另外3个村是毛枝村、毛卓村和红运村。毛道行政村由8个村民小组构成，除了南门村和什守村外，另外6个村组是空办、报万、空茅、南冲、空共上和空共下村。在当地人习惯的称呼中，这6个村总称为毛道，就与南门和什守被总称为雅袁相类似。从人们对村庄的现代指称中，我们可以发现，历史上雅袁峒和毛道峒的历史对于现如今的行政区划还是存在很多方面的影响，尤其巧合的是，历史上的雅袁小峒隶属于毛道大峒，如今南门自然村和什守自然村仍然隶属毛道行政村。

这种相互隶属关系不是由上级来随便指定的，而是有其更为深层的存在基础。毛道的人口规模总数从来都比雅袁的人口要多，因此从势力的多寡来看，后者势必隶属前者。毛道村委会所在地就设置在空共下村，这也许与该地交通相对便利相关，但多少也和其属

---

① 村民认为，"雅袁"中的"袁"与"猿"相通，表示这里很落后、没有文化。

于传统毛道有关。2000 年第五次人口普查时,毛道行政村共有人口1413 人,其中雅袁近 400 人①,传统毛道地区的人口有 1000 余人。正是总人口规模和村庄个体数目上的差异,使得从古至今,雅袁二村在政治权利方面的分配占据劣势。因为不论是普选还是村代表选举的方式,对雅袁二村的候选人来说都是不利的。这可以从当前毛道村委会党政干部的安排上看出来,雅袁二村中只有南门村的 WJL在村委会党支部担任了副主任副书记的职务,其他行政村党政干部,尤其是正职都来自传统的毛道六村。

和全国其他基层地区一样,在黎族农村地区也实行了村民自治,在法律层面上来看,村委会干部的产生是由村民们自己选举出来的。不过在实践中,乡镇政府和党委还是会通过各种方式对基层的人事安排进行干预,基本的策略就是在各村之间搞大致的平衡。这种平衡不仅体现在人事安排上,也体现在很多利益分配方面,比如上级的补贴救济款项等都会在村庄之间进行平衡分配。

在村委会层面,村庄间的内部政治权利布局竞争显然是比较激烈的,不过由于相互之间存在着历史的传统可以遵循,以及对于各自村庄在总体上的力量对比有比较明确的认知,村庄间的竞争没有恶性发展的趋势。哪怕说存在村庄之间的竞争,也纯粹属于被娱乐化的内容,比如过春节期间,一个村庄的村民鸣放烟花,另一个相邻村庄的部分村民就会比着放更多数量的烟花,甚至会把原本准备在除夕之夜燃放的烟花也一并放完,南门村 HMJ 就把用来过年的108 元买的烟花提前放掉了,HJB 队长也放了一个"好日子"。而在较低层次的村庄之间,即传统意义上的雅袁二村之间的关系,现在基本不存在什么竞争,因为本来就是两个具有血缘关系的村庄,在共同对外竞争,尤其是在与毛道的竞争方面往往表现为合作

---

① 其中包括南门新村和老村 150 人,什守村 240 人。

关系。

而在最微观的自然村小组内部层次上矛盾又有所浮现。之前提过，南门村现在虽然分成了新老两村，但仅仅是居住位置的分割，实质上还是一个村庄整体。在南门村内部，虽然没有明确的派系观念，对于刚进入村庄的外人来说，呈现在人们面前的是一团和气的局面，所有村民在与笔者交谈时所强调的也都是"大家都是兄弟"之类的表示团结的话。不过随着接触的深入，笔者发觉在南门村派系现象还是很明显的。

在南门村建村之初，始祖王老末生有两个儿子，老大叫王老占，老二叫王老名，这就为后来村庄内部的派系之分埋下了伏笔。当人类学者1956年到此地进行民族调查时，前者人口发展到5代，后者人口发展到了6代。老二后代中有一个在当地比较厉害的人物叫王老论，他既是村庄中两个大合亩之一的亩头，又担任过雅袁的甲长，而且为人较为霸道，动辄欺负其他村民，尤其是老大一支的村民。

据村民所说，在后来的生产队时期，生产队长也来自老二一支，在具体的工作分配中也表现出了对老大支系村民的压制，甚至让刚生完小孩不多久的人去干活，其他村民对这种状况是不满意的。因此村庄中的派系竞争有历史根源，每一位村民都清楚地知道在村庄派系中自己属于哪一派，在村庄内部进行权利布局的时候也知道自己应该站在自己的派系这边。

这在南门老村中表现得非常明显，因为火灾之后，整个老村的居住格局进行了新的调整。调整之后的居住格局基本上就是按照派系进行安排的。两派之间的竞争与矛盾也就比较明显与突出。本节主要就南门老村内部的这种派系竞争来进行较为详细的研究与论述。

南门村的上届队长HRC在被问及是不是存在着派系的情况时，

他承认是"有点这个意思"。他说在祖先时代就存在着类似的问题，小派的那个祖宗以前经常犯错，小偷小摸，被人家罚了，最后还找这边的祖宗卖田卖地替他们还。如今他们和其祖宗一样也经常惹是生非，兄弟之间也经常打架，乃至有些兄弟都已经搬走到别处居住了。他提到有一年选队长时的故事，用来说明小派的"虚伪"。全队的合格选民是 100 多人，但是最后的选票有 160 多张，多出来的票据说是小派的人做了手脚，把选票的纸张撕成两张写上自己小派候选人的名字。

靠近村中老木棉树分散而居的是村民 HQG，其子为 HJC 和 HCL、HCX 和 HCC 兄弟，他们在南门村属于老二支系；其他村民都是老大支系后代。因为是同一个祖宗下来的，总体的关系还不至于闹到头破血流的状态，至少在形式上保持着和气团结的局面。尤其在集体化时期，没有直接的利益冲突时更是如此，但是在实行土地承包到户政策之后，在林权证办好之前，为了争地的事情和其他人经常吵架，关系从此不好。

HYJ 属于村庄中的大派，所居住房子挨着 HJC。曾经因为土地纠纷，被小派的 HJC 用砍橡胶地的刀劈了脑袋，差点被打死。HJC 畏罪潜逃半年之后投案自首，后来被判了 4 年有期徒刑。其父亲 HQG 承担了所有的医药费。在这段时间，HYJ 一直不敢出家门，怕遭到"小派"的人迫害（因为小派的人不仅仅是老村的五户，还有新村的一部分人，他们有可能会因为 HYJ 报官而报复他）。由于头上有一个非常明显的伤疤，即便是在夏天，HYJ 也要戴着帽子用以"遮丑"。HYJ 现在和小派那边关系也恢复了正常，会有一些往来，但是这种和解在多大程度上是彻底的还不确定。

从形式上来看，南门村村民虽然分为两派，但是毕竟是同一始祖所出，因此都有兄弟之情，人们会通过一些特殊的场合来缓解双方之间可能会存在的不愉快和矛盾。这种机会在当地黎族地区是很多的，主要是指那些相互聚会喝酒的场合。村民之间只要没有直接的激烈矛盾，都会借助这样的机会加强联系、增进感情。比如，办丧事和喜事的时候，全体村民不论派系都要互相帮忙、齐聚喝酒，还有过春节时候的互相走访也起到了类似的作用。

2012 年春节正月初二那天上午，作为大派成员的 HJQ 带着笔者去小派成员的 HCC 家喝酒，因为听说他的一个妹妹嫁到了武汉，就想借认识老乡的机会过去看看，后来才知道她其实不是嫁到了武汉，而是湖北十堰，二人当时是在海口打工的时候认识的。他们兄弟俩和什守人共十人包了一头黄牛，杀后用以过年。从此事可以看出，村民们之间的关系至少在表面上是和谐的，保持着"兄弟情义"，但是仍然掩盖不了本质上的不和谐。不过看起来，喝酒聚会似乎无一例外地成为一个用以弥合双方关系的机会和工具。

大派的另一位村民 HWD 一家与 HQG 也是从来没有交流过，双方颇有视作死敌的意思。在村中常驻几天，参加了南门村的几次喝酒聚会之后，笔者就隐约感到双方之间关系的异样。据南门村 HJB 队长介绍，村中的两派之间，比较大的矛盾冲突（打架）已经至少有两次了，一次是前述的 HJC 和 HYJ 打架事件，不过现在表面上已经和好了；另一次就是 HHQ 和 HCX 的打架。关于后者，HJB 的描述是轻描淡写的，但是后来通过 HHQ 妻子 LJY 的讲述，笔者发现事情并不像 HJB 所说的是打架，而是另外一种情况。笔者认为 H 队长之所以这样描述，是出于维护村庄面子、家丑不外扬的考虑。

笔者借帮 LJY 去稻田给秧苗施肥的机会，向她了解 HHQ 到底因为什么坐牢。因为第二天笔者就要离开南门村，她也就没有保留，大概地把情况说了一下。原来两年前她的丈夫和本村的其他村民一起去万冲喝酒，酒醉之后和万冲的人打起来，并将对方打死。

据 LJY 自己说，真正打死人的是万冲人，现在他们都在外地打工，一起动手的还有本村的另外两个人①，但是最后只抓了她丈夫一个人，别人都无事，自己老公却成了"替死鬼"。

从总体上来说，村庄两派之间的关系不冷不热，然而有些事情必须共同参与，特别是涉及村组的一些选举活动。对于南门村内部政治参与来说，最重要的政治活动就是选举队长、副队长和妇女干部三个职位。和行政村的主任和书记一样，村小组的干部不是国家正式编制的公务员，补贴数量也少得可怜②。但是政府层面有村民自治的要求，加上村庄内部本来就有较为明显的派系色彩，因此村庄干部选举就成为派系竞争的主要场合。

南门村（包括新村和老村）的大派人数一直占多数，小派人数与规模都处在劣势地位。因此按照选票选出来的村干部，包括队长（HJB）、妇女主任（LSY）都属于大派，只有副队长（HC）属于在新村的小派。在这种情况下，南门村需要所有村民参与的工作一直都不好做，特别是那五户小派，从来都不积极配合参加村庄的集体活动。为了解决这个问题，村中大派采用了一种策略，他们不再选本派的妇女当妇女主任，而是把这个职位让给了小派的妇女（HHQ），这样村里有事就可以通过妇女主任来带动小派活动了。

当然，大派的这个美好想法似乎并没有起到预期的效果。人们纷纷表示下次不再选她当妇女主任了，还是选自己人好。理由在于，这个妇女主任有私心，比如南门村搞三八妇女节活动，之前大家交了一些钱、乡里也补贴了一部分，但是在使用这笔钱购买活动所需物品的时候，她没有喊别人一起去，就一人去采购，人们发现吃的东西特别少，于是猜测对方把剩下的钱归了自己的腰包。所以

---

① 是小派的副队长 HC 和 HCX。
② HJB 队长说现在的村委会主任的月工资是 700 元，副主任、妇女主任是 500 元，秘书、团书记是 450 元；小队队长是 100 元，副队长是 50 元。

大派村民表示下次将选自己的人来做妇女主任，村里要搞活动就撇开那边五户自己搞。

可见，南门村的派系现象是比较明显的，人们按照不同的血缘关系被分成两个支派，并且在村庄政治生活中明显地表现出来。在面对村庄政治权利分配时，每一个支派都是比较团结的。但是如果将审视视角再下放一层，站在支派内部来看待本身，其实也会有一些较大的矛盾和意见。比如南门村大派对于属于自己这派的 HYJ 就颇有微词，相较而言，人们与他之间的交往就稍显少一些。

另外，村民对于干群矛盾的态度突破了血缘派系的界限，突出表现在对待前村小组队长、现行政村副书记副主任 HJL 的态度上。HJL 是南门村大派的成员，由于大派成员在规模上具有优势，被选为南门村的前村长，并因而有了现在的行政村领导身份。他受过中学教育，有较高的文化水平，而且据说学习过法术，是村中不多的几个会做法术（$lin^{55} tsin^{51}$）的年轻人，他是 HDL 的徒弟，本来 HDL 是要让他做继承人的，因为只有聪明人才能有这样的机会。

他无疑是南门村大派甚至是整个南门村的领袖，用官方的说法，是带领村民脱贫致富的领头人。不过大派村民之间整体的一团和气的背后还是隐藏着一些对 HJL 的不满。人们尤其不满的是，上面分下来的一些好处都被他占有了，他在自家院子里养的几千只小鸡就是政府补助发放的鸡苗。他家的鱼塘也得到了资助，并且被树立为典型。他家的住房条件在村里是最好的，厨房里安装了抽油烟机。他有四个孩子，大女儿已经出嫁，二女儿在乡政府做事，三儿子在新建成的电站那里做站长，最小的儿子在海口的一个大专学校学习航海专业。在"五指山市 2008 年度退耕还林工程粮食改发现金和生活补助现金兑现表"中，南门村得到补助最多的人就是 HJL，有将近 1.2 万元的补贴，而其他村民只有几千元或者更少的补贴。

　　不过，值得我们研究的是，大派村民对这个领头人的态度是复杂的，在村庄政治派系活动中，人们承认他的这种地位，但是在具体涉及和自己有利益关联的事情的时候，又倾向于对其持有负面的评价，"当干部的都一样，不会为老百姓服务的"。作为当事人，HJL 表示"不想干目前这个职务，但是不干又不行"。这在一定程度上与费孝通在《乡土中国》中所提到的对"差序格局"的解释类似，即中国人在区分自己和他人的时候，是随着审视视角的变化而变化的。在笔者看来，这种矛盾的态度多少说明了在南门村，人们对于血缘关系的重视仍然是首要的，利益之间的关联有时会被隐藏在血缘关系之后。

　　上述村庄内部的种种矛盾和纠纷主要与派系相关，当然从实践层面来看，还有一些村民之间的矛盾并不主要涉及派系争斗，而是普通的村民之间的纠纷，尤其是土地和林地的权属纠纷，如果出现这样的问题，一般先由村委会出面处理，如果还是解决不了，就只能由乡司法所出面处理了。在办理林权证之前，林地是通过口头分的，因此矛盾和纠纷会比较多，这种情况在林权证确认之后就少了很多。

　　如前所述，当地黎族地区人们的聚会活动很多，给外界的感觉是黎族人比较喜欢热闹的集体生活。人们会利用各种机会来举办聚会活动，最近几年各个村庄流行起了一种活动，即女儿女婿回娘家聚会。2011 年 10 月 24 日，南门村还办了首届"姐妹回家聚会"活动，姐妹每人交 300 元（其中两个召集人交 400 元，三人因为丧偶只交了 200 元，还有三人交了 100 元），并且每人自备 10 斤米酒。村中每户交 300 元作为村庄的兄弟的出资费用，还要事先买糯米做米酒。总共收集了 2.3 万元，买了两头猪和三头牛（平均 6000元一头牛）。

　　因为时间的原因，笔者没有亲自参加南门村的姐妹会活动，但是通过看光碟，大概了解了姐妹会的流程。

当姐妹们和女婿们把糯米、酒放下之后，就到村口的条幅下面照相，照相之后就开始放鞭炮，客人们往村里走，两边有序地站着本村的村民，夹道鼓掌欢迎。接着本村的队长讲话，女婿代表和姐妹代表都要讲话，还要公布为此次姐妹会投款的数额情况。然后开始喝酒，其间还可以唱卡拉 OK。村里用姐妹会的钱买了一些酒壶和桌椅，其上都标有"姐妹会"的字样，这些属于全村的财产，供村民办酒席使用，由最近使用的人家保存，下次谁使用再放在谁家；如果谁用坏了就要赔偿。

2012 年姐妹会一直没有进行，按照村庄大派村民的说法，当年的姐妹会本来要进行的，但是按照之前的约定，在老村举办过一次，第二次就轮到在新村举办，但是新村的 HC 副队长嫌麻烦就没有搞了。不过和普通村民提供的说法不一致，现任队长 HJB 的解释则是："这个活动并不是每年搞一次，而是每个队长在一届任期的三年内任搞一次，其他地方也是这么搞的，他去年已经搞过一次了，就不用再搞了，下一届队长的任期内再搞。"

三　普通村民的村内合作

在合亩制地区，儿子长大成婚后即与父母分炊而居，只有尚未婚配的儿女和尚未落夫家的女儿才与父母共同生活。在一个家庭中，一般只三四口人，少则二人，"三代同堂"的现象是罕见的。黎族中的这种小家庭制由来已久，究其源，这种家庭组织形式的出现与合亩制共耕经济按户平均分配产品的制度密切相关。[1]

南门村村民 HRC 于 1994 年至 2010 年担任南门村的副队长和队

---

① 吕振羽：《试论解放前黎族"合亩"制地区的社会形态》，载詹慈编《黎族合亩制论文选集》，第 193—194 页。

长，2010年落选，他说是自己主动给年轻仔让位置。HRC认为当前南门村没有什么公共财产，在1982年承包到户之后，所有财产都已经分掉了，当时仅有的拖拉机也卖掉了。土地在实行承包到户政策之后，不能抛荒，如果抛荒了就要批评承包的村民。有些村民因为出外打工或者劳动力不够而种不过来，就要把承包地退出来，给那些因新增加人口而土地不够用的人家耕种。但是该类土地仍然在原来的承包户的名下，到时承包户需要了，就可以再收回去。可见，这是村庄中社会生活将国家政策进行适当的本土化操作的实例，地方性的政策执行虽然不合规，但是符合村庄的生产生活实际。

南门村现任队长是HJB，属于村中大派。他有三个孩子，老大儿子（1993年生）在五指山上中专，老二儿子（1995年生）在五指山上初中（成绩很好，在十二个班级里可以排在前十名），老三女儿在上小学三年级。老二当年中考考了700多分，在五指山地区排名第三，在毛道则是第一名，经过HJB的争取，现在在海南一中学习，以后的目标是考北大清华，现在不知道读"本科"（文科）还是"物科"（理科）好。他的弟弟HJQ的小女儿成绩也很好，中考也考了600多分，在毛道大概可以排到前三名，现在在海南四中上学。

HJB的入党时间是2006年7月，他对当时的具体情况已经记不太清楚了，只依稀记得当时乡里的党委书记给入党积极分子讲课。基层民众的相关知识比较缺乏，在没有本民族书面文字的情况下，人们对于历史的知识讲授与传承都存在很大的问题，对于大历史来说都如此，对于本民族的历史又何尝不是如此呢？这也提醒我们，对于没有文字传承能力的民族进行社会调查研究，要通过各种不同的方式加以验证，才能获得较为可靠的资料。

既然所有南门村村民都是具有血缘关系的大家族的成员，那么可以想见村庄内部的政治活动在很多时候是和家族活动联系在一起的。在某种意义上来说，村民之间本没有什么政治活动，类似于前述村庄干部选举这样的所谓的政治活动，只是在外部力量的影响之下才存在。如果排除了国家和政府力量的干预，这种颇具现代性的观点和做法又从何谈起？

在村庄内部，合作行动比矛盾斗争要多，甚至在特殊的场合，村内的派系斗争也会让位于村民之间的集体合作行动。在传统的黎族村落中，日常需要大家共同行动应对自然挑战的机会很多，比如在传统时期，最普遍的共同合作的需求便是某户村民要盖茅草房。黎族村民按照惯例，每8年左右就要修建茅草房，在修建次序方面，村民之间有一个较为默契的、大致的轮流原则，以保证在同一年不会有太多村民共同建房，因为如果大家扎堆修建的话，建茅草房所需的材料便不够收集。在正式开建之前，主人家要先准备好松草、竹子和木料等，在当天，其他村民尤其是堂兄弟都要来帮忙；收割松草和藤以及编茅草的工作由女人来做。一般来说，一个房子只需要一天就可以建好，在建造过程中不用管饭，而在房子盖好之后，主人就要留所有帮过忙的人吃饭喝酒。

村民在建造茅草房时有许多技巧性的知识，其中一些做法和数学中的知识存在高度的相关性。传统的黎族村民以前并没有尺子来进行精确的测量工作，但是他们可以进行大致准确的定位——用手肘和手掌来测量（必须同一个人）较短的长度，长一点的距离就用绳子来量。他们能够确保茅草房的宅基是长方形，否则在盖房顶的时候就会不整齐。具体的做法是：先画一个大概的长方形，但是这样不能确保四个角是直角，即不能确保这是一个真正的长方形，因此就要在四个角上分别拉一条等长的对角线，如果两条线不是在正中会合，就说明这不是一个合格的长方形，就要重新布置（这里和数学的几何图形规律相吻合）。

　　在历史上，雅袁六村之间以及各个合亩之间也存在着各方面的合作实践。毛道乡各个合亩之间存在多方面的经济联系。"各个合亩之间除了存在交换关系、借贷关系和租佃关系之外，还存在生产上的互助关系，主要表现在相互帮助收割、插秧，而且这种关系存在已久。一般说来，无论解放前还是解放后，只要某个合亩由于死人或其他事故而耽误了收割或插秧工作，那么其他合亩的妇女也会帮助的。主人每天招待吃一餐饭，并在收割完后，杀一头牛或二头猪叙餐、喝酒，以示答谢。这是祖先留下来的习惯。解放后，生产上的互助可以不要答谢，这种习惯已经逐步取消了。……安排农事活动时各个合亩之间存在一种宗教性质的'学习'。抗日战争前，抗茅村王老公合亩的生产搞得好，连续四五年稻谷丰收，耕牛增多，人口没有死亡，在这种情况下，其他合亩都认为王老公懂得禁忌，善于选择农事活动开始的吉日，精通生产前或生产后合亩应执行的宗教性质的仪式，于是其他合亩纷纷向王老公'学习'，王老公选择某一天作为农事活动开始的吉日，其他合亩的亩头也选择某一天，或比某一天稍晚的日子。……合亩内的成员盖搭较大的房子时，其他合亩的成员会前来帮助，待房子盖成时，主人就杀一头牛请他们吃饭、喝酒，表示答谢，这种习惯是祖先传下来的。"①

　　另外一件需要村民面对和共同解决的大事情是村民的饮水问题。饮水问题对于那些地势比较平缓且较低的村庄来说影响有限，人们可以通过各户自行安装手压水井来解决此问题。而对于坐落在地势高处的南门村则是一个难题，传统上南门村的吃水问题主要依靠的是处在村庄地势最低处的一口井，该井现在早已废弃，被杂草和蜘蛛网所覆盖。因此，打水对于绝大部分村民来说都很不方便，最后大家集思广益，将山里的泉水引到村庄，使村

---

　　①　全国人民代表大会民族委员会办公室编：《海南黎族苗族自治州保亭县毛道乡黎族合亩制调查报告》（初稿），第37页。

民们喝上了自来水。

南门村的自来水工程从 1994 年开始，当时由政府出钱资助，村民自己没有掏钱。村里只是出劳动力在工作人员的指导下开工。最早只是用了一根小管子将水引到村子里的一个水池中，供老村使用；后来又建造了一个新的，这次用的是大号铁管，所建造的水池供新旧两个村子使用。因为老村的地势比较高，新村和老村在用水方面不平衡。之前是队长在管理，但是一旦有问题就都找队长，有时还要骂队长，后来大家就一起来管理了。当自来水供水出现问题时，大家就一起上山，费用平摊，每人 1 元左右。

在前文已经提到，在南门村以及附近的一些黎族村庄近年来兴起了女儿女婿回娘家聚会的活动，在三八妇女节期间也有开展相应的活动（在妇女主任家举办活动喝酒，每个妇女要收 20 元）。与此同时，当地村庄还有一些看上去十分时髦甚至只有在城市中才出现的节日活动，比如在父亲节时，村民们会给长辈包括父亲和伯伯、叔叔买礼物，在母亲节时给妈妈和婶婶、伯母买礼物。在村民们看来，父亲节和母亲节的重要性仅次于村里办红白喜事。

第 五 章

村庄民间信仰变迁

一 传统民间信仰意识

南门村属于传统的杞黎合亩制地区，直到 20 世纪 50 年代以前仍处于较为落后的原始农村公社状态，科技和文化比较落后，因而对于一些自然现象不能加以科学的解释，故宗教意识向来浓厚。黎族地区素有"天上怕雷公，地上怕祖公，人间怕禁公"的说法，这里所指的三种令人害怕的对象事实上都和宗教意识有关，也体现了黎族群众原始的民间信仰。在人们的日常生活中，很多方面都具有十分深刻的民间信仰印记。这些较为原始的民间信仰在黎族社会中扮演着非常重要的角色，即便是在经历了深刻社会变革之后的当下，它的影响不但没有消减，甚至在某些场合重新变得重要起来。

在毛道地区，民间信仰意识和逝世的人相关，也和日常生活中的各种事项有关。与其他学者所论述的不同，笔者不认为在黎族社会中存在着对某些对象的崇拜，包括祖先崇拜。比如绝大部分的著作中都提到黎族人有祖先崇拜行为，但是根据笔者的调查所见，黎族人对祖先的态度没有崇拜和尊敬可言，用"惧怕"和"恐惧"来表述这种关系似乎更为恰当。前述的"雷公""祖公"和"禁公（禁母）"三种说法，分别反映的是对自然、祖先和坏人的惧怕。对于后两者而言，实际上体现出来的是黎族群众对于社会关系方面的信仰意义的认知。对于祖先的惧怕，反映的是纵向历史的社会关系；而对于禁公的惧怕，则体现了对处于即时横向状态的某些特殊社会关系的不安反应。

"禁公"或者"禁母"①之说，实际上是黎族人认为在黎族社会中有一种很厉害的、专门害人的禁鬼借附在人们身上去做坏事。这在1950年代的社会历史调查中有所提及：

> （毛道人）相信一种称为"禁"的巫术，并相信某些妇女是禁母，认为禁母会使人生病。人们患了病往往要经过"查禁"，以便确定谁是禁母。……确定是禁母致病后，即要做"禁鬼"。……凡是成年妇女都可能被诬为禁母。……亩头之妻和同血缘的姐妹，都有被指为禁母的可能，可见禁母并没有社会地位和血缘远近之分。……深信有禁母，因此，至今还有不少妇女被诬为禁母。②

黎族人的这种具有原始色彩的宗教思想，原本是土生土长的，但是外部文化的渗透，使得原初的本土信仰仪式具有了某种程度的外来文化的混合特征。在历史上，该地区就曾有基督教和伊斯兰教传教的记载，现在在极少数的村落中也有部分基督教的信众。在南门村及附近的一些村落中则保留着较为原初的黎族本土信仰意识。

---

① "禁公"是指男子，"禁母"是指妇女。黎族人们普遍认为，"禁公"魔法高强，能主动去害人，会把人直接禁死；而"禁母"害人则是因为禁鬼太馋，总想去吃别人家的东西，吃不到就会把人禁病。在具体的信仰实践中，多为"禁母"，很少有"禁公"。对"禁母"和"禁公"的处理办法是完全不同的，因为"禁母"只是灵魂不洁，并不是她自己有意识地去"禁人"，因此处理办法只是捕捉"禁母"去河里洗澡"解禁"；而对"禁公"，人们认为其是故意下毒"禁"人，因此会把"禁公"处死。参见张跃、周大鸣主编《黎族：海南五指山市福关村调查》，第530页；全国人民代表大会民族委员会、广东省少数民族社会历史调查情况组编印《海南黎族苗族自治州番阳乡、毛贵乡黎族合亩制调查》，第29页。

② 广东省编辑组、《中国少数民族社会历史调查资料丛刊》修订编辑委员会：《黎族社会历史调查》，第61—62页。

　　不过，虽说南门村村民的信仰意识比较原始，并这不是说他们所信奉的信仰行为和意识完全没有受到外来文化的影响。我们后文将要提到的南门村村民所实践的信仰行为，就较明显地具有受到外来宗教信仰文化——道教的影响。

　　在对南门村的民间信仰情况进行研究和分析之前，笔者认为有必要先对历史文献资料上黎族地区的民间信仰的描述进行回顾，以期能够与如今所存在的民间信仰进行对比研究分析。

　　黎族人有"祖先崇拜"① 情况，黎族人普遍认为祖先鬼比其他鬼更可怕。黎族群众平时禁忌念祖先的名字，怕祖先的灵魂回到人世间，导致家人生病，甚至有人还认为始祖和二三世祖先鬼是最大的恶鬼，当人处于严重疾病或生命垂危状态时，都是这些祖先鬼作祟的结果。黎族人普遍认为，若不慎说出祖先的名字，祖先就会出来作祟使人生病，所以人人禁忌讲祖先的名字。无意中说出他人祖先的名字，对方会认为你有意陷害，引起纠纷、殴打或者械斗。家人生病要杀牲，请鬼公娘母"作鬼"驱邪，在祖先忌日前后几天，不能做重活。祖先崇拜发生于母系氏族时代，崇拜对象最初是母系氏族已故老者的灵魂，其后是父系家长的亡灵，黎族人认为，人死了灵魂不灭，"万物有灵"。生时灵魂附于躯体，死后灵魂独立存在，或栖于其他物体，或往来于阴阳两界间，或游离于亡者的村峒住所处。被叫作"鬼""山鬼""地鬼"和"火鬼"的为一般的鬼，"太阳鬼""风鬼"较为可怕，而祖先鬼和雷公鬼最为可怕。②

　　合亩制地区杞黎群众的鬼神观不仅仅局限在上述提及的对象之中，实际上，他们所秉承的是一种万物有灵的鬼神观。就连在农耕

————————

　　① 如前文所说，笔者并不认为黎族群众存在"祖先崇拜"现象，用"祖先恐惧"更为合适。不过由于历史资料中均采用这种提法，在书中引用相关材料时不作改动，但并不表示笔者同意"祖先崇拜"的提法。在本书的其他部分，但凡引用相关历史资料时涉及"祖先崇拜"，都不做改动。

　　② 五指山市地方志编纂委员会：《通什市志》，第794页。

事务中，稻谷也是由神灵来掌控的，被人们称作"稻公稻母"。在每年的收获季节，每个合亩的亩头都要履行一定的宗教仪式，选取部分稻谷作为神灵，并祈求得到它的保佑。

> 亩头从水田、旱田挑回留作"稻公稻母"的谷物时，口头要念："三回把稻公挑进谷仓，今年的稻谷不算好，明年还要长得更大更长，百、千都不能算，来年可以不饥饿。"亩头从山栏地挑回留作"稻公稻母"的谷物时，口头要念："挑稻公稻母，稻公稻母的灵魂不要留在山岭上，快回来进谷仓，待明年的稻谷满仓。"亩头在食用"稻公稻母"谷物时，在房屋门口地上放上一瓶酒，一盘鲜鱼，两碗清酒。亩头面对门口先念祖先鬼名，请自己的祖先来吃饭和喝酒。[1]

类似的鬼神概念在其他许多食物上也存在。

20 世纪 50 年代前，通什地区流行的丧葬仪式过程如下：

报丧过程。 凡家中有长者谢世了，人们就会立即鸣枪报丧，传出噩耗，也有的地区不鸣枪，左邻右舍的人帮丧家去向全村以及他乡的亲戚及出嫁女报丧。鸣枪报丧，一来向活着的人传递噩耗；二来是通报给丧家的祖先鬼，好让它们知道有子孙要来和它们团聚，它们也要准备来领死者的鬼魂。死讯一传到，村里人和他乡的亲戚，就会抬猪提鸡、挑米带酒赴丧家治丧。[2] 如果死者是男性，就要派死了老婆的或者离了婚的男人前去报丧，用芭蕉叶包着一两斤熟肉、用筒装着一些酒，一路上不能和任何人说话，不然的话就对对方不利。别人看到他的这身装束也就知道了，会主动避让。如果是女人死了，谁都可以被派去报丧，一路上也没有什么禁忌。

---

① 陈立浩：《历史的跨越》，第 128 页。
② 曾昭璇、张永剑、曾宪珊：《海南黎族人类学考察》，第 52 页。

入殓和停棺。入殓之前，先给死者洗脸、洗身、梳头、换衣、拔牙等。若死者是妇女，则其娘家人会来对证死因；若死者是男人，则要对证有无欠别人的债或东西，方能入殓。在死者入棺之前，先用草席或白纸或洁净的布料垫底，然后放入尸体。在死者的口中和手中放几块光洋，或铜钱或首饰、头饰，只用白纸、白布、黑布或薄被子盖着尸体，然后盖棺，埋葬。人死后就禁止再说他（她）的名字。为了对其表示悼念和相信灵魂不灭，埋葬后即在墓地上放置死者的日常用品，如木箩1只、水埕（酒瓮）1个、盛水竹筒和几穗稻谷，此外还用两块葵叶放在抬棺的竹杠上，象征房子。

出殡埋葬。人死入殓后，在未出殡之前，先宰猪一头，请氏族的"鬼公"来叫鬼，叫鬼有一昼夜的叫鬼、二昼夜的叫鬼和五昼夜的叫鬼之分。在出殡之前，选择好墓地。在这之前，"鬼公"和死者的亲属先到村口去祭送鬼魂，请它们把死者的鬼魂领到阴间去，随后用刀在榕树上砍几刀，象征生人和死者的关系一刀两断。送葬队伍到墓地后，再开始挖墓穴。有些地区是先请"鬼公"在选定的墓地烧香，叫祖先鬼后，再挖穴。此时，鬼公再次不断叫死者祖先的名字，意即把死者的鬼魂领去，让死者安心地和祖先鬼在一起。[①]埋葬后在坟墓上放一些死者先前常用的生产生活用具等，作为随葬品，如锅、碗、筷子、勺子、稻谷、缸、弓箭（男）、纺织机（女）、竹帽、刀袋、水烟筒以及水牛的下颚骨等。有的还用石头围

---

① 在其他资料中，关于人死入殓仪式的描述有些许不同，但是基本上大同小异。如在《黎族》中提道："入殓时，先给死者揉眼眶，让其闭目。并在眼眶各放一枚盖眼铜钱，使死者再也看不到在人世间的亲属。……合亩制地区，当病人一断气，死者的亲属就用棉布或羽毛往死者的嘴里沾滴饭水，说是让鬼魂吃饱才好到祖先鬼那里去。出殡时，鬼公和死者亲属均去村口的一棵大树下祭送鬼魂。鬼公不断念死者祖先的名字，祈祷他们领去自己后代的鬼魂，并鸣土枪以报知死者的祖先鬼，又用钩刀在大树上砍几下，说这表示割断家人和死者的关系。当灵柩走到墓山路口时，在前面开路的两个妇女便杀鸡丢弃在路边，供奉山鬼以便让死者鬼魂进墓山。"参见邢关英《黎族》，民族出版社1990年版，第92—93页。

成圈，象征牛栏、猪栏，给死者到阴间后使用。

"合亩"地区人死后用棺木盛尸如同汉人，但其棺材制作好后就先送到墓地安放，因此无入殓这一程序。送葬时死者遗体用露兜叶席、被子、黑布包裹，包裹的办法是在露兜叶席上铺放一床被，再盛放吊唁时人们送来的黑布，放上遗体，然后包裹起来，用五节或三节藤条捆绑牢固，用竹竿做抬杠，有些地方还用五支小竹竿做抬架。出殡时，由死者亲子一人和另一名亲人抬棺。前面是精通族谱的"奥雅"引路。"奥雅"做传统葬仪装束，身穿蓝色长袍，头上插银簪，颈上套戴着银项圈，肩上挑着祭品。"灵柩"后面跟着死者家属和送葬的人群，死者的女儿由村里一名老姐领着。抬死者尸体的两个人路上不能换肩，也不能停下来，要一直抬到墓地。

"灵柩"到了墓地后，由"奥雅"执锄定坟。"奥雅"在定准处挖三锄，然后众人挖墓穴，墓的坐向随水流向和日落方向而定。墓穴挖好后置放棺材，再揭开裹着死者尸体的黑布，让亲属与之告别，接着将尸体入棺，"奥雅"站在坟头叫唤着死者的名字，再叫唤着死者宗族先人的名谱，意思是让死者的先人把死者领去；"奥雅"又用一束树枝扫一下墓穴，意思是把生者的灵魂扫出去，让死者安息。这些程序完成后，"奥雅"先执铲盖土，人们随之动手盖土埋葬死者。坟前不立碑，也不建冢，只在坟上放置死者生前穿过的衣服和用具。男人的用具诸如弓箭、木耙、腰篓、草笠等；妇女的用具有纺织工具等。此外，在墓旁放两把稻，另放一个大陶罐、一只陶锅、一个瓷碗、牛的下颌骨，其意是让死者将这些东西带到地府去使用。[①]

---

① 陈立浩、陈兰、陈小蓓：《从原始时代走向现代文明——黎族"合亩制"地区的变迁历程》，第94—95页。

　　死者被埋葬后，即以酒宴招待挑酒吊丧的外方亲戚，同村男女、同血缘的外村亩头和其他人都来喝酒，非同村而同血缘的人可以不来，但亩头一定要来。这种酒宴分两类：第一类是家属用木棺埋葬死者，要杀牛宰猪，供酒 10 大坛以上，给吊唁的亲友吃喝，同村成年男女在 5 天内不生产也不吃米饭（可吃杂粮）。第二类是死者家属虽杀牛，但用竹篾或木棺埋葬，所以不宰猪，村人只停止生产两天，如果死者是亩头，他的忌日那天合亩不能犁田种地；如果死者是亩众，则仅其家属守忌辰，在死者未做"周年"① 之前，不能唱歌。"周年"即在人死那年的最后一个月举行；如果人死于十一月以后，则延到翌年举行；② 是日，死者亲戚挑酒、米前来吊祭。黄昏时，当时埋葬时负责引路、带鬼、抬棺材、拿陪葬品的人，先到河里洗头，之后同村男女也相继到河里洗头更衣，男子穿上白吊巾产，用新的带子束髻（即把头发束在前额上），并在颈上戴上一个女用项圈。这种仪式含有脱孝服的意思。做"周年"活动和发丧时一样，全村男女及同祖先的各村亩头都来吊唁、喝酒，从晚上直至翌日的黄昏。一起喝酒的人越多越好，但是不同血缘的人，虽属同村，却不参加。"周年"过后，忌辰还要守孝 3 年。按黎族习俗，在 12 天内（12 为计算单位）有一天不能从事主要的农业劳动，如犁田、种地、收割等。祖先崇拜活动的主持者——鬼公，要把死者的鬼名牢记着，以便代代相传。鬼公记述鬼名有如下准则：夫妇两人死时都不用棺材埋葬的不记；如丈夫用棺材，而妻子不用棺材则按男系记述；如妻子用棺材，即其娘家用棺材埋葬，而丈夫不用棺材埋葬，则丈夫家的鬼公不记述，但娘家的鬼公要记述；未婚男女死后概不记述。这些都是根据埋葬仪式繁简和成丁与

---

　　① 即当地群众所说的"欢喜酒"，在这一顿酒宴之后，大家就解除了"悲伤"，可以开展娱乐活动了。

　　② 在当地则是安排在该年度 12 月的最后半个月办酒。如果是在 12 月的下半月去世，则在正月里完成此项活动。

否而定的。

守孝期间，埋葬后不许回家吃米饭，集中在死者家喝孝酒、唱悼歌。子女守孝 12 天，兄弟守孝 7 天；死子女应守孝 5 天，死亲人则守孝 3 天，不吃饭，在孝席饮酒吃菜，还要唱悼歌。孝服是反穿的衣服，不准换洗，不准洗身头，只能洗脸、手脚，不准敲锣打鼓、唱歌奏乐，不可放鞭炮，不下田。孝满那一天把死者遗物放在墓山路口，表示不要死者回来要东西。再洗身头和洗孝服，最后吃饭。众人在死者家中吃肉粥。死日被视为禁忌日，不下田，达七八年之后，再在忌日种植蕉和竹树，并等蕉竹成林后方可解除忌日。墓地林木荫蔽，不准砍伐。①

中华人民共和国成立前，每一峒还有一个或两个公共墓地，凡是有血缘关系的人都埋葬在同一处公墓上，甚至已出嫁的女儿死后也要抬回娘家公墓埋葬。埋葬时，男子在上方，妇女在下方，并且都坐西朝东。男子有弓箭等陪葬物，坟上还放着犁架、木耙以及陶锅、陶碗、腰篓等日常生活用品；而妇女的坟上放有纺织工具。坟墓呈长条形，不建墓冢，一般立石或用陶锅片作墓碑。② 在其他资料上也提及了相关内容："合亩地区遇有人死便鸣枪报丧，全村或全峒的人都来吊唁，三天不吃主粮，不做重工。一般都用独木棺，不停棺，当天埋葬，不建墓冢。"③

通过对逝者的相关仪式的描述，我们可以看到，在黎族社会中，活人十分惧怕与祖宗联系起来，恨不得和死去的祖宗没有一丁点联系。这不仅仅是杞黎的习俗，就是在其他黎族支系也有这样的

① 曾昭璇、张永钊、曾宪珊：《海南黎族人类学考察》，第 52 页。
② 参见中国科学院民族研究所、广东少数民族社会历史调查组编印《黎族合亩制调查综合资料》，第 47 页。
③ 中国科学院民族研究所、广东少数民族社会历史调查组：《黎族简史简志合编》，第 88 页。

做法。① 当然，在其他较早接触汉族文化的黎族支系中会有类似祖先崇拜和祭祀的活动，"在美孚黎地区似乎在某种程度上存在着祖先崇拜和祭祀活动，在每年年底、打猎和战争之前都要祭祀和祈祷祖先，以前能够获得祖先们的庇护"②。不过在当地杞黎合亩制地区没有这样的实践，"人们只在埋葬死者时才去墓地，平时一般不扫墓。不过，如果家中有人生病，人们多请祈祷师前来做法。如果此时祈祷师讲'祖先要求在墓地举行祭祀仪式'，人们就要带着牛、猪、鸡等供品等去墓地祭祀"③。

该地传统的风俗习惯都在活人世界和祖宗世界之间建立起了一道屏障，以免死去的祖宗干扰活人世界的生活。正因如此，当外围地区比如南门村的通婚村——南打村开始举办清明节活动之后，包括南门村在内的其他当地村落纷纷谴责该村，并把后者最近几年因各种原因导致的村民死亡人数的增加与其不遵守祖制、开始祭祖联系起来，认为这是祖宗鬼来害人。南打村也是传统合亩制的核心区域，以前和南门村的规矩是一样的。但是自从 2000 年左右给死人立碑石，并开始举办清明节活动以后，村里每年都要死七八个人，这更加坚定了南门村不进行清明节祭祀的决心。

提到当地黎族群众对自己与祖宗之间存在的这种特殊看法时，

---

① 有资料显示，在东方的美孚黎族地区就存在类似的状况。"墓山是整个部落峒和氏族的归宿圣地，是神圣不可侵犯的。它的一草一木都不能移动，只有新葬时才能伐木动土。东方区旧村峒各氏族都有一座墓山。墓山是该氏族的共同葬场。只要死者是同一氏族便都可以在山里选择葬地。江边区各峒都有两个墓山，一是祖墓山，一是婴儿墓山。在祖墓山中有一处是埋葬场，场内又分出各氏族埋葬处。氏族中有人死了，就丛葬在一块宽仅 2 米、长不超过 20 米的埋葬处。新葬者要埋葬时，往往要挖出旧葬尸或余物，然后把新葬者放进坑底再把旧尸或余物残骨放在棺外一起埋葬，最后垒土打实了事。非正常疾病死亡，如麻风、梅毒病故则另埋他处。婴儿墓山是供幼童或未成家立业者葬身之地。在这里只有共同的葬场，没有分出氏族墓场。外来不入族者则葬在此地的旁边。部落峒和氏族都没有清明扫墓习惯。"引自符镇南《黎族氏族及其传统社会组织结构实录》，载于符和积《黎族史料专辑》，第 9 页。

② ［日］冈田谦、尾高邦雄：《黎族三峒调查》，第 76—78 页。

③ ［日］冈田谦、尾高邦雄：《黎族三峒调查》，第 40 页。

就不得不提起在其他学者那里被称作黎族最重要节日的"三月三"了。"'三月三'是黎族人民最隆重的传统节日,它是黎族民间悼念祖先、庆贺新生、赞美生活和歌颂英雄的传统节日。因在每年农历三月初三欢庆,故称'三月三'。"① 不过按照笔者的调查,南门村对"三月三"活动基本不重视,当地黎民对死去的祖宗避之不及,自然没有利用此次机会来"悼念"祖先的说法了。笔者倾向于认为,这个特殊的节日对其他黎族支系的重要性比当地杞黎要大。

"汉族的鬼神信仰正是以周边地区向五指山腹地渗透的"②,在合亩制地区的黎族社会民间信仰也受到了汉族民间信仰的影响。这在整个海南岛黎族区域的文化变迁中是十分明显的,从比较微观的层次来看这也是正确的。和毛道乡临近的番阳镇和乐东县万冲镇,主要由哈黎构成,因为受汉族文化的影响,两地较早地接受了汉族的丧葬文化。南打村因为距其最近,属于传统合亩制地区的边缘区域,目前也正处于逐渐接受汉族丧葬文化的过程当中,因此在2000年左右,该村就开始给新死去的祖宗立碑,并且在每年的清明节组织扫墓活动。

按照文献记载,早在20世纪50年代以后,随着巨大的社会变迁,合亩制地区传统的丧葬仪式已经开始发生变化了。"在1957年'合亩制'地区进行社会主义改造以来,他的诸多的古老形式随着时间的推移和社会的变化,也日渐演变,展现出新的趋势。"具体而言主要包括以下几个方面:

其一,办理丧葬的仪礼从烦琐走向简化。如出殡时引路的"奥雅"不再作原来的装束;在埋葬恶死者时也只在头上缠一条红巾,而不再穿红衣;守孝期以前根据不同的辈分有长有短,现在一般都是5天,5天后就洗澡脱孝服。这些都体现了去繁化简的变化。

---

① 五指山市地方志编纂委员会:《通什市志》,第707页。
② 李露露:《热带雨林的开拓者——海南黎寨调查纪实》,第368页。

其二，迷信的成分有所减少。原来用木棺埋葬死者，必须杀牲宰牛，中华人民共和国成立后禁止乱杀牛，于是逐渐以宰猪为主；人们吊唁死者时，并非一律送黑布，而是有的送蓝布，有的送灰布；进行停尸仪式时不再设祭灵席；埋葬死者后，死者的衣物用具并非全都置放在墓上，现在一般是死者尚未穿过的衣服或贵重物件，家人都留用。①

黎族社会的信仰生活由专门的神职人员来主持。神职人员被看作鬼魂的"化身"与代言人，村民十分尊重他们，每每有事都要请他们给予化解。这些人主要有三伯公（道公）、老人、娘母等。

道公。海南话称"三伯公"，系黎族民间信仰活动中的宗教职业者之一。职能是"查鬼""看病"和"治病"。"三伯公"念咒用海南方言，法具有铃、剑、牛角、驱鬼索、法帽、木头公子（俗称"马元帅"）、刀、鸡毛一束、印等。做法事时，多数穿便服或长道袍、戴道帽。手持一支有摇铃的神剑。看病查鬼时用米一碗、香一炷、纸钱若干、铜板三个，坐下念咒，指挥"鬼兵"，道公全身发抖，把双肩颤动一下，便把鬼名说出来。"三伯公"可世袭，父传子，一代传一代，一般不授徒、不外传，只要把法事器具交代给下一代，授予一些做鬼的念词和画符谱，便可以继承其衣钵。

奥雅都（老人）。"奥雅都"通俗地称"老人""鬼老人""鬼公"等。凡有大型的信仰活动、丧葬活动，都必请"奥雅都"来诵念祖先鬼名。他们是黎族中记忆力最强、懂得诵念历史人物和迁徙地名的人，故而群众对他们很尊重。

拜崩（娘母）。"拜崩"为黎族原有的神职人员，最初全为女性，后也有男性继承，后被称为"帕崩"。"拜崩"和"奥雅都"一起合作做的法事被称为"佛茂"（一种凡见到不好的预兆之后禳

---

① 陈立浩、陈兰、陈小蓓：《从原始时代走向现代文明——黎族"合亩制"地区的变迁历程》，第99页。

邪的法事）。在举行仪式时一般都有分工，互不相混，各有所长。人们都比较尊重他们，一般不外传，有女儿的传给女儿，没女儿的便传给儿媳妇，如果儿媳妇不愿学，那就只有任其失传。但法事不复杂，法具也不多，只要家里的妇女稍微专心便能学会。"拜崩"的法具有长衫、山鸡毛、头巾、弓箭以及作筊杯的铜板两枚。"拜崩"以查疾病做祖先鬼等法事为其特色，还可招魂、求子、求福等。

三伯公、娘母、鬼老人三者都是非专业人员，都不脱离生产劳动，靠自己的生产劳动过活；就其道术而言，三伯公与娘母（拜崩）都是因病而为之，老人（奥雅都）则是深谙世故，尤其熟谙祖先之名；就其使用的语言，三伯公用海南方言"做鬼"，而娘母和老人则操黎语；就其使用的法具，三伯公绝大部分是用汉化法器，如道印、铁铃、驱鬼索、牛角、铃、筊杯、木偶、法衣、法帽等物，而娘母多用香炉、筊杯，做大鬼时穿民族服装（男娘母也穿女装），而老人的法具有山鸡毛一支、红头巾一条及一些头饰，另有弓一把、尖刀一把，做鬼时穿民族服装（有些地区穿汉族长袍）；就其互相关系而言，娘母可与老人一起合作"佛茂"，而三伯公则多是单独施法；此外，在活动范围方面一般都有分工而互不相混，且各有擅长。①

黎族群众所谓的"道公"确实与汉族道教存在一定的关系，这一神职人群是接受了道教文化影响的人。道教传入当地虽在 20 世纪 20 年代，但在此之前，黎族原有的信仰已受道教影响。"从娘母、鬼公所穿的长衫，娘母'做鬼'时焚烧致祭和用笔或炭书写木牌等都是道教影响的痕迹。……道教不但没有排斥祖先崇拜，而且还和它结合。道教的特点：第一，用海南汉语方言念诵道经。第

---

① 五指山市地方志编纂委员会：《通什市志》，第 794—798 页。

二,供奉'木牌'。第三,祭品。第四,道具。"①

不过,到目前为止,"岐黎本身还没有道士,但有病时常常请红毛峒或汉族的道士,而红毛峒黎已受汉族很深的影响。据岐黎说岭门地方的赶鬼也是汉人传给他们的,但岐黎本身也举行一种赶鬼仪式。正如前述,把岐黎固有的习惯和汉族的习惯统一起来了。妇女是不能赶鬼的,特别是在有病时进行的赶鬼,由赶鬼先生(道士)决定是否有病魔在那里,然后向它献蛋、鸡或鱼,赶鬼是为了预防疾病的。他们认为如果不赶鬼,人就会病死"②。

历史上,黎族巫医较为盛行。黎族的巫医实际是巫与医融为一体的民间行医人,他们掌握一定的草药知识。巫医一般是以宗教信仰仪式为形式,利用草药给病人治病。巫医被人们视为沟通阴阳两界的"使者"和"通话人"。当人们遇到伤痛疾病时,往往认为是鬼魂在作祟,是病人的灵魂被摄走所致,此时就会请巫医来祭鬼、赶鬼治病。巫医为人治病,先通过黎族诊断法查明病因,接着采用占卜的形式,通过卦象来判断是什么鬼怪作祟而导致了疾病,然后献祭牲畜。巫医占卜主要有米卜、鸡卜等。巫医做完法事之后,一般都要给病人服用自己配制的草药。治疗方式有:内服、外敷、捻痧、推摩甚至整骨,或者嘱咐病人家属给患者何种药物、禁忌什么。巫医常治的病症一般为烧伤、烫伤、异物卡喉、跌打肿痛、各种惊风、难产、羊癫风、精神病等。③

在丧葬仪式上,黎族社会所体现出来的带有原始色彩的民间信仰意识最明显。不过,正如前文所述,在当地杞黎的日常生活中处处具有原始信仰意识的存在。信仰活动并不仅限于丧葬活动上,在人生礼仪和婚姻礼仪中同样扮演着重要的角色。

---

① 广东省编辑组、《中国少数民族社会历史调查资料丛刊》修订编辑委员会:《黎族社会历史调查》,第64页。

② 中国科学院民族研究所编印:《海南岛民族志》,1964年版,第158页。

③ 五指山市地方志编纂委员会:《通什市志》,第756页。

　　诞生是人生的开端，其礼仪是一种大礼。既含有为新生婴儿祝福之意，也有为产妇驱邪的意思。妊娠期内，为避免孕妇有意外，要请来"鬼公"做鬼，杀猪杀鸡祭祀祖先鬼，祈祷"求福"，保护母腹内的婴儿；分娩期间，丈夫的衣衫上都要系一条棉线，以保婴儿安全，并拜托亲兄弟给外家送猪肉报喜；坐月子期间，黎族习惯称 12 天为"满日"，而称 30 天为"满月"。在有的地区，妇女产后第 3 天会杀鸡为产妇"解膺"，为婴儿祭祀祖灵"作福"。满月期间，公婆杀"三鸟"（鸡、鸭、鹅），酿制水酒，请三亲六戚及邻居到家里喝"满月酒"以示祝贺；婴儿如得病，或瘦弱，要请人求神、驱鬼；周岁期间，如果是头胎婴儿，都得举行"满周岁"仪式，以示这个婴儿已开始成长了。"满周岁"的礼物有镜子、算盘、书册、毛笔、鸡脚等物品，将这些物品摆开给婴儿抓，婴儿选抓到哪一件，就意味着他（她）长大成人最后能干哪一行的事。

　　在婚姻礼仪方面，中华人民共和国成立前，黎族男女结婚，无论结婚年龄、日期、仪式等都受原始宗教的影响，订婚要占卜、查八字、祭拜祖先鬼。女方家死人或邻家兄弟死了尚未埋葬或未及周年和忌日的，则不能订婚、结婚；遇虫日、狗日也不能订婚、结婚。在结婚仪式中要请道公驱邪和择日。订婚前，男家父母征得儿子同意之后，先请人去向女家父母说媒，若同意了，即约定订婚日期。然后，由男家父母再请人挑上小猪和鸡、酒、米、红青黄绒线前往女家说亲。酒席间要查对"鸡卜"，如查对男女双方命运相合了，双方便商议礼聘及结婚日期，即订婚成功。结婚时，请亲戚和全村的乡亲饮酒。男方给女方的聘礼有水牛或黄牛一头、猪、鸡、酒、米、服饰、手镯等。①

　　"占卜"技术在很多民族的信仰活动中都占有很重要的作用，

---

① 参见五指山市地方志编纂委员会《通什市志》，第 794—798 页。

它之所以重要是因为其可以在人与不能控制的神秘力量之间建立起联系，人们可以从中对某种神秘力量做出解读，这种解读在一定程度上可以稳定人们内心的平静秩序而不至于陷入不确定所造就的不安状态。在黎族社会中，占卜技术也十分发达，有许多方法来完成这种人与鬼之间的沟通。

早在唐代古文献中就有记载："（黎人）杀鸡择骨为卜，传古法也。"黎族卜卦（占卜）种类有鸡卜、石卜、蛋卜、筊杯卜和泥包卜5种，其中鸡卜、蛋卜主要用于出猎前或行事前定吉凶，筊杯卜、石卜多用于"查鬼""做鬼"的场合。前两者一般人都会做，后两种要由道公主持。

鸡卜，即把一只小鸡杀掉，抽出两根股骨，根据股骨上的营养孔多少与部位来定吉凶。据历史记载，这种卜卦在汉代越人中间已被普遍使用。据调查，20世纪50年代初，乐东县第二区毛农乡毛域村①黎胞出猎前，几家人组成一打猎队，选一领队人，先由他作鸡卜，问"山鬼"。作卜前将所有猎枪（粉枪）集中放置在村边的一个角落，领队人手提一只小雄鸡，口念咒语，然后杀此小鸡，鸡血洒在猎枪上，用火烧鸡毛，再取出鸡腿骨进行占卜。同时，打猎者在出猎期间禁止到"隆闺"与人谈恋爱，否则将一无所获。通什黎胞②在准备上山打猎前，先行问卜。卜前杀一小鸡，取其两根腿骨插在一根破成两瓣的小竹棍上。左边的一条腿代表人的威力，右边的一条腿代表野兽，然后再看左右两腿骨上所出现的营养孔的形状来定两者力量大小的对比。若左边腿骨下端的小孔与上端的小孔距离和右腿骨上小孔的距离相等，则认为野兽和猎者能力相近；遇到此卜，则预兆当天一定猎得到山猪或其他野兽，但山猪中弹负伤后仍能逃跑，会挣扎一些时候，所以仍要花气力去赶捉。如果左腿

---

① 今五指山市番阳镇毛组村。
② 今五指山市冲山镇百姓。

骨两个小孔间的距离长度不及右腿骨时，则认为山猪力强于猎者，是日将猎不到山猪；遇到这种预兆，当天就不出猎。相反，如果右腿骨的两个小孔间的距离不及左腿骨的话，则表示猎者强而兽弱，该日出猎必有所获。白沙县第二区毛路乡牙开村①黎胞出猎前作鸡卜，先杀小雄鸡一只，把它放置在铺了树叶的地面上，另外还放白米少许，领队把鸡血饮下，口里喃道："山鬼呀！请你今天保护我们打得又大又多的山猪。"喃完之后，把鸡腿骨抽出作占卜，若鸡卜出现吉兆的话，即表示"山鬼"允许他们出猎，这样才能猎到猎物，于是当天便立即出发。若鸡卜是不利的话，则重作直至吉兆为止。白沙县第二区毛栈乡方满村②黎胞的鸡卜分为参战前的鸡卜、"龙仔"投靠"龙公"的鸡卜、订婚鸡卜、开垦生荒前的鸡卜、出猎前的鸡卜。

石卜，黎族人特有的一种卜卦，除极少数边缘地区外，绝大部分地区的黎族都会做此卜，做法是：用一根小绳缚紧一块小石头（或以泥包代替），悬于一枝小竹竿上，然后两手执竹竿两端，使石块悬空摆动，看摆动的方向如何而定吉凶。

蛋卜，只限于出猎前和寻找丢失的牛时使用。出猎前的蛋卜有两种做法：一种是猎人们出发至村外山坡上时，由主持蛋卜的人先向山鬼祷告，然后用尖锐的木棍刺穿鸡蛋的一端，下面烧火使蛋汁受热沸腾，若汁液朝众人的身上喷射，则表示吉兆，当天能猎到野物；若汁液朝相反（即向外）的方向喷射，则象征猎物向外逃跑，出猎将不利。但无论结果如何都不影响出猎的进行，它只作为一种习俗与仪式被保留下来罢了。另一种做法是把蛋刺穿，将蛋内汁液倒干净，然后用脚在地上踩成一小穴，主持人用两手搓转该蛋壳，蛋壳旋转滚落至穴内，待停止转动后看看蛋上小孔所朝的方向，若

---

① 今五指山市毛阳镇毛路村委会牙开村。
② 今五指山市毛阳镇毛栈村委会方满村。

朝向众人是吉兆；否则表示猎物向外逃跑，得不到猎物。但这种蛋卜同样不影响出猎。

笶杯卜，每当家中有人得病，就要请道公来"做鬼"（黎族请道公做法事来"查鬼""治病""解禁""招魂"等，称为"做鬼"），但道公必须先查得是何种鬼作祟。查鬼时，道公坐在厅堂中，手里拿着两块半圆形木块制成的"笶杯"，口里念念有词，逐一念鬼名，并将手中的笶杯扔在地上，当念到某鬼名时，所扔的笶杯，全部呈全阴或全阳时，即认为是该鬼作祟，鬼就查出来了；否则还得继续查。

泥包卜，主要用于查鬼。做这种占卜时，要把病者的衣服和帽子放在地上，衣帽上放水少许，然后做卜的人蹲在地上，两手拿一根小竹枝，上面挂一个泥包，悬空在衣帽之上进行占卜。①

南门村村民说，在本村就有一些会搞平安或者做鬼的人，他们也会使用很多种占卜方法。比如当人们怀疑有些小鬼因为饥饿的原因来伤害亲人、致人生病时，他们就会使用石卜或泥包卜的方法，即在绳子上挂一个泥丸，桌子上摆上多种食物（肉、皮、内脏等），一一询问，如果念到哪种食物的时候泥丸动了一下，就表示鬼想吃该种食物。不过这种占卜方法不能总让同一个人来做，否则对方会不吃，导致这种方法不再灵验。

至于为什么黎族群众历来比较信仰鬼神，特别是在科学文化教育条件比以前有很大进步的情况下，在农耕及其他方面人们普遍接受了较为现代的文明后，人们仍然深信鬼神的存在，这的确是令人费解的事情。笔者认为，这固然和传统的顽固性本身有关，但是作为这种传统当初的产生及其现在的顽固应该有更加深刻的解释。在笔者看来，这种对鬼神现象的确信与黎族群众的嗜酒习俗存在一定

---

① 五指山市地方志编纂委员会：《通什市志》，第794—798页。

的关联。按照笔者的调查所见，为数不少的黎族群众经常处在醉酒状态，在这种状态下，人们往往会产生一些不真实的感受，甚至会把想象的虚幻当成真实发生的事情来看待。一旦有一个人用鬼神的逻辑加以表述，别人也会产生共鸣，于是这种个别的不真实存在就被当成了一种普遍的事实加以认知。在后文中，笔者会提到一些村民对于鬼神现象的看法，也会从侧面印证这一点，人们会发现所描述的灵异的鬼神现象往往都发生在酒后。

二　现代民间信仰意识

历史总是具有延续性的，不论中华人民共和国成立以后的社会历史变迁有多么纷繁复杂，也不论"文化大革命"时期对于"封建迷信"的打击有多么沉重，目前当地黎族群众的社会生活中仍然处处可见传统民间信仰意识在发挥着重要且全方位的作用。

在平日的社会生活中，尤其是在逢年过节时，很多做法似乎都和对鬼的害怕有关系，这和历史资料上的描述相似。如南门村过年那天要蒸平安饼（糯米饼），出锅的时候要放鞭炮，然后把晾在外面的衣服都收进来，用一种树叶挂在门上（在晾衣绳上也要挂上草结），在山上临时搭建的房子边也要鸣放鞭炮。放鞭炮、打炮据说是为了驱鬼，让这些鬼回家去，不要祸害村民。在正月里喝酒回家不能太晚，不然就有可能碰见鬼，特别是在那些有凶鬼的地方更是如此，这些凶鬼可能是因为祖宗不接受它而在外游荡。人们尤其相信在南打村会看到恶鬼，因为该村近几年有好几起非正常死亡事件。村民在正月初一也不出村，据说也是为了避免野鬼上身。

如果出现了村庄的集体不平安（1949 年以前曾经有过一次，可能是吃了山上的一个山猪，得了类似霍乱的传染病，全村人都感染上疾病），就要通过打锣敲鼓，祭祀①祖先，因为村民相信，此事发生是因为冒犯了祖先鬼，对祖先有什么不敬的地方，希望得到祖先原谅。另外，当年日本人来之前，村后山上最高处有两块石头，一公一母，都滚落山下（南门村村民说是"飞"下山来），落在村后山脚的田边，回不去了，经常会发出像牛一样的叫声。日本人来的时候，村民怕日本人看中了石头、把它们抬到乐东大本营，就用火去烧神石，后来它们就不再叫了。不过现在人们在种田之前还是要抹一层泥巴到石头上去，以示敬畏之心。

年轻一代由于接受了现代科学技术知识的普及，对于一些传统社会没法解释的现象能够使用科学知识加以解释。然而，正因为当地传统的信仰意识太浓厚了，即便是对于这些受过现代教育的年轻人来说，有时候也不得不相信传统的本土民间信仰的内容是有合理之处的。这个地区的人们的思维方式已经固化，在他们接受现代教育之前已经在心中形成定式，因此人们倾向于使用传统的、十分熟悉的解释逻辑去解释现实。对于受教育水平较低的人们来说，自然更是如此表现了。

南门村中比较有威望的、会"做鬼"或"搞鬼"的人主要是本村年岁最长、辈分最高的 HDL。HDL 是在 1976 年从乐东的哈黎地区那里学得做平安这种法术的，其师父是广东的汉人。他擅长处理"小孩不想睡觉老哭""成年人梦多生病"等状况。村民说做平安的法术是不能教给没有结婚成家的人的，因为这些人不懂事就会到处乱叫乱喊（实际上这也说明了黎族人对于一个人成年与否的标志就是其是否结婚成家）。

按照笔者的观察，HDL 给人们施做平安法术，最终往往会落实到一个手镯上。不管是给老人做还是给小孩做，最后都要给被施法

---

① 笔者找不到一个较为合适的词来形容黎族群众对祖先的这种惧怕，故仍然使用"祭祀"一词。但笔者认为，"祭祀"并不一定代表着尊敬。

人一个金属镯子戴上。镯子是由服务对象自带的，在 HDL 这里只是通过一种特殊的仪式施加法力而已，这个过程就类似于佛教的"开光"仪式。小孩做平安用的手镯三年之后可以更换，换了之后就表示请另一位神灵保佑其平安。当然如果已经平安了，也可以不用戴，做平安的有效期一般是 3—5 年。HDL 在做平安法术的时候，将三炷香（非黎族的传统）插在一碗米上，然后念咒语，如果在米上面呈现出棺材的图案或者有"X"的图案，就表示做平安也救不了他了，就不用做仪式了，否则就要继续做平安法术。做平安需要请一些阴兵（天兵天将），HDL 有 12 个碗，每个碗代表着一路兵：一个盛米、四个盛酒、三个盛菜、三个盛饭，还有一个放姜。

村民中 HWD 和 HJL 也会做一点法术，前文已经提到，后者本来是被 HDL 当作继承人培养的，但是由于他现在担任了村干部，对此比较敏感，就不太愿意提到"搞鬼"的事实。而 HWD 自己则自谦地说不够聪明，没有把这门本事真正学到手，现在只掌握了一些皮毛法术。

在杞黎地区，死人的名字是绝对不能叫的，如果在平日里喊了死者名字，死者的家人会和你打架。在活着的时候，小辈也不能喊长辈的名字，平辈之间可以喊，但是死了之后平辈也不能喊死者的名字。如果喊了死者的名字，就会生病，当地人说是祖先会过来害人。HDL 是村庄丧葬仪式的主要主持者，只有他在仪式上可以叫喊死人的名字。他能够把过去村庄中所有死去的祖宗的姓名都叫上来，这实际上是一种特殊的才能，并不是每个人都能够做到这一点。现在村庄中道公的角色主要由他来承担，事实也的确如此，他说他年轻时候的法术是从乐东哈黎那里学来的，他在做法的时候使用的咒语是海南话而不是黎族本土语言。村庄的历史与起源也主要靠他来传授，比如他说南门村的祖先最早在乐东的三平，后来搬到了向阳大桥附近（番阳），接着到了毛枝小村，最后到了南门。中间还有几个地名，大概的迁移方向就是如此，这和20世纪50年代社会历史调查资料中所显示的一致。

他同时是一个很会打猎的猎手，年轻时是村中最厉害的，在村庄被烧掉之前，他家的茅草房梁上挂了至少100个猎物的下颌骨。他会采摘和种植一种草药，这种草药可以让他抓到很多猎物。但是这种草药有两面性，如果抓不到山猪，就会让人脾气暴躁，喝一点酒就会醉并且向别人发脾气，所以一般人不敢用这种草药。他说打猎的时候每月抓两头到三头猎物是正常的，如果抓太多就是不正常的了，对使用了草药的人来说也许不要紧，但是对于普通人来说就意味着不正常，就需要去做平安。50岁以前抓到山猪是正常的，但是如果年轻时没有抓到过，五六十岁的时候却抓到了，就意味着这个人会有危险了，村里就有人遇到过这样的情况，抓到了一头小猪，结果两年后他就因为翻车死掉了。

相较而言，同为雅袁六村之一的什守村也有一个会做法术的老人，他的法术就是土生土长的当地传统。他叫HYM，主要做的是凶死鬼，使用的是黎语。施法的时候要穿黎族男人传统的包卵布，用红布扎头并插上一根鸡毛。黎语称作"$dig^{35}pa^{35}$"（皆第三声），按照鬼的凶恶程度选择杀猪还是杀鸡。

做平安的时候要用红、黑色来做，因为鬼怕血、狗；白色是最容易招鬼的。HYM在施法的时候要穿传统的男人裤子（$f^{h}i^{55}an^{51}$），即两片布，腰上系红带子，穿一件红色的衣服（看起来像小孩的旧衣服），头上也系着一条红色的布条，在前额插上三根山鸡毛。他的妻子也穿上了传统的黎族服饰，即头巾、衣服和筒裙。需要做平安的人，脖子的项圈上因为每年做一次平安就挂一个铜钱而变得很笨重。

至于做鬼法术最厉害的要数HDL，村民都说他做平安非常灵验，不仅本村村民们生病要找他帮忙做平安，就是别村的村民也会找他帮忙，甚至远至番阳和乐东万冲的哈黎都慕名而来邀请他帮忙。如果对方能走动的话，就直接到他家里接受服务；如果对方不方便的话，就先带着病人的衣服和米来找他，或者直接把他接到家里去。需要 HDL 帮忙做平安的机会很多，尤其是在每年年底的时候，需要做平安的人更多，这段时间也是 HDL 最忙碌的时间，可谓门庭若市。在这段时间，很少能够见到 HDL 闲赋在家。

HDL 技术高，最有名的证据就是给他现在的妻子做平安的故事。HDL 娶过两个妻子：一个妻子大他 10 岁（村民都叫她阿婆，按照身份证明，阿婆生于 1934 年，HDL 生于 1942 年，因此相差 8 岁），阿婆之前已经结过一次婚，先嫁到报万村，后来再嫁到此村。因为没有生育，后来与 HDL 离婚，但是因为她没有去处，就一直生活在南门村，HDL 把与第二任妻子所生的第一个孩子 HS 放在阿婆身边，HS 现在已经结婚生子，仍然和阿婆生活在一起。

HS（1986 年生）12 岁才上小学，一年级留了四年，这是因为以前毛道河上没有桥，小孩太小过不了河，就干脆多上了几年一年级。19 岁上完初二他就辍学了，20 岁结婚，媳妇是他的同学，比他小一岁，是南冲人。其子 2006 年出生，就是 2010 年清明节烧掉整个村子的那个小孩。据说他的爷爷当时很生气，恨不得把小孩也扔到火堆里去。

HDL 现在的妻子叫 HAL，小他 20 岁，娘家在万冲，是哈黎。当时被人做了鬼，竟然靠着屁股和背爬到椰子树上去，她还说过桥的时候看到了水里有狗，别人却没有看到。请 HDL 做了平安之后就好了，HDL 上门提亲，HAL 嫌男方年纪太大了不愿意嫁，大嫂说嫁给他了就会平安，不然还会得病，最后据说是强行生米煮成熟饭，女方被迫跟男方结婚。

HDL 是村中的老共产党员，也有新房①。厨房是茅草房，建在宅基地上。一天晚上，他的儿子 HS 邀请笔者去家里喝酒，地点就在厨房。这是笔者第一次坐在茅草房里，感觉也不错。来喝酒的主要是第四排房子的人。HDL 的二儿子 HX 已经结婚，但是小孩出生之后没到一个月就夭折了，岳母家把媳妇接回家养身体，后来就几乎没有回来过，据别的村民说，曾经看到对方在五指山市打工。

2012 年年底的一天中午，来找 HDL 的有两批人。一批是来自乐东农场的一对年轻人，男人骑着摩托车带着女人来这里，带着一只鸡、一壶酒。这是因为男人以前摔下了摩托车，腿受伤肿了，去医院没有治好，后来由 HDL 弄草药治好了，现在两口子回来答谢。在喝酒时，HDL 和对方交换鸡腿，因为据说如果不交换的话，到时候 HDL 也会得同样的病把腿摔坏。另一批是一对来自南冲村的老夫妻，也是带着鸡和酒来的，目的是给老太太做平安。他们说以前男方家的一个弟弟偷牛，对方请苗族人施法，让他一家人死绝，已经死去了 7 个人了，后来请 HDL 做法顶住了，因此十分相信 HDL 的本事，但是如果 HDL 去世了，自己就顶不住对方的施法了。

因为法术高明，HDL 主要在外村搞仪式，因此笔者很少有机会亲眼看到他做法。2011 年除夕夜吃年夜饭之前，他让妻子转告笔者，去看他今晚给妻子做平安，由于妻子以前身体不好，每年搞平安是常规工作。此时的 HDL 和平时的穿着没有太大不同，只是将头上常戴的草绿色帽子换成了一顶红帽子，朝向大门外，面前摆着一个直径一米左右的编织品，上面放着八个一次性塑料杯子，分两排放，前面一排三个盛水，后面一排五个盛酒。再往后看有三样东西，左边是空碗，中间的碗里放了一些米肉，插了一炷香和四排纸

---

① 他和儿子 HX 都有资格获得政府的盖房补助 4 万元，合在一起有 8 万元，相当于盖了一个房子而自己没有花钱。

做的旗子（和糖葫芦似的，用来唤鬼兵）；另一边是一个红色的长条状东西①。他神情严肃，小声②地用海南话说着咒语。时不时地或者用一块石头敲地，或者拿起两块石头互相敲击。HDL 后来说在乐东那边用的是铜锣，但用石头敲击的效果是一样的。仪式将要结束时杀了一只公鸡（鬼兵也要退去了），将鸡血流到碗里和酒杯里，随后把鸡扔出了门外。之后烧了纸旗和一点食品，最后给妻子戴上了一个新镯子，仪式就算完成了。完成了这个仪式，坏鬼和凶鬼就不敢来了。做一次平安可以管三年。

如上所述，黎族群众不论男女老少，也不论是否上过现代学校，由于带有民族特征的思维逻辑，人们普遍相信神秘力量的存在，因而对于做平安活动的效果没有怀疑。笔者甚至在调研中听说，在一些乡村医院里遇到疑难病症也会要求病人回家搞平安来解决，颇有一种"死马当作活马医"的意思，这不能不说是一件滑稽的事情。

随着时代与科技的进步，该地区黎族群众对现代医学与黎族传统巫术之间的关系有了"与时俱进"的解释，在他们的话语解释中，本来相互矛盾的两种逻辑成了并行不悖且相互配合的技术。每当遇到疾病灾害时，人们首先会施加巫术来查找病源，如果查不出是鬼作恶，人们就认定问题出在身体上，就需要去医院看病了③；如果真与鬼有关，那么医生就是想打针都打不进去。

2012 年年底的一天，南冲村每家每户都派代表到南门村看望HJB 队长的老婆，后者嫁自南冲村，过去半年她一直身体不好。H队长家摆了将近 7 桌酒席，村里的媳妇都要去陪酒，从中午一直喝

---

① 村民 HGP 说那是官印，用来给鬼兵发号施令。

② 其他村民说是为了防止别人学会。

③ 传统巫术与现代科学文明之间相互适应，同时表现在医生看不了的病，建议先做平安。

到了晚上 8 点才结束，其中就有 HXZ 媳妇。最后一拨的南冲客人准备走了，本村妇女送他们到村口，一些人拿着菜，一些人拿着酒挨个"搞酒杯"①，一轮接一轮，因而都喝多了。她就觉得肚子很难受，大家把她送到了医院。全村去了不少人（LSY、LJY、婆婆、HJQ 媳妇以及从红运村来帮 HYJ 插秧的 6 人），HMJ 的一辆三轮车带了十几号人去了毛道乡医院，但是在乡医院打了吊瓶之后没有效果，又叫救护车带到了五指山医院接受治疗，医生说其实就是酒喝多了（可能是酒精中毒）。

在她被送去医院的时候，其他人也没有闲着。她的公公 HWD 和叔叔 HDL 都为她做了平安、问鬼。HWD 先是拿筷子悬挂泥块，问是不是遇到鬼了、是不是酒喝多伤身体了、能不能今晚回来、能不能明天回来等（应该也包括是否有人禁）。之后他确认不是遇到鬼，不过是喝酒伤了身，并且知道第二天就能回来。不过为了确保安全，他还是在鸡蛋壳里面放了清水和米粒，用刀背敲地，做法让那些鬼（包括祖宗鬼和山鬼，特别是野鬼和小鬼）来吃，并请它们不要去打扰儿媳妇。HDL 则用一碗米，拿点着的香在上面画圈，也没有发现异常情况（因为圈是圆的，没有变形）。同时，为了防止是她自己的祖宗鬼使坏，就让 LQ 和 HXZ 带了一点米到娘家红运村找人做法。

对于鬼魂是否存在的问题，年纪稍长的村民毫不犹豫地表示肯定；而年轻人可能会先是否定，"没有鬼，有的话也是那些革命先烈的灵魂"，但是随着话题的深入，又很少有人敢十分肯定地表示世界上没有鬼魂。

南门年轻仔 HMJ 和笔者谈及，有一年过年那天，他白天从万冲喝醉酒回来的时候好像撞了鬼，但是没有见到鬼的确切样子，就

---

① 敬酒。

是凭感觉，喝醉酒之后经常碰到这样的事情。如果有凶鬼，就会感到有人来拉你的脚后跟，这种感觉听他说起来是很真实的，而不是幻觉，这样就必须去做法（liŋ^{55}tsiŋ^{51}）了。另一位年轻村民阿瑞也碰到过类似情况，并请人（不是 HDL，因为他做不了）做了 liŋ^{55}tsiŋ^{51}，一个月之后才好。他们对是否有鬼的存在既表示怀疑又不完全否定，他们给笔者提供了一个又一个例子，用以证明应该存在着神灵一样的东西：新村有两个堂兄弟都是残疾人，一个只能在地上爬；另一个长年挂拐杖，据说他们以前曾给自己的祖宗立过碑，好像之后的不平安就因此而起。

在笔者驻村时，村民 HCZ 和汉族媳妇去了万冲堂兄弟家（他的奶奶改嫁到万冲），把堂弟堂妹接回来。路上妻子感觉不舒服，呈现发烧的症状，家里怀疑是撞了鬼了。第二天早上，她的婆婆带着一碗米去找 HDL，让他看看是什么原因。随后 HDL 说是撞上了太阳鬼，因为家里没有搞仪式需要的公鸡，所以仪式推到晚上找到公鸡之后再做。在搞平安仪式上还要吹箫（笛子），唤回媳妇的灵魂来。村民据此判断说，不管是汉族还是黎族都是一样的，都会撞邪，并让笔者最好不要经常外出走动。不过听他们的述说，似乎这一类事情很常见，并没有什么惊慌失措的感觉。他们认为这一类鬼并不是凶鬼，只是因为过年没有东西吃才出来作弄人的，做完平安给点吃的就会好。

HJB 队长的父亲才去世几个月，他说感到父亲的鬼魂晚上回来过，晚上 10 点以后会听到拿碗的声音。村民们讲，如果是正常死亡的鬼，会回来一两次；非正常死亡的凶鬼则会经常回来。最直接的证据就是经常在梦里见到死去的人，有人甚至说他们听到了死去的灵魂在互相喊叫，就像在集体化时期生产队队长喊社员出去干活一样。

村民 HGS 和 HC 在和笔者聊天的时候说到鬼的事情。他们认为应该没有鬼，但是又不能完全否定。据说在毛道水电站那边曾经有人在上面的橡胶园里看到有几条新鲜的鱼在林子里面跳，但是旁边并没有看到什么人，这就是看不见的精灵把鱼抓上去了。HGS还认为存在着山鬼，有1米高，要是打到它的话，自己也要痛上几天。

春节期间，笔者到村民HGP家拜年。看到他家房子的所有门上都贴上了对联，甚至在鸡窝、蜂箱上都贴上了小对联，说是可以起到保平安的作用。HGS说，在以前的话就要用树叶来辟邪。HGP和笔者说，以前没有用对联来辟邪的做法，是他在琼中的女儿女婿搞的。他说黎族人相信有鬼，人死后确有灵魂。在埋死人的时候，现场会有老人大声说："你去找你的祖先和兄弟，他们的名字是……现在活在世上的人已经不是你的兄弟和亲人了，请不要回来了。"不过三年之内他们还是会常常回来，表现在近两三年内人们会经常地梦到他（HJB队长就说他的父亲回来过，因为他们梦见过父亲），但是三年之后就不会梦到了。死去的人如果没有找到自己的祖先或者祖先不接受他，就会回到家里；一旦找到了他自己应该去的归属地时，他就不会回来了，这个过程需要3年左右的时间。如果他回来了不给他东西吃，他就会让人肚子疼、头疼、吃不下一点东西。这时候做平安的人会通过仪式弄一些饭菜，扔到门口，并对鬼说"给你吃的，不要跟着他了"，不到十分钟，人们就能完全正常了。

村庄里几乎每个家庭都有一些关于鬼的故事和传说，有些还是自己亲身"经历"过的。LJY就提到了一些"撞邪"的事情。她说有一次去毛道接孩子，明明是在平地，前路却好像看起来很高很陡似的，需要人去拉她，在请当地懂鬼的人做平安后才恢复正常。HJQ有一次在外地卖了金瓜之后，有人发现他蹲在菠萝蜜树底下哭，他自己也不知道是什么原因。村民们普遍认为，如果喝酒之后想哭、打人，就是中邪、鬼上身的标志。

1960 年，该地区曾经在 3—7 月一直没有下雨。村民说是因为有山鬼在搞怪。他们认为在村子右对面的山顶上的一块大石头，就是山鬼。当时村民请人去做了法。现在这个山头还是保留着原来的样子，四周则已经种满了橡胶树，但人们从不敢把这块石头旁边的土地开垦出来。另一个人们传说的山鬼的例子是：曾经有一个人在这座山上碰到了一片甘蔗地，吃了甘蔗之后就生病了，事实上那里并没有甘蔗地，因此人们断定这个地方有山鬼。

应该说，黎族群众的宗教信仰思维比较简单，处于比较浅显地认为万物有灵的阶段，还没有上升到真正的宗教层次，因为真正的宗教必须具备一些比较成熟的制度和较为固定的信仰之物。而黎族群众的这种信仰比较随意，没有比较明确地关于神灵世界的较高层次的总结。不过，即便如此，我们也必须肯定黎族人这些特殊的民间信仰形式深深地影响了他们的生活和人生。

在火灾之前，南门村种有很多椰子树，椰子树的寿命很长，不容易死亡。火灾之后，因为政府拨款重建村落需要推平土地，现在仅剩下为数不多的几棵椰子树了。这些椰子树长得很高，有 20 多米，不知道是哪个年代种下的。村民认为椰子树有人性，证据之一就是从来没有人看到或者听到椰子掉下来砸到人的事例。因此，人们就把椰子树的状况与村民的生命联系起来，如果椰子树死亡或者折断，就意味着种椰子树的人所在的家族要有人死亡。南门村曾有一棵椰子树因为台风被刮断，六个月之后嫁到空茅村的一个女儿就因为山体滑坡死亡了，还有其他四个人也相继死亡了。该地区黎族群众虽然没有明确的树神祭拜现象，但是人们普遍认为老树是不能砍的，要尊重和敬畏它们。南门村路边的百年以上树龄的木棉花树就因为这个原因被保留至今。在什守村村头也有几棵很老的荔枝树，村民确信，如果树上的猫头鹰连着两天叫，附近就会死人。这种人为的主观联系只要成立一次，人们的原有思维便会愈发得到强化。

村民同时还认为,人为地去砍或者用火烧椰子树是不会导致死人的后果的。基于此,人们为了家族的安稳、避免亲人的离世,如果看到有自己家的椰子树将要死了(顶上的叶子开始发黄了),就要人为地、主动地将它用锯子锯掉,这样似乎就可以避免那种致死后果了。这种做法看上去比较滑稽,但是仔细一想,这不过是人们在应对自然的过程中一种无奈的自保措施而已,我们不能过多地把它看作一种幼稚的做法,而应该从中审视人们对健康和生命的普遍追求。

上文提到的南门村的那棵百年木棉花树,没有哪位村民能说明其具体年龄,60 岁的 HWD 说在他小时候就有这棵树了。由于树龄太长,很早就有死亡的迹象,大树的一边已经完全枯死了。曾经有村民想砍掉这棵树,但是其他人都不让砍。村民怕砍掉之后整个村子都会不平安,所有人都要死,除非它自然死亡。他们认为这棵木棉树具有神性,因为每次刮台风,它都安然无恙,也没有枯枝砸中人或者砸到茅草房的情况出现。

村民相信在发生灾难之前,大自然会显示一些征兆给最亲的人。LJY 就提到,有天她正在地里干农活,看到有一些虫子排着队往前走,远远看去就像一条大大的虫子似的。回家之后就听到娘家那边的兄弟死掉的消息。

村民对逝者与生者关系的看法在丧葬仪式上表现得最为明显,在这些仪式方面的行为表现更加与前述的黎族民众民间信仰模式密切相关。按照笔者的观察,黎族逝者的葬礼实际上是由两个阶段或者两个独立的仪式构成的。一个是死时的告别仪式,这个阶段是悲伤的;另一个是间隔时间较长的仪式,黎族人自称告别悲伤的仪式,即搞"欢乐酒"。本书将以 HJB 父亲去世相关的仪式描述作为研究资料。

HJB 父亲是 2011 年 12 月 23 日（农历十一月廿九日）晚上 10 点多去世的。之前曾经送往毛道乡卫生院，但是没有抢救成功。凌晨 4 点钟，打了三次枪（因为政府不允许存有枪支，现在多使用烟花弹）。人们只有在打枪之后才能够哭，之前是不允许哭的。哭的人主要是女儿和儿媳妇。大家听到枪响之后就知道有人去世了。打枪的意义除了报丧之外，还告诉同村村民不要做饭，因为这一天整个村里的人都不能做米饭吃，凡是蒸熟的东西都不能吃；只能煮番薯和木薯，或者是快餐面。在之后的当月里，不能吃竹笋、糯米、鸡、香蕉，否则眼睛会瞎；到了初一经过搞平安仪式后，就可以吃这些东西了。

接着，男人们就到坟地里去挖坑，南门村现在的做法比较简单，在番阳那边还要请专门的道公来念鬼话。在死者的嘴里放普通的大米饭，用草席包裹着，不用擦洗，就换了一身衣服（要求是黑色衣服并且不能带任何金属，即便有自带的扣子也要把它们拿掉，衣服和裤子都要从左边开始穿），由长子和次子抬着①，后面跟着很多人，有一部分人是挖完墓穴之后回来的，在墓穴那里有一些人守着，防止蛇和老鼠等动物进去。

和前述当地历史上的丧葬习俗一样，在送死者去往墓地的路上会有一些伴随仪式，这些仪式主要的目的是断绝死者与生者的联系，并希望死者不要再来干扰活人的生活。仪式的主持人现在主要由 HDL 承担。最后有一些话要求家属来说，就由他在旁边指导，教给死者长子 HJD，后者则学着说一遍，只有在这个时候人们才能听到祖宗等死者的名字。随后还要在路上放上一些树枝和树叶，表示阻断了其回家的路。

---

① 用棍子抬，两人一路上不能换肩膀，累了可以让别人来扶一下。如果在葬礼上不遵守祖先的规矩，村里接下来就会死很多人，一般认为会死 7 个人，如果第 7 个人是女人的话，还要再死第 8 个人。

将逝者埋了之后就回家杀猪准备喝酒。在办丧事的三四天内，死者家里是不能吃糯米饭的。如果死去的是女人，要和女方娘家商量到底由谁来抬尸体，或者由外甥来抬，或者由儿子来抬。南门村有专门的埋死者的地方，就在新旧两村之间的木棉树那里。

将死者埋葬之后的第二天早上四点左右，村中的一个妇女（父母双全，没有死过孩子的女人）被要求去做饭。这天晚上其他的亲人都在这里过夜，女亲戚和男亲戚各住一屋。早上吃饭后就要去集体洗澡，男女都要去，女婿就不需要了，因为他们不是这里的人。女婿参加埋葬礼的当天晚上就要回家，第二天送猪和 50 斤酒过来；姑丈、妹夫要送 2 头牛和 18 头猪。

洗澡的时候也有规矩，女人这边是从大女儿开始洗，先将一把糯米稻草烧成灰放在腰篓里，然后往里倒水洗头，再给其他人洗，接着就是洗被子和席子等。席子洗好之后只能晒一次太阳。男人这边也是一样，先从大儿子开始洗。逝者的妻子也要洗澡，但是要由一个同样死了丈夫的女人陪同。在吃饭的时候，寡妇们（包括新逝者的妻子）要在一起吃饭；如果是女人去世了，男人也必须进行一样操作。

这一系列仪式的举行仅限于出生后大于 7 天①的人，因此如果有婴儿出生 7 天以后夭折，也会为他举行仪式。村民解释，在婴儿出生 7 天之后，已经请弄草药的人以及接生婆来喝过酒了，因而他就已经具有了人的资格，从而具有了作为社会人的属性。如果这之后去世的话，也会按照大人的方式来给他做丧事，也会办得很隆重。如果还不到 7 天就死去了，就很简单地在自己村里办；当天就死的则不办丧事，随便找地方直接埋了。

---

①　不过什守村村民 HMR 说时间为 30 天，这个时间节点也是合理的，因为要办满月酒。这事实上也是一种社会关系的确立时间点。

　　HJB 父亲的丧事办了 4 天，奔丧的人坐满了 60 桌，整个村子都是客人。在第一排有四个锅，厨房内有两锅萝卜，外面有两锅牛肉和猪肉。HJB 家前有两锅木瓜，（老奶奶厨房）有两锅青菜。丧事（4 天时间）办完后，女儿们不想回家，这边就每 5 个女人一组把她们送回家去，并告诉姐夫多照顾妻子一些。从死者去世之日开始，到下一个仪式（即欢乐酒）之前，一直是悲伤期，在这一段时间内，任何人都不能娱乐和唱歌。欢乐酒之前可以办结婚一类的喜事，但是在这一类喜事上是绝对禁止唱歌跳舞的。

　　男人去世了，就在本村办丧事，但是如果是女人去世了，就稍显麻烦一些。后者要同时在娘家和本村办酒，但并不要求同一个人两边都去吊唁，要看自己和哪边的关系更近而决定去哪边。在办丧事的时候，如果外甥也要求抬棺材的话，就必须满足他的要求（如果没有要求，就全由儿子或者本村的男人来抬），抬过棺材了就要在这里参加仪式。虽然在娘家也要办酒，但是要按照男方村落的传统来办①。比如，HGP 嫁到南打村的妹妹去世了，就要按照南打村的习惯来弄，而不能按照南门村的习惯来弄。南打村多年前就改变了传统的黎族习惯，采用给死人立碑、过清明节的办法②。这样，在南门村办丧事的时候就不会举行使用稻草灰来洗头的仪式③，否则就会有灾难。

　　如前所述，在当地杞黎村落中，原本就没有祭祀祖先的传统和做法，南门村也一样。不过村民同时也提到，如果一定需

---

　　①　这种要求是新近发展出来的。在传统的通婚村落中，各种仪式在各村落间的差别不大，因而没有必要做特殊的要求。但是在 2000 年以后，由于一些传统的杞黎村落开始接受汉族的丧葬仪式，从而导致仪式在不同杞黎村落之间有所差异。比如在包括南打村在内的外围地区，现在开始实行祖先祭拜（过清明节），而在毛道各村还固守传统仪式，于是就出现了本书提到的此类仪礼要求。

　　②　而"南门村就像埋死猪一样埋死人"（村民语）。

　　③　南门村认为"稻草灰是用来防鬼的"，但是南打村现在树碑事件的意思是把死人当成祖先、好鬼来看待。

要祭祖①的话，也不能自己搞，不然就会倒霉，必须由专门的人来做。

老人去世的这天被当作所在家族的忌日，每月的这一天是不能插田、拔苗的，不能种任何东西，只有到第三年通过移植芭蕉苗的方式来破忌日之说。如果芭蕉苗没有种活，就还要再等几年才能破除这种禁忌。这和文献资料上的记载十分吻合。

在将死者埋葬以后，家人就要开始准备年底的"欢乐酒"了。从人死后直到办"欢乐酒"的这段时间，整个村庄都处在一个"悲伤期"。喝了"欢乐酒"之后，人们就可以开始一些娱乐活动了。按照惯例，选择"欢乐酒"的日期有规定，即必须在十二月初一到十五之间。在南门村，如果有人在十二月底去世了，可以小规模办，但只限定在自己村里，不搞大的聚餐，"欢乐酒"则在正月十五之前搞。HJB父亲是在阳历的2011年12月23日（阴历十一月廿九日）去世，2012年1月8日（阴历十二月十五日）是悲伤期的最后一天。为什么办酒的日子挨十五这么紧？也许是为了让这个纪念期尽可能地变长，因为HJB父亲去世距办欢乐酒的时间只有不到半个月的时间。

2012年1月7日（阴历十二月十四日）晚上，在HJB兄弟三人家门前的空地上，村民们已经开始张罗布置场地了，因为第二天就要给HJB的父亲办"欢乐酒"了。第二天一大早，村中的一些年轻男人就外出到毛道村，将头天已经联系好的一头牛带回村来杀。在毛道村他们现场谈了价格，以3700元的价格（按照大小估价，因为没有大称来称）买下了一头不是太大的水牛，又以9元一斤的价格买了一头猪。然后用斧头背锤杀额头的方式杀死水牛，用刚放得下一头猪的圆柱形铁笼把猪塞进去，之后用一个农用拖拉机

① 笔者在前文已经提到，这实际上并不是出于对祖宗的尊重和思念，而是要通过各种仪式来隔断双方的联系。

拉到了南门新村和老村之间的小溪边上做杀猪、杀牛的准备。黎族人给猪牛熜毛的方式和别的地方不一样，别的地方多采用开水泡猪、直接给牛剥皮的方式，而这里则都采用火烧的方式进行。边在火上烧，边拿香蕉树叶的梗子或锄头给火中的猪牛熜毛。这个工作完成之后，开膛破肚处理其内脏，在小溪里面有十几个人忙着清洗猪牛下水。这个过程会持续两小时左右，之后就把处理好的猪牛肉和下水带回村子。

帮忙买猪牛和杀猪牛的人任务完成后回到队长家，这时候米饭已经煮好了，在队长家门前临时搭建的一个简易灶上已经架上了两口大锅，人们把牛头肉和部分牛百叶切好下锅煮。

下午 3 点，吃完中饭之后，逝者的儿子、儿媳妇以及随后要给姐妹"舀酒"的妇女要去小溪里洗澡洗头。村民们解释说这意味着洗去亲人去世之后的悲伤和不幸。这和逝者刚去世时村民们的洗澡洗头形成了一个对应，不同之处在于，前者人数不是很多而且主要是至亲，其他人在家里洗就可以，甚至可以不洗，而后者则是全村人都要做。在小溪洗澡洗头的程序前后两次都差不多，烧一把糯米稻草灰装在竹篓里，然后用它舀水冲头，边洗边说"平平安安""新年快乐"之类的吉祥话，最后再用洗发水洗干净。之所以要用糯米稻草灰洗头，是要让鬼害怕，不会来害自己；随后洗身体。

下午 4 点之后，逝者家里外嫁的亲姐妹以及女婿姑丈陆续回来，很多人都提着一个装酒的壶和几斤米。大女儿带了糍粑饼（vi⁴⁴pʰan⁴⁴），这个要在接下来的"舀酒"仪式上分给大家吃，二女儿和三女儿带的是饼干以替代糯米饼，饼干在欢喜酒喝完之后才分发到村庄中已经成家的每户。他们在洗完澡和头之后才从家里赶回来，当晚就住在这里了。

大概是在五六点的时候，开始举行"舀酒"仪式，在逝者生前生活过的房子的堂屋（小儿子的屋子里）摆上一个类似门板的长方形木板,在木板的一边是大女儿带来的糯米饼,另一边是一缸新做的糯米酒,板上还有一只装着小鱼的碗。这次的糯米酒是头天晚上刚酿的,基乎没有酒味,这些糯米酒在办完仪式之后是不能煮的,否则会不平安,所以会直接喂猪吃。从大儿子开始,上次在这里哭过的人都要分一杯酒和一条鱼,糍粑则是参加"欢乐酒"仪式的每个人都要吃的,意思就是吃了之后会平安。对于为什么要分鱼,村民的解释是,吃了之后就可以像在水里面游的鱼一样自由了。在仪式将要结束的时候,收尾的那个人除了喝酒和吃糍粑外,必须把盛鱼碗里的汤一次性喝完。之后,就要把仪式的材料收起来,在屋里摆上饭桌准备吃饭。在这里吃饭的主要是女宾,一般为逝者家的姐妹们。

在进行洗头和舀酒仪式的时候,死者妻子始终不会出现,她在有意回避这个过程,有人看到她跑到橡胶林里去了,在仪式结束的时候再回家来。

仪式举行完后,宴席正式开始。村中辈分最大的老人 HDL 首先唱了一首黎族歌,之后大家就可以随心所欲地唱歌跳舞了,唱的歌或是黎族的,或是流行歌曲。酒席上觥筹交错,边喝酒边唱歌,一直持续到凌晨,空地上的灯也一直亮到天明。在喝酒的时候,村里的一些妇女们开始包一种鞋型的平安饼——用米粉加水和团,再压成长条扁形,就像鞋子一样,然后用芭蕉叶把它包起来煮。第二天姐妹们要走之前,会每人分发一个或两个平安饼,表示大家今后的生活就像穿着这样的鞋子走路一样可以平平安安。第二天上午还要继续喝酒,过了中午之后,人们才可以离开(如果是喜事就必须在中午 12 点之后才能离开,丧事则可以在中午之前离开)。

办丧事期间的东西是不能剩下的,如果到喝欢乐酒的时候,之前办丧事剩下的东西还没有吃完,就要把它们全扔掉。和办丧事不一样,办喜事时候剩下的东西则是可以继续吃的。

在办丧事和喝欢乐酒的习俗上，南打村和南门村原来是差不多的，但是目前南打村的欢乐酒仪式改在当月就可以举办，而不用一定到当年的 12 月了。笔者认为这和村庄自身的规模有关系，在以前的传统村落中，人口的数量规模很小，因此每年死去的人也不会很多，因而所谓悲伤的机会是不多的。但是随着人口总数规模的增加，人口的死亡现象也增加了，如果仍然维持祖制的话，村民基本上就没有娱乐的时间了。可见社会制度或者社会仪式和具体的社会实际状况是密切联系的，这也在一定程度上说明了社会结构对于社会制度的决定性作用。

村民对于做梦是有些在意的，人们把做梦多当成不平安的预警来看待，普遍认为做梦意味着有鬼缠身。在前文已经提到人们把梦到逝者当作死人回家的象征一样，关于日常的梦，人们也试图通过各种方法加以解释。在调研期间，村民 HWD 晚上做了很多梦，甚至梦到了水蚂蟥，他说这是将有人死亡的梦，当天晚上就自行做法来搞平安。这一类梦还有很多，比如梦见稻谷、梦见小鸟等都是不好的预兆。

至于村民对其他宗教信仰的态度，至少在有意识的层面上并不存在，当然道教除外，即便如此，其对黎族村落的影响也是潜意识的，尤其是做平安仪式影响了黎族人，但是他们自己并不知道这是受到了其他文化的影响。至于在汉族地区十分普遍的佛教信仰，在这里并没有被发现，村民甚至对异族民间信仰颇有嘲讽之意，黎族群众的思维逻辑就是只有鬼的存在，没有什么神灵是可以保护人的。人们能做的就是尽量使这些鬼神不来干扰自己的生活，而不祈求对方能给自己带来好处和庇护，甚至对死去的祖宗鬼也抱有类似的看法。

第 六 章

村庄社会生活变迁

一 传统村庄社会生活

（一）居住格局

当地的杞黎村寨绝大部分都属于小型村落，这与该地区地处五指山深处因而耕地较为稀少、土地资源难以承载大型村落有关。村落主要由同姓亲族聚居，大家有"同村又同亲"的观念。当然这也不是绝对的，在靠近乐东的较为开阔地带，即便是杞黎地区，也会有一些较为大型的村落，村民与不同姓的同支系黎族或者不同支系黎族，甚至其他民族共同生活。

黎族村落选址位置视地形、地势而定，应该说没有特别的讲究。山区的村落一般建造在山脚下，有利于防止台风袭击，村民多饮山泉水。选址主要原则当为方便安全，具体而言可归纳为"三靠一爽二干净"。"三靠"：一靠近耕地，便于劳作生产，也便于在其周围的小丘陵或山坡种植杂粮。二靠近河川或溪流，便于用水灌溉农田及生活饮用，并且可以捕捞水产来改善生活。三靠近山岭及森林，便于获取日常燃料及建筑用材，还可以狩猎。"一爽"：指地势要高爽，要有一定坡度，不占用耕地。这样可以防湿、防潮，避免房屋遭到破坏、人畜生病；同时，可利用坡度让雨水将地表的脏杂物冲到村外或洼地田里去，以保持村内卫生。"二干净"：指居住的地方一要"干净",死过人或有不好传说的地方不能建村;二要野兽较少出没之地,避免山猪、猴子等对农作物的破坏。①

黎族村落的平面布局也比较随意,住宅间距疏密不均,布局很不规则。黎族家庭是传统的父系家庭,子女成家后便自立门户,因而村内常见一幢幢较新的小茅屋,这是分家出去的儿子所建的新家。黎族村落传统的建筑物除了住宅外,还有隆闺、谷仓、土地庙、竹楼、晒谷场、牛栏、猪舍等。一般情况下,住宅群外围分布着谷仓、牛栏、猪舍等建筑物;村子入口处一般有土地庙,村内公共场所悬挂传统的铜锣以及牛皮大鼓等。

20世纪70年代后,民房改造政策加快实施,黎族村落的规划、布局、卫生条件、住宅质量等都有较大的改善。至2000年,通什的黎族村落大部分地区已建成砖木结构的瓦房、钢筋水泥结构的平顶房,有的农户还建起了钢筋水泥结构的楼房等。②

由于经济和文化条件比较落后,当地历史上主要采用就地取材的方式来解决自己的住房问题。传统的黎族群众主要使用松草和竹子来搭建自己的住房。前文已经提到,由于村庄规模的扩大,需要建造的房屋也在增加,大自然所能提供的原材料也是有限的。因此村庄中自动形成了一种惯例以避免因为松草不够而造成的困扰,即同一个村庄在同一年不允许有太多人建造房子。

在黎族传统的茅草房中,船形屋是最传统的住宅。因其外形像倒扣的船篷,故称"船形屋"。以木条、竹子、红白藤和松草为建筑材料,房屋的骨架用竹木构成,屋架用红白藤扎紧,上盖松草或葵叶。建造传统的船形屋,先是按纵长方形平面在地上立6根柱子,柱子上端通常选用天然树杈或人为砍成树杈状,以此支撑层梁。中柱承当脊梁,两侧檐柱承檐梁,檐柱高度约为中柱的一半;

---

① 本部分内容参考五指山市地方志编纂委员会《通什市志》。
② 五指山市地方志编纂委员会:《通什市志》,第551页。

在脊梁和檐梁上架着小斜梁（人字木），在斜梁下端约占全长的四分之一处稍作弧形弯状；其上搁着35—45厘米左右的小檩条；小檩条上搁有用竹子或细树枝编成的方格子网（格子一般为15×25厘米不等），从屋脊顺着斜梁方向一直延伸到地面，形成屋盖与檐墙合二为一的船篷状；格子网上面覆盖松草扎成的草排，沿着屋檐低处从下往上一层一层地往屋顶铺盖，并在屋顶侧面留一处或两处能够开关的天窗，用于取光。草排的铺叠使得屋盖轮廓形成船篷状，全部构件的衔接处均以红白藤拴绑牢固。屋内地板架的结构：架脚用石头顶高，离地一尺左右，地板架用木条和竹子制作，架上铺垫大小相同的红藤片或竹片，用红白藤拴绑牢固。地板上设有火灶和放厨具的地方，同时划定宾主睡觉的位置。屋内白天光线比较暗。室内冬暖夏凉，因为冬天屋内有火灶，夏天低矮的船形屋可遮挡炎炎烈日。关于船形屋的内壁结构，用的都是优质的木料及藤条，坚固耐用，一般是二三十年才更换一次；屋顶草排三五年更换一次。黎族高架船形屋地板架空高1.5—2米，以木梯上下，地板下可圈养家畜或堆放生产生活用具；低架船形屋地板已接近地面，故也叫作落地船形屋。

还有金字屋。其房屋的骨架为竹木结构，屋柱和横梁结构如金字形，故称"金字屋"。建房方法：按长方形地基立木柱，柱子上端是天然树杈或人为砍成树杈状，以此支承屋梁。中柱承脊梁，两侧檐柱承檐梁，檐柱高度约中柱一半；在脊梁和檐梁上架着人字形木条，在斜梁上铺檩条；檩条上铺竹子或小木条绑扎成的方格网，从屋脊伸过檐梁约半米，用松草或葵叶盖屋顶，外轮廓像"金"字状。屋墙是多用竹片或细树枝抹的泥墙，地板为泥土铺成，门口对开或从侧面开门。屋内设三脚灶、米桶、床位、餐位等。

隆闺是黎族社会特有的一种建筑。按照黎族社会的习惯，儿女长到了十三四岁时，家长就为他们在外面建一间小房子居住，这种小房子黎语叫"隆闺"，意为"不设灶的小屋"。隆闺有兄弟隆闺与姐妹隆闺之分。兄弟隆闺由男孩子自己上山备料建造；姐妹隆闺则由她们的父母帮忙建造。隆闺一般建在村落的村头、村尾僻静处或村谷仓边，有的也在父母住房边搭建。隆闺的样式与主房相似，但规格要小得多，只有几平方米，室内只设床铺，只开一个小门。隆闺有大小之分，大的可住三五人，小的只能住一两人。隆闺内不设火灶，专用于学习、睡觉、玩乐。新中国成立前，隆闺是黎族青年男女对歌、交往、寻找意中人的婚恋场所。中华人民共和国成立后，"玩隆闺"的婚恋习俗逐渐消失，如今隆闺纯粹是黎族孩子们学习、休息的场所。

另外，由于当地黎族群众早期有刀耕火种的传统，在耕作的山地旁，黎族群众会建造一些临时性的简易房子以供休息、用餐和驱赶野兽。这一类房子被称作山寮房。在山寮房中，备有一些简单的行装和铁锅，在农忙时节甚至可以在此过夜。山寮房旁常挂两根叮咚木，看守山栏园的人敲打叮咚木发出响声来驱赶野兽和鸟类。每当山栏稻即将成熟时，家里就派人住在山寮房里负责看守，一来防止鸟兽损坏稻谷，二来防止他人偷盗。在水稻成熟季节，人们也会在稻田旁建起小茅草房，派专人去看守鸟兽。这种小寮房内一般放置赶鸟兽用的弓箭，这种弓箭与其他弓箭没有太大区别，只是在弓弦正中编一个装石子的小篓，射出石子来驱赶鸟兽。有时，在稻田的各个角落插上竹编的"吓兽铃"，用几条绳连接到小寮房内，一有鸟兽来偷食，看守人就拉响"吓兽铃"，吓走鸟兽。这种"吓兽铃"制作简单，把一条小树枝弯成圆圈，用线把2—3条竹筒系好，放置在圆圈内，绑在一根稍高的木条上，连上线，一拉便能发出响声。

在村寨中间，谷仓散落其间。黎族谷仓是古代"干栏"建筑的遗存，这种谷仓上有茅草盖顶，下有架空地板，仓身多由木板、泥墙、竹席制成，有防潮、防鼠等功用。黎族一般忌在"鼠日"建谷仓，否则老鼠会打洞入仓，糟蹋粮食。黎族的谷仓一般都选在村落外缘较干爽的向阳处集中或单独建造，一家一个谷仓，互不干扰，目的是防止村庄发生火灾时烧毁粮食。有的谷仓建在耕地中心一带，便于贮藏粮食。黎族群众建造谷仓，主要与粮食加工方法有关。20 世纪 60 年代前，黎族群众收割稻谷时连穗割下，整穗贮藏时所占空间较大。另外，人们习惯吃多少米就直接从谷仓中取出多少稻谷来舂，因此习惯用谷仓来贮藏稻穗。20 世纪 80 年代后，通什地区的黎族群众仍习惯沿用这种谷仓来贮存粮食。

黎族谷仓外形大致相同，建筑材料与面积大小有所不同。木板谷仓是用优质厚木板作仓壁，坚固耐用，为谷仓中最坚固的一种，多为富裕人家建造。一般人家用竹篾编织仓墙作仓壁，或以泥糊墙作为谷仓壁，比较简陋。谷仓构造均以基石垫底，悬空地上，可防潮、防霉；在基石上面架以纵横木料、竹排铺为谷仓地板。房顶往往由竹竿编成，仓身与房顶构成圆拱形的天花板，外部糊以泥墙，以茅草盖顶，可防雨。仓身只开一小门，平时用铁锁锁紧。①

（二）饮食习惯

黎族地区的饮食习惯与当地自然环境状况密切相关，因此具有鲜明的黎族地区特色。

当地黎族群众的主食是米饭，大米是黎族人民生活的主粮。该地区日照时间长，天气炎热，人们习惯早上就煮好一天吃的稀饭——米饭煮熟后冲进凉水，调成稀饭，人们常以米汤当水饮用。随着生活方式多样化，饮食品种的增多，当地人现在一天煮两次甚至三次饭。在农村，人们则习惯一天煮两次饭，早上煮好早中餐

---

① 五指山市地方志编纂委员会：《通什市志》，第 589 页。

（多以稀饭为主），晚饭多是蒸干米饭。

山栏稻是传统的农作物，这是通什地区盛产的旱稻品种。每年四月播种，秋天收割，虽然产量很低，但是米质好，味道香，营养丰富；煮成米饭，清香扑鼻，是黎家迎宾待客的上品。特别是用山栏稻酿造出来的米酒，更是黎族群众喜爱饮用的佳酿。黎族人平时还会在做米饭的时候加入一些食材，比如把玉米、红薯、木薯和南瓜切成小块和米饭一起煮食。

本地区黎族群众不论男女老少都有嗜酒习惯，对茶水则十分漠然，没有饮茶的习惯，甚至可以说不知茶为何物。酒是人们生活中不可缺少的饮品，在节日、嫁娶、丧葬、入新屋、生育、社交和举行各种信仰活动时，都要摆席设宴饮酒，平时迎宾会客也是以酒相待。黎族人热情好客，常通宵达旦地敬酒对歌，形成了本民族独特的酒文化。

笔者在调查期间，很多访谈会由于访问对象临时接到喝酒通知而不得不中断。笔者已经总结出了经验，如果对方表现出烦躁不安的表情，或者不停地看手机上的时间，那一定是对方急着要去哪里喝酒了，于是笔者就会主动结束话题，然后对方就会开心而且迅速地离开。61 岁的 HWD，在 1970—1976 年做过电影放映员，1983—1996 年当副队长、队长。他告诉笔者，头天晚上在南打村他因为喝醉了，自己都不知道是怎么回到家的。回家之后发现自己刚从番阳信用社取出来的 200 元不见了，上衣兜里的 65 元只剩了 5 元。边说话边懊恼，但这丝毫不影响他下次接着喝醉。

村庄平时少不了米酒，就是在不富裕的集体化时期也是如此，但是那个时候用来酿制米酒的稻谷主要是山栏稻，因为当时其不做产量；1986 年以后就不允许砍山种山栏稻了。①

---

① 不过，翻看五指山的统计年鉴，山栏稻直到 2000 年还有较大的种植面积。

　　如前所说，传统的黎族村民每年都要用山栏糯米酿造山栏酒，其制作方法是：将优质的山栏糯米浸泡半天，淘起盛入蒸锅，蒸成干饭，晾凉。用适量的酒饼捣碎与米饭拌匀，然后装入酿酒用的竹箩内（竹箩架呈锥形状，口径约80厘米，底部尖，酿酒时，用芭蕉叶铺盖）。用酿酒竹箩酿酒，一般是先把酒饼捣碎，放入陶盆中用温水冲调，然后将酒饼水倒入竹箩内的酒料中，并通过酿酒竹箩底端的桶孔排去水分，用芭蕉叶封盖竹箩口。酒料经过三天的发酵后会散发出芳香扑鼻的酒味。这时，用筷子在箩架底下捅一个小孔，醇醇浓厚的山栏酒汁便一滴一滴地流入竹箩底的陶盆里。山栏酒汁俗称"酒滴"，杞黎方言叫"南挡"。七天后，把酒糟从竹箩内取出，用大坛盛装，山栏酒汁用小陶罐盛装保存。初时，山栏酒汁和山栏酒糟酒精度低，封存时间愈久，则酒精度愈浓。黎族人经常把山栏酒糟盛入大坛子埋在地下三五年，然后取出，用清水冲调饮用，此时陈酒的酒色呈黑褐色，香气扑鼻。黎族的山栏酒还有一种酿制方法：把糯米煮成干饭，晾凉后拌入酒饼盛入陶罐中，用芭蕉叶封盖罐口，三天后即可闻到芳香的酒味，七天后就可以饮用。罐中的酒水吸完后，还可以再放入凉开水，几天后，酒罐中又会发酵成醇香的山栏酒。黎家的山栏酒是滋补健身酒，民间常用山栏酒糟和鸡蛋同煮，给病弱体虚或是产妇食用来补身，有强身健体之功效。

　　除了山栏酒之外，人们还会使用其他材料来酿造酒类，主要有玉米酒、番薯酒和木薯酒等；不过其他酒类要通过蒸馏的方式，制成白酒来饮用。而对于山栏酒来说，人们很少将它加工成白酒，除非在酿制过程中有些失误而导致米酒有苦味，否则都以糯米酒的形式直接饮用。

　　黎族男人大都吸烟，村民们主要吸水烟筒，烟叶多是自种于房前屋后或河边冲积地的烟草。人们把烟草晒干，切成烟丝，用竹制水烟筒吸食。现在人们很少自己种植烟叶，大多数人直接从市场上购置卷烟，只有一些老年人或者由于习惯或者出于经济上的考虑而继续抽水烟筒，不过即便如此，他们也从商店或者从万冲集市上买产自广西的烟丝。传统的水烟筒是竹制的，携带并不方便，一般人会把自己使用的水烟筒竖放在门口，因此村民们并不会随身带着水烟筒四处走动，他们随时可以借用别人的水烟筒使用。即便是在山上路边，也会放着几个水烟筒。村民们只要带着烟丝和火柴就可以了，不愁没法吸烟。现在人们会使用更加简易的水烟筒制作方法，即用塑料矿泉水瓶子来代替竹子。

嚼槟榔是当地黎族群众一个比较普遍的习俗。槟榔是黎族礼俗的吉祥物，黎族民间结婚、访亲会客等活动都以槟榔为礼物。尤其在婚姻中，槟榔是一种媒介（说亲时女方吃男方送来的槟榔便是同意了这门亲事）。黎族民歌唱得更为清楚："口嚼槟榔又唱歌，嘴唇红红见情哥；哥吃槟榔妹送灰，有心交情不用媒；男重烟筒女槟榔，烟筒槟榔交情广；上村下寨情理重，烟丝槟榔大家尝。"吃槟榔有生吃和干吃两种。生吃是把槟榔果实破开成数块，每一块都配有螺灰和蒌叶①混嚼，瘾大者还会拌入适量的烟叶。初嚼时吐出的口水是黄红色的，味道有些苦辣。越嚼口水越红，连嘴唇也被染得通红。初嚼槟榔者容易醉，久嚼后才能习惯。当地人认为，夏天吃槟榔可以解渴，冬天吃槟榔可以暖身，经常吃槟榔可预防龋齿，也能提神健肠胃、利气、杀虫等。

黎族制作菜肴时习惯把肉和蔬菜一起煮，或者把几种菜混合煮。黎族的肉食很有特色，一般是用火烤或用清水煮。对于山鼠、青蛙、鸟类、田蟹、小鱼等多用火烤熟；对于猪、牛、羊、鸡、鸭等则先用火烧去毛，清洗干净后切成小块用清水煮食。小米椒是黎

---

① 草本植物，茎蔓生，似胡椒叶子，味道香辣。

族人平时餐桌上的佐料，很多黎族村庄旁常会种上几棵小米椒。黎族的饮食口味清淡，很少制作炒炸食物，清水煮食是其一大特色。

黎族传统饮食中最有特色的是腌制食品，如"肉茶""鱼茶""南杀"以及酸菜等。这些腌制食品风味独特，"肉茶""鱼茶"还是黎族用于招待贵客的佳肴，传统食品主要有糯米粽、糯米饼（团）、各种果物等。肉茶和鱼茶是黎家腌制的一种味道酸甜可口的菜肴。"肉茶"制作方法：先把肉（一般是猪肉、鹿肉、黄猄肉、牛肉等）煮熟，切成小块，把米饭用水洗净，然后把肉、米饭和食盐拌好，装在陶罐里，封存一个多月，取出便可食用。"鱼茶"有干、湿之分。干鱼茶是把生鱼洗净滤干水，然后把炒米捣碎，加入少许食盐后，把生鱼和米粉拌匀，装入陶罐中封存两月以上，取出食用味道酸甜可口，是鱼茶中的极品；湿鱼茶则是用煮好的干饭拌上生鱼和食盐，装入陶罐封存十天便可制成。

每逢喜庆佳节，尤其是春节，黎族群众都要制作糯米粽、糯米饼（团）等食品，在探亲访友时随身携带。合亩制地区的黎族制作糯米粽时，先把糯米浸泡，淘干净后掺进芝麻或黄姜汁（后来多放猪肉、牛肉等），用粽叶包成圆长形的粽子。其他地区的黎族群众则多包三角形的粽子，粽子内夹着拌上香料的猪肉片。制作糯米饼（团）时，先把糯米浸泡后蒸成干饭，用木臼舂烂，揉捏成圆形的糯米饼（团），其上还常撒芝麻。黎族人走亲访友时，多用糯米饼（团）赠送亲戚朋友。糯米团晒干后可以保存一个月。食用前用水浸泡后放进火中慢烤，或是用油煎软。

黎族地区技术较为落后，在日常器皿的使用方面也比较原始简易，并且具有就地取材的特点，比如椰子壳、槟榔壳等随手可得的东西就可以被用作器皿。在炊具方面，除了外来的陶锅、铁锅、铝锅等外，富有民族特色的炊具则有皮锅、南瓜锅、椰子锅，煮饭时用于搅拌锅中米饭的木铲与骨铲，用于舀稀饭和汤的椰壳勺与野果壳勺，装水用的陶缸、陶罐，挑水用的竹筒、木桶、葫芦瓜等，陶锅是黎家煮饭做菜的主要炊具，大小不等，锅盖由陶制或独木刨挖制成。黎族男子上山狩猎，捕获到山猪或黄猄时，一般会就地剥开兽皮，用四根树木在地上支撑兽皮做成皮锅，把野物的血及内脏放入皮锅中煮，加入盐巴，便可在野外煮成美味的野餐。人们在守山栏园时，经常取来山栏园里的大南瓜，从瓜蒂部开洞，取出瓜瓢，盛上水放进适量的米和盐巴，在火堆中烧煮成饭。椰子锅煮饭与南瓜锅煮饭的原理一样，即把椰子从蒂部开小洞并保留椰水，把米装入椰子内。以椰子皮和壳当锅，放进火堆中烤，煮成干饭，味道独特。

本地区传统的灶具为三角灶，又称"品字灶"，由三块石头垒成。三块石头分"座石"和"走石"。"座石"是一块扁形的长石，石脚埋入地下三分之一，不可随意移动，这块石头又叫"灶魂石"。"走石"是两块平底的石头，可以按锅的大小随意移动，合亩制地区和居住在山区的黎族把三角灶设在船形干栏房屋内，火灶旁边放着吹火用的竹筒。

在饮具方面，民间的黎族传统饮具有：陶碗、椰壳碗、葫芦瓜、概（kai1）和乐（loŋ2）。葫芦瓜同时可以作为挑水器具和盛酒具。将葫芦瓜剖开两瓣，亦可以做舀水舀酒的器具。还有一个饮酒用具，当地人叫它"概"，是一种陶罐。中华人民共和国成立前，黎族群众在饮酒时，习惯把山栏酒放入"概"中，冲进清水，然后插入小竹管，大家轮流吸饮。小竹管底部包着小网，用于隔开山栏酒糟。"概"有大有小，平时待客只用小"概"，席间人们轮流吸饮；还有一种饮法是把"概"吊在酒席上方，大家推转轮饮，这种喝酒法被称为"喝咂酒"。

用来盛山栏酒的陶盆叫作"乐"。黎族习惯在喝酒前把山栏酒糟盛入陶盆中，用清水冲调搅匀。置小竹箩于陶盆上，用椰壳勺挤出山栏酒汁，再舀酒入碗来喝，如果"乐"中酒精浓度还高的话，则会继续冲入清水，挤出山栏酒汁，直到把"乐"中的酒挤压到没有酒味为止，黎族男女皆能饮酒，但各地区的饮酒方式不尽相同。中华人民共和国成立前，"合亩制"杞黎方言地区一般使用竹管吸饮山栏酒。

（三）婚姻缔结

1. 婚姻形式

中华人民共和国成立前，黎族还存在"不落夫家"的婚姻习俗，妇女在结婚后，不是马上回到男方家落户，而是回到娘家居住一两年或更长时间，丈夫在农忙或有重要事情时才来接妻子回去帮忙，直到妇女怀孕时才回到男方家，组建真正的新家庭。妇女在"不落夫家"期间，享有自由交往的权利，她可以和别的男子进行社会交往，不受社会的谴责和耻笑。直到中华人民共和国成立后，这种婚姻习俗仍有一定的影响力，但已经发生实质性的改变。"不落夫家"习俗已经没有了严格的规定，妇女结婚后虽然不是马上就到男方家居住，但也经常在男方家和娘家之间走动，回到娘家的时间也只有几个月或是半年左右，但是，此时"不落夫家"的妇女已被禁止与别的男子交往，如果她任意作为，则会受到社会的谴责和夫家的惩罚，会被人歧视。妇女在怀孕后便回到男方家定居。黎族的"不落夫家"习俗在合亩制地区还有另一种意义：合亩制地区遗存母系社会之风，女子具有很高的地位。如果丈夫死了，其妻子不能继承家庭财产，只能分享当年的口粮，丈夫入土过完丧期后，娘家兄弟便把她接回去，因为她是娘家氏族里的人，娘家兄弟有义务照顾她、抚养她。倘若是年轻寡妇，则可以在娘家重新出嫁；如果寡妇年迈，她的儿子已成家育子，希望留住她，则娘家也不会勉强，但寡妇可以随时回娘家探望，会受到娘家人的热情款待和挽留，这是合亩制地区自古以来不变的习俗。

2. 恋爱习俗——"玩隆闺"

黎族传统的婚恋习俗很有民族特色，除了男女双方从小订亲外，都要经历"玩隆闺"过程。黎族有一种习俗，就是当男孩和女孩长到十三四岁时就不能在父母屋内居住，要搬到"隆闺"居住。居住隆闺就表示男孩女孩已经长大成人，他（她）们需要有自由交往的天地。隆闺有男女之别，男女隆闺分别住着几个甚至十几个男孩女孩，这里是男女青年进行社会交往、谈情说爱、吹奏乐器和对歌定情的场所。

"玩隆闺"是黎族婚恋习俗之一。不同血缘的男女青年可以在隆闺内对歌、谈心、弹奏乐器，通过一段时间的交往，彼此确定意中人。直至 20 世纪 50 年代，黎族的"玩隆闺"习俗还很盛行。每到傍晚，黎族小伙子就精心打扮，拿着鼻箫、洞箫和口弓，结伴到另一个村庄的女隆闺前吹奏鼻箫、洞箫和弹口弓，与姑娘们对唱歌谣。首先，男子要在女隆闺前唱"开门歌"，询问女子是否愿意开门，是否愿意交往。如果女子不愿意，她会唱"闩门歌"，让男子到别的隆闺或别村去。如果她愿意，则会对唱歌谣，把门打开。男子进屋后，要唱"请坐歌"，询问女子是否愿意让他坐，女子则会对唱相应的歌谣表示同意。如此大家便对唱各种歌谣，吹奏乐器，玩个通宵。一段时间后，大家都有了意中人，男子便会对他中意的女子唱"求爱歌""忠情歌"，以表心迹。女子同意了也会唱相应的情歌。两人便到谈情说爱、私订终身的阶段，进行更深的交往。通什乡的群众去隆闺谈恋爱时，一般都说"略亚"。在黎语中，"略亚"是唱歌和玩乐器的意思。略亚并不规定具体的时间，不论农闲或农忙，只要有对象，夜里就可以进行。男子到了隆闺，便在房外吹口哨、鼻箫或唱歌问好，女子在房内同意后，则让他进去，集体唱歌，分别对答。一般情况下，一个晚上只是男女互相唱和，找寻对象；等到建立感情后，由男子送烟（槟榔）给女子抽（吃），如果女子同意，在谈话中就报以微笑，否则她就表示不愉快，摇头或不说话。在中华人民共和国成立前，大部分的青年男女都由父母作主，在15—17岁就结婚，能通过略亚找到爱人而结合的很少。

黎族男女青年"玩隆闺"的恋爱活动大致经过半年，最长也有两三年时间，情投意合后各自向父母亲提出成婚意愿，如果父母同意，男子便会让家人到女方家说亲，进入谈婚论嫁的阶段。如果双方不满意就分手，彼此互不干涉。在"玩隆闺"恋爱期间，双方互赠礼物，男子以编织精致的小腰篓和草笠送给女子，女子则织绣图案鲜艳的花带送给男子。男女婚恋期间，一个男子只能与一个女子"玩隆闺"，不允许有三角恋爱关系，否则会发生械斗。

20世纪60年代以后，黎族男女青年之间的交往方式多样，他们通过读书、外出劳动、探亲、集市、节日、婚礼等社交活动相互认识，寻找心上人，男女情投意合后便请父母出面说亲，缔结婚姻。但是，"隆闺"作为黎族婚恋习俗的附生物却保留了下来，现在它纯粹是黎族青年学习、生活的场所，已失去了往日对歌、吹奏乐器和谈情说爱的喧闹。

3. 结婚礼仪

传统的黎族婚姻一般都要经过"玩隆闺"、说亲、订亲等步骤，结婚礼仪中有接亲、迎亲、饮福酒、逗娘、对歌、送亲、收席、回门、请妻等过程。

（1）说亲

黎族男女青年通过婚恋、约婚或由媒人撮合后，男家择日到女方家说亲，说亲队伍由男方亲属3—5人组成，带去衣裙、两块银元以及槟榔和烟草等礼物。女方家设宴招待，席间男方征询女方家长、女子本人是否同意，如果女家同意结亲，就嚼吃男方带来的槟榔，把男家送来的礼物收下，并商定订亲的日子；如果女家不同意，就把送来的礼物退回去。

（2）订亲

黎族的订亲不受占卜、八字、拜鬼神等的约束。说亲成功后，男方家便派订亲队伍前往女方家订亲，订亲礼物有槟榔、烟、米、酒、肉以及一二个光洋（银元）。女方照样设宴招待。席间双方商议结婚彩礼、父母养育费、众亲属的礼物以及槟榔、烟酒、肉的数量。中华人民共和国成立前，合亩制地区黎族新娘的身价为 1 面铜锣（铸有青蛙的铜锣为最贵）或 1 头牛以及 30—50 块银元。中华人民共和国成立后多用人民币代替，基本为 8000—10000 元不等。1950 年 5 月《中华人民共和国婚姻法》颁布后，黎族的婚姻都遵循法律的规定，但婚事的办理多为先放槟榔订亲，后到政府民政部门办理结婚登记手续，最后才置办结婚酒宴。

黎族婚礼隆重、热闹而有趣。结婚前，男方家要做三件事：一要向女家送聘礼；二要筹备婚礼物品；三要动员众亲属，为新郎盖新房。女家也要办两件事：一要备好酒菜招待接亲队伍；二要组织村里的妇女参加送新娘队伍。每年秋收后至春节前夕，是黎族人结婚的旺季。

（3）接亲

婚礼当天上午，男家派出 3—5 名男女，前往女家接新娘。其中一名男子被选为"帕开"（即接亲队伍的带头者，是位能说会道之人，负责婚事商议、联络等事宜）作为男方家代表，女子负责陪送新娘。接亲时，女家置办酒席款待接亲队伍，在受汉文化影响的地区，还会请来民间音乐队奏乐。新娘姐妹召集亲戚朋友和村里妇女参加送新娘的队伍，少则二三十人，多则百人。新娘出嫁前三天要洁身，请人妆饰打扮，拔脸汗毛、修眉等。结婚当天，新娘身穿艳丽衣裙（多为传统民族服装），头披花巾，戴耳环，颈脖戴银项圈、玉珠圈，胸前挂银牌、银铃、珠链，腰系银链、银铃，手戴镯子、戒指，脚戴银圈。合亩制地区的新娘，还要腰挂精致的小腰篓和头戴闪光的镶嵌云母片的草笠。新娘离开父母家时，由陪娘护送，男家接亲人员带路，行走在队伍的前头，乐队奏乐，场面十分热闹。黎族流行"新娘不见新郎（不露面）"的婚俗，合亩制地区的新娘用草笠遮脸，并佯装哭骂娘家把她嫁到远方。如果新娘不哭不骂，众人会说她"想老公"，不孝顺父母亲。

（4）迎亲

送新娘队伍到男家的村口，男方即举行迎亲仪式。"奥雅"（主持仪式的男性老人）身穿祭服，手持一把尖刀，在进村路口中央铺一片芭蕉叶，放上一个鸡蛋，面向送新娘队伍，念祈平安语："天鬼地鬼凶魂鬼，不得阻路卡寨门；尖刀砍蛋见大红，刘叶脱鞘开寨门；鸣枪点火赶邪恶，火把照路引亲行；婚礼喜事人人乐，新郎新娘永幸福。""奥雅"祈祷之后，用尖刀剖开鸡蛋，点燃火堆。这时站在路口两旁的男子朝天齐放粉枪，宣告送新娘队伍平安进村。新娘和送亲队伍都要跨越火堆，方能进入村寨。新郎父母亲在家门口迎接新娘和送新人员，新郎的姐妹把新娘的行李搬进家里，并安置送新人员就座。在合亩制地区的黎族，由不同血缘的妇女伴送新娘到男方家，到男方家后，大家入屋一侧面壁排列静坐，男子此时要走开。过一会儿，新娘及伴送的妇女要到屋外空地上做"春米"动作，每组四五人或七八人不等。之后，新郎村内的妇女也来参加这个活动，以此来表示丰收和祝福新郎新娘之意。

（5）饮福酒

婚礼酒席分宾主座位，主座前放置着高60厘米的酒罐，插着两支饮酒用的竹管，俗称"福酒"。饮福酒要举行仪式，合亩制地区黎族由家族"奥雅"或者年长男性祭拜先祖，向先祖报上新郎和新娘的名字，祈求先祖赐新人幸福、成家立业、生儿育女。过后，新郎新娘在母亲的陪同下共饮福酒，席间众男女饮酒对歌。其他地区的黎族婚礼，则流行新郎新娘用碗共饮福酒的习俗。

（6）逗娘

逗娘是黎族婚礼中非常有趣的环节。合亩制地区举行婚礼时，送新娘的妇女把新郎家蒸熟的糯米干饭放在木臼里舂成糯米饭团，以带回去分给没有参加婚礼的大人小孩。参加逗娘的小伙子们总是千方百计地去抢糯米饭团，妇女们则要保护这些糯米饭团不被抢走。小伙子抢饭团时，如果不留神，往往会被姑娘用木杵撞击头和手。如果被逮住，姑娘们会用糯米饭团粘满小伙子的头发，三天都洗刷不净。20 世纪 80 年代以后，黎族婚礼中的这些逗娘习俗已逐渐消失。

（7）对歌

对歌是黎族婚礼中最热闹的程序，也是婚礼的高潮部分。送新娘的女家代表到新郎家后，新郎家于晚上举行结婚酒宴。席上送新娘的妇女与新郎家的男子对坐对歌，送新娘的姑娘们则与新郎家的小伙子们对坐对歌。在 20 世纪 80 年代以前，对歌时唱的多是黎族民间歌谣。20 世纪 80 年代后，流行歌曲进入黎族社会，年轻人对歌时多以流行歌曲为主；中老年人仍然用民歌对唱。黎族婚礼中的对歌会贯穿婚事的全过程，时间可达两天左右。在婚礼酒席上，老人对歌来叙述感情，中年人对歌来增强感情，青年人对歌来表达感情，新郎新娘对歌来阐述钟情。

（8）送亲

婚礼进入尾声时，前来参加婚礼的亲戚朋友以及新娘家的送亲队伍都要回去了，此时就是送亲的阶段。婚礼一般在晚上举行，次日送新娘队伍回去。选择晚上举行婚礼的意思是太阳下山了，鸟归巢人归家，姑娘出嫁也要回夫家。送新娘队伍离开男家时，男家的人都要手拿着酒和菜，到村口去欢送新娘家的人，给他们敬酒吃肉后才放他们出村，有的还派专人带着黑木炭给每一个新娘村的人涂抹上，让他们平安到家。送亲时，宾主互相敬酒并唱歌告别。

（9）收席

婚礼结束后，男家另设收席宴，俗称"婚礼尾酒"，以答谢在婚礼期间送钱送物和帮忙的亲友。在收席宴上，新婚夫妇要聆听亲友们的教诲，如要求新婚夫妇勤俭持家、恩爱偕老等。男家亲友多者，婚礼后数天仍有人登门拜贺，因此，收席宴有的会长达三天三夜。

（10）回门

婚礼结束后，新娘在婆家居住一段时间，便回娘家去，向父母通报在男家的生活情况，以及丈夫对妻子的好坏。新媳妇回娘家所带礼物是一小罐米酒、一小箩糯米团和槟榔、烟草等物。在娘家居住数日，等候丈夫接她回去，如果新婚夫妇感情不好，新娘可以抗婚。

（11）请妻

结婚后，新娘第一次回娘家时，新郎必须到女方家把新娘请回家，请妻时，新郎到岳父母家要讲究人情礼貌，行为要符合礼仪，要懂得女家大小各人的尊称，还要能饮酒唱歌。在宴席上，新郎往往被女方村里姑娘们缠住斗酒斗歌。请妻时，新郎表现得好，女家就会很高兴，说是女儿找到了"新帕曼"（意为"好丈夫"），新娘当天就能随同新郎回去，有些怕羞者次日才回。此后，妻子回夫家就不必再去请回了。20世纪60年代至70年代时，如果丈夫去请妻而妻子不愿回夫家，就说明双方感情不好，有可能要闹离婚。

4. 离婚

中华人民共和国成立前，黎族人结婚与离婚较为自由。至20世纪50年代前，黎族社会的离婚还是以习惯法为准。50年代后，黎族的离婚以国家的婚姻法规定为准，要到民政部门办理离婚手续。但有些黎族群众离婚时仍受习惯法的影响。黎族传统的离婚主要有两种形式：第一种，男女双方协议提出解除夫妻关系，然后各自向父母报告，男家请来村中有威信的"奥雅"主持离婚仪式。男方家要杀猪摆酒，男女方的亲属代表对面就座，并请村里乡亲参加。在宴席中，男女双方申明离婚的理由，双方父母表明态度，众亲评议，如果一致同意离婚，就举行离婚仪式：在酒桌上放三个碗，一个碗盛满酒，两个是空碗，并用一块黑布铺盖碗口，离婚者相对就座。"奥雅"把黑布从中间撕开分成两块，离婚的男女各取一块，作为脱离关系的凭据，然后"奥雅"提起盛满酒的碗，把酒倒入两个空碗中，离婚双方要把半碗酒饮下，俗称"喝半碗分手酒"。"奥雅"根据离婚时的家庭财产情况，当众公布各方所得的财物。女方财产由娘家兄弟挑回去。第二种，离婚当事人一方要求离婚，另一方不同意离婚，又经过"奥雅"和双方父母调解无效后，则由当事人自己处理。如果是女方提出离婚，必须退还男家结婚时的彩礼，不请酒，仅撕黑布；如果是男方提出离婚，女家则不退还彩礼。

按黎族的习俗，男女双方离婚后，子女一般留在男方家。婴儿则由女方哺育，男方家给一定数量的养育费，长大后要送回男方家，或者按照孩子的意愿，自由选择跟父亲或跟母亲生活。如果女方离婚时坚决要求带一个孩子走，则由男方家的"奥雅"和女方代表商议裁决，同意后，女方要付一定的费用，但随母的小孩不能改换姓氏，否则男方家会出面干涉。20世纪50年代起，黎族的离婚需遵循国家的婚姻法规定，到民政部门办理离婚手续，出现孩子与家庭财产分配问题时，则会诉诸法院，由法院做出公正的裁决。

5. 生育

黎族人把生男育女视作家庭的一件大事，尤其在农村，也存在类似汉族地区的"多子多福"观念。妇女怀孕是一整个家庭的喜事，在怀孕期间，丈夫不得打骂妻子，外人也不能辱骂孕妇，更不能说一些对孕妇不吉利的话。在合亩制地区，家里有孕妇时，丈夫不能在家中安装刀把、锄柄和犁耙，不能在火灶里烧铁器，也不能把柴尾当成柴头放进灶中烧。孕妇忌吃蛇肉和猴子肉，平时也不能在孕妇面前说些关于蛇、猴子之类动物的话，生怕孩子生出来之后会像猴子或是皮肤像蛇皮一样。孕妇不能跨过动物的尸体，不能到丧家中去。平时，孕妇和常人一样参与生产劳动，在分娩前才停止参加干粗重活儿，只干一些力所能及的轻松活儿。

中华人民共和国成立前，黎族普遍有一种习俗，哪一家妇女生小孩，就要在家门口挂树叶，生育男孩就挂带刺的红藤叶，生育女孩则会挂露兜叶。挂树叶的目的在于禁止外人进入家中，而且认为带刺的树叶有驱邪的作用。生育时，产妇在房内躺产或坐立，由村里的接生婆接生。如果出现难产现象，孕妇的丈夫就要把家中的刀脱柄，犁头脱架，拔掉篱笆。若还不能生产，人们就会认为有凶鬼缠孕妇身，就会请"道公"来做法驱鬼，或是请娘家的"娘母"来杀猪、鸡祭祖先鬼，保佑产妇平安生下小孩。中华人民共和国成立后，如若发生难产，家人一般都会送孕妇到医院，以保证孕妇及婴儿的平安。在村里生下小孩后，接生婆一般用红线绑婴儿的肚脐，胎盘则用树叶包好，或拴在树上，或放在河中冲走，或者埋在地下，绝对不能让猪狗吃掉，以避免病患。

黎族产妇"坐月子"的时间长短不一，有的一个月，有的三个月，各地有所不同。产后 3 天内，产妇闭门不出，除接生婆外，别人不能进产房。12 天后，别村女性亲属才能来探望产妇，男性亲属不能随便进入产房。合亩制地区的产妇在"坐月子"期间，只能吃干饭或吃黄姜水煮的米饭，以田基黄、雷公根等野菜佐餐，禁食鱼、肉、蛋和瓜类。村民认为产妇吃鱼等腥味食物和凉素瓜菜会"寒身"，容易患上妇科疾病。当地产妇习惯喝牛大力、千层血藤等草药煮的汤，借以消炎、活血、恢复体力。20 天后，产妇才能用冷水洗身；30 天后产妇才能下地干活。产妇坐月期满，家人要杀鸡炒艾叶给产妇吃，煮龙眼树叶水给产妇洗身；之后产妇与家人合伙吃饭，与常人一样外出。

小孩出生到满月时，婴儿父母和家中长辈共同商议给小孩取"乳名"，通常是根据孩子出生时的特征及出生日子，或是小孩出生期间家中与村内发生的具有象征性的事件来取名。取名时，由家族"奥雅"举行仪式，杀公鸡祭祖，向祖宗报告婴儿的乳名后，方能向众人公布；满周岁时，要在孩子生日那天给小孩取黎族名字，通常以直系亲属辈分顺序名次取名。小孩的命名要举行仪式，要宰猪杀鸡祭先祖，同时还要设酒宴请亲属朋友。在家中，设有小孩自己专用的席位，席上摆一碗干饭、一个鸡腿、一把尖刀、一块银元或银币等。在家族"奥雅"的主持下，小孩的父母亲带小孩向祖先灵位跪拜，并报告小孩的名字。由"奥雅"命名的小孩戴上串着铜钱的项圈，手脚上系着蓝红青三色的"平安线"，然后由小孩父母带着他到专设的席位就座，当众叫喊小孩的新名字，并让小孩自己拿席上的物品。当小孩拿起饭碗时，意味着小孩将来有吃食且长寿；拿起尖刀，意味着小孩以后会成为英雄；拿起银元，意味着将来要发财；拿起鸡腿，意味着以后是个走四方的人物。前来参加命名仪式的亲戚朋友，都要在小孩的席位上放"红包"或一些礼物，以表示祝贺。

黎族社会传统的观念里非常重视生儿育女，很少有堕胎的现象，人们把堕胎或溺婴视为"茂赖"（意为"神人共愤、天地不容"）。因此，不论是婚内生产还是婚外生子，都受到家庭的保护，在社会上不受歧视。①

6. 家庭生活

南方的很多少数民族村落规模都比较小，整个村庄的民众都属

---

① 以上内容参见五指山市地方志编纂委员会《通什市志》，第 602 页。

于一个大的家庭，具有或多或少的血缘联系。因此与大型的混合型村落不同，在村庄层面上，与其说是社会生活，不如说是家庭或者家族生活。正如前文所述，村落社会的很多事务，甚至是具有政治色彩的正式事务实际上也具有家族生活的特征，政治派系活动和家族支系活动具有高度的一致性和重合性。

　　20 世纪 50 年代以前，在通什合亩制地区，黎族家庭的建立不是从结婚之日开始的。黎族地区存在"不落夫家"的习俗，新娘在履行了结婚仪式后，即可回娘家居住，在此期间，夫妻双方仍各自跟着自己的父母生活，待妻子怀孕生子后才回夫家定居，正式建立家庭。

　　妻子落夫家，建立小家庭，但这并不意味着小家成为独立的生产和消费单位，这是因为家庭刚建立，生产资料以及一些日常生活必需用品，如锅、碗、瓢、盆等尚未具备，需逐年逐件准备。在这期间，夫妻俩还须与父母同耕共灶，少则一年，多则三五年，待条件成熟后才完全分出去。有的人虽然具备了分家的条件，但弟弟尚小，未结婚成家，因此他也不会分家，而是与父母分住不分灶，待弟弟成家后才分出去。分家时，父母把一些财产，如粮食、田地、牛、猪、鸡、果树以及日常生活必需品分给他们，以便其能够进行独立的生产和生活。至此，一个完整的、真正的小家庭才正式产生。

　　黎族家庭成员一般都具有直系血缘关系，多数的家庭成员包括父母及子女两代，也有包括祖父母及子孙三四代的，还有一些家庭包括亲属的孤寡老人和因父母去世而无独立生活能力的亲属子女。家庭成员人数不等，或多或少，通常为 4—6 人。一般情况下，一间房子住一家人。当子女长到十四五岁时，和父母同住不便，父母便在住房旁或村边另建一间隆闺，供其居住。

　　在合亩制地区，有的家庭不包括因丈夫死后回娘家居住的寡妇及年幼子女。毛道乡的家庭结构虽然以父子为中心，但也残留着若干母系氏族社会的痕迹。若妻子患重病，一般都送回娘家，尽可能地使她不在夫家病逝；如果妻子患急病来不及送回娘家而死于夫家，则要将其尸体抬回娘家，埋葬在娘家祖先的公墓地里。如果夫家离娘家的路程太远，尸体无法送回娘家，也得由其娘家的亲属到夫家主持葬礼。而且，死者的遗物必须送回娘家，由其兄弟继承。丈夫死后，寡妇返回娘家再嫁或终老，原来的家庭随即解体。在一般情况下，子女多留给夫家的亲属抚养，必须随母之幼儿才可被带回娘家；幼儿长大后，可回到父亲的氏族。她们没有在夫家守寡、养育儿女的习俗，也很少有儿子赡养老母亲的，但侄儿赡养老姑妈则是普遍现象。女子出嫁后和娘家保持密切的联系。患病"做鬼"，即请娘家"鬼公"来祭祀本氏族祖先的鬼魂；死后，不仅要埋在娘家的墓地里，其侄儿及其后代还要将其作为本氏族的祖先鬼加以对待。[①]

中华人民共和国成立前的黎族家庭内，丈夫是一家之主，享有管理家庭经济和其他事务的决定权。妻子处于从属地位，负责管理家庭事务。夫妻共同参加劳动，在处理家庭事务中，特别是在处理重大问题上，如田地、牛只的买卖，子女的婚姻等都要由双方商量决定。父母与子女间有相互供养的义务，有"父养大，儿养老"的传统。

在同一合亩中的近亲的家庭成员，除了共同劳动外，还在生活上互相帮助。对合亩内一些血缘关系较疏远的家庭和同族的其他合亩成员，只要对方求助，被求者亦必竭力相助；对外地迁来户或外乡姻亲等，只作一般探访，但每遇婚丧礼庆时，也必邀共同喝酒。

---

① 应该说这是合亩制地区黎族十分特殊的一种丧葬风俗，在其他黎族支系中不存在这种风俗，至少在美孚黎中不存在。如在美孚黎中，"结了婚的女人，无论是否有孩子，死后都要葬在夫家的墓地"。参见［日］冈田谦、尾高邦雄《黎族三峒调查》，第40页。

非血缘的亲戚，如参加婚礼可不馈送；但若参加丧礼，则需量力携酒肉致祭。吊唁者包括死者的姐妹之夫、岳父母、女婿和儿媳妇之父母等。中华人民共和国成立后，黎族家庭内夫妻平等，夫妻共同参加劳动，共同享有管理家庭经济和其他事务的决定权。父母承担对子女抚养和教育的责任，子女有赡养父母的义务。

在财产继承权方面，中华人民共和国成立前，男子有继承权，女子没有继承权。父母留下来的家庭财产均由长大成家的儿子继承。父亲死后，母亲不改嫁的，则由母亲持家，全盘掌握家庭财产，待儿子长大成家后由儿子继承；如果寡妇改嫁则直接由儿子继承。兄弟多的家庭，父母的财产一般由最后供养父母的儿子继承，其兄弟也有继承权，但在分家时，由于父母已经分其财产，因此一般不再继承或少有继承。无儿子的老人去世后，其财产由其亲属继承。父死时，若儿子未成年，则由族人扶养，儿子长大后，仍可继承父亲的财产；若是养子，父死时是由他负责办理丧事的，亦可继承父亲的财产。

在合亩制地区，丈夫死后，家庭财产由儿子继承，无儿子由其亲属继承，寡妇只带上原属于她自己的那部分财产，如衣裙、席被、首饰（项链、手镯）以及部分钱、粮回娘家；年轻的寡妇可以改嫁，年迈的寡妇则由其兄弟供养，死后由兄弟主葬，原夫家协助，埋在娘家的公共墓地里。番阳乡父母双亡遗下的生活用品，主要是炊具和其他零星东西，主要由长子保管，其弟需要时，可以取用。父母生前住的房子，同一合亩的人需要时，都有权使用，并且不付报酬，但儿子有优先使用权，必要时也可把房子改为谷仓；如果合亩以外的人需要这所房子，便要用约一头猪的代价，付给房主的遗子作报酬。分财产时，要请本峒村头、保甲长等主持，还要请舅父、女婿等亲戚到场，全村人参加喝酒，由村头、保甲长及其他老人带领村人前往田间划分土地，插桩立界。分家不一定分亩，因为有的人分家后，仍在同一个合亩。入赘的女婿被视为家庭中的一员，承担岳父岳母的养老送终义务，并有继承岳父岳母死后财产的权利。

中华人民共和国成立后，财产继承除了以父子关系为标准，还注重老人的赡养问题，一般会将财产的继承与老人的赡养联系起来，不赡养老人的儿女则不能继承老人的财产。[①]

20世纪50年代的社会调查显示，当时毛道乡只有个别家庭是一夫多妻的，一般原因是原配无子。丈夫娶第二个妻子，必须征得原配妻子的同意。当迎娶之日，新旧两个妻子之兄弟均来参加婚礼，一起喝酒，并各自劝诫本人的姐妹，以后在家中要和睦相处，不要嫉妒和吵骂。[②]

在婚配方面，具体到包括南门村在内的雅袁六村与毛道基本一致。中华人民共和国成立前，雅袁黎族的婚姻基本上是一夫一妻制，也有个别娶妾的，如南门村王老麻因妻子不育，便娶了毛道乡文团村的一妇女为妾。王老论（曾任甲长）以权势谋害了同村王老曰，并夺其妻为妾。[③]

在传统黎族村落中的各个合亩内，他们所收养的龙仔与合亩的其他成员之间，因原来属不同祖先、不存在血缘关系，可以在合亩内婚嫁。但是，如果龙仔已举行过"做鬼"的仪式，认了该合亩的祖先为自己的祖先后，便不能和"合亩"内以及与该合亩有血缘近亲关系的人通婚了。[④]

---

① 五指山市地方志编纂委员会：《通什市志》，第787—789页。

② 广东省编辑组、《中国少数民族社会历史调查资料丛刊》修订编辑委员会：《黎族社会历史调查》，第48页。

③ 广东省编辑组、《中国少数民族社会历史调查资料丛刊》修订编辑委员会：《黎族社会历史调查》，第115页。

④ 广东省编辑组、《中国少数民族社会历史调查资料丛刊》修订编辑委员会：《黎族社会历史调查》，第48页。

中华人民共和国成立前，黎族没有本民族文字，不存在以家谱族谱形式记录家族世系的情况，整个家族对其祖先的记忆只能通过族中老人在葬礼时念的悼词来回忆，往上一般只追溯到曾祖父，往下到曾孙。民国以前，通什地区黎族只有黎族姓氏。民国时期起，黎族姓氏有黎族姓和汉族姓两种。汉族姓是在汉文化影响下产生的。在黎族社会内部，人们交往时多使用黎族姓，与外族交往时则使用汉族姓。黎族人的汉族姓来历有：一是采用抽签的方式获取汉族姓。志玛（今南圣）等学校为了办学顺利和方便黎族子弟上学，教师将汉族"百家姓"写在竹签上，放到竹筒里，让学生抽签。学生抽到哪个姓就是哪个姓，然后由教师起名。二是随汉族官员姓。"有位国民党官员叫王毅，许多黎族人随王毅取汉族王姓。"①

黎族姓氏在黎语中叫"番茂"或"捆茂"，一个"番茂"或"捆茂"就代表着一个血缘家族。一个黎族村庄中往往会居住几个"番茂"，有几个"番茂"就有几个黎族姓氏，这些黎族姓氏之间可以互相通婚。黎族社会中存在几个不同黎族姓氏（番茂）使用同一个汉族姓的情况，如今通什市毛道乡有几个黎族村庄的群众，他们属于"朴基"和"朴冲"两个黎族姓氏的后裔，这几个村庄的黎族群众使用同一个汉族姓"王"，但他们可以通婚，因为他们属于不同的黎族姓。所以史书上常记载"（黎族）婚姻不避同姓"或"同姓为婚"，这里的"姓"指的就是汉族姓。②

名字的选定要和族人商量，这是为了弄清过去毛道乡7个村的朴基和朴冲两大支系所有祖先的名字；如果查出有一祖先用过此名，那么这个小孩就得另取其他名字。因为他们认为，一经说出死者的名字，后者的鬼魂就会回来，这时如果不宰牛、杀鸡、屠狗给

① 五指山市地方志编纂委员会：《通什市志》，第192页。
② 五指山市地方志编纂委员会：《通什市志》，第192页。

它吃，它就会害人。所以给幼儿取名不能与死者重名。① 假如毛道峒和外地亲属中有两个或两人以上同名，若其中一个死了，其他同名者便不能再用此名了；别人只能用某某人之父、某某人之兄等称呼他，但名字便不另取了。②

黎族内部的称谓制度在历史上是比较复杂的，笔者及其他研究者作为局外人，尤其是作为不懂得该民族语言的外来人来说，对于其纷繁复杂的称谓制度不能有十分清晰的了解也是情有可原。不过从总体上来说，黎族的称谓制度有以下特点：

1. 对长辈的称谓，对父亲的姐姐与妹妹，对母亲的姐姐与妹妹，对母亲的哥哥与弟弟，黎族人各有称呼，而不像汉族对这些称谓不加区别。

2. 对晚辈的称谓，祖父和祖母对孙子有不同的称谓，伯父、伯母、叔父与叔母对侄子也有不同称谓；相反，被称谓的晚辈，不论男女都用同一词，如侄子、侄女同称，外甥与外甥女一样。

3. 叔伯兄弟姐妹之间，表兄弟姐妹之间，都以哥哥弟弟、姐姐妹妹相称，但是黎族不以年龄定长幼，而是以对方和己方的父母年龄来确定，凡是比父母大的长辈所生的子女，均为我的哥哥、姐姐；凡是比父母年龄小的长辈所生的子女，都是我的弟弟妹妹。

4. 凡是相当于父母辈的亲属，分为两类：年龄小于父母的，大部分有不同的称谓，如叔父、舅父、姑父、姨父各有称谓。女的除姑母外，其他姨母、婶母、舅母同称，年龄大于父母的，均无称谓上的差别。③

---

① 这和其他黎族支系关于起名的规矩有所不同，冈田谦在美孚黎地区的调查就表明，美孚黎族在起名方面非常随意，没有很多的禁忌，人们一般都从常用的名字中选择，正因如此，（美孚）黎族中的同名者较多。参见［日］冈田谦、尾高邦雄《黎族三峒调查》，第37页。
② 广东省编辑组、《中国少数民族社会历史调查资料丛刊》修订编辑委员会：《黎族社会历史调查》，第47页。
③ 李露露：《热带雨林的开拓者——海南黎寨调查纪实》，第328页。

二　现代村庄社会生活

（一）村民间的互助

民族历史已经比较遥远，传统的行为习惯都发生了巨大的变迁，如今村民对于传统社会生活方式没有太多的了解，更多地存在于人们的记忆或者传说之中。不过通过对村民相关社会生活状况的调研，我们大概可以从中看到传统社会生活方式影响的蛛丝马迹。

按照村民的记忆，雅袁村村民都是十分保守与团结的。以前人们用弓箭守护村庄，如果有外村人侵犯了本村人，就要把他抓起来，然后处以罚牛的惩罚，没有牛就要把田卖了换牛作惩罚，或者让其兄弟带着钱来赎人。如果本村村民作恶多端，就要断绝和父母的关系（自然从此以后也和本村脱离关系），父母会斩去箭头的一半，到其他村的头人那里通报，以表示脱离父子关系，以后其所犯错误均由其自己负责，和父母没有关系。而在断绝父子关系之前，子女犯错，受害者不是首先找当事人，而是找其父母家长理论。

雅袁很少有偷窃现象，因为偷了东西被知道以后要被重罚。如果外地人到当地偷了东西，嫁到那里的亲戚会第一时间告诉这里，人们就会去卖他的田变现赔偿。和北方大规模的汉族村落相比，合亩制地区的村庄规模较小，因而费孝通意义上的乡土熟人社会的逻辑更容易在这里发挥作用。凡是涉及危害邻里之间关系的或者会给对方带来面子损失的事情，都会采用迅速的办法加以平息。以下例子就说明了这一点：村民 HS 家养了一条黑狗，头天晚上咬了一下HCJ 的小儿子，HS 一气之下就把狗打死了，并把整条狗都给了HCJ，以表示歉意。如果在别的地方或者是陌生人被咬了，就要任由别人要价，出钱去打狂犬疫苗。但是因为 HS 的父亲 HDL 是 HCJ父亲的亲叔叔，所以才没有这样做。

同样，发生在人员异质性程度较高、流动性较大地区的村庄内部问题，在这里似乎也很难觅其踪影。人们生活在一个相互熟悉并且抬头不见低头见的小圈子里，采取越轨行为将要付出的代价无疑是难以承受的。更何况，此地人们还普遍相信鬼神和巫术的存在，做了哪怕自认为秘密的坏事也极有可能被很快发现，因此村民们一般都会循规守矩、老实本分地生活。

以前喝喜酒时在地上铺木板当餐桌，办丧事时用芭蕉叶直接铺在地上喝酒，现在这种风俗基本上都没有保存下来。如今的人们已经习惯于使用事先做好的圆桌或者四方桌子，人们不再直接坐在地上用餐，更不会使用同一个吸管轮流在同一个酒坛中饮酒了。人们的洁净卫生观念与前辈有了天翻地覆的变化，人人都使用各自碗筷，甚至主家会从市场上购买一次性的碗筷来招待客人，他们还对有些不讲卫生的人嗤之以鼻。

在传统黎族社会，建造房屋（茅草房）对主人来说是十分重要的事情，因此每逢族人要修建房屋，村民都会给予其全力帮助。对南门村来说，虽然所有人都已经住上了砖石结构平房，但是茅草房才刚刚成为历史，村民对于茅草房时代人们的做法还记忆犹新。人们一般会选择好日子盖房子，日子的选择主要有两个限制：一是不能在祖宗的忌日，二是不能在喝欢乐酒之前。开工要由老人先动土、挖洞（树屋柱子的孔），这部分人往往是自己家里最年长的家长或者是其他比本家成员年纪都大的人。接着将用芭蕉叶包裹着的糯米放在洞底（尤其是第一个洞），然后立柱子在上面。具体而言：用芭蕉叶是因为芭蕉叶长得很快，发枝速度也快，以预示人丁兴旺；用糯米是预示平安和团结（糯米团在一起）。茅草房要在当天就盖完，不能盖完的话也要在屋顶先放一片茅草，表示已经盖完了，这样就不怕死人和鬼前来。房子盖好之后、住进去之前要在屋子里放一桶水，表示平安；还要敬火，用火来煮糯米饭，并先抓一些糯米粘在窗户的窗格上。盖好之后的四五天内就要请人杀猪喝酒，全村所有人都要来喝酒。如果有人病重，就要赶在人死之前把房子盖好，因为如果不能在这之前盖好房子，就要等到年底喝完欢乐酒之后才能继续盖房子。

（二）婚姻及家庭

婚丧嫁娶从来都是村庄中的大事，一些具体而烦琐的仪式随着时代与文化的变迁而有所变化，但是在笔者看来，当前村庄相关仪式的进行也和传统的仪式保持着本质上的一致性。比如人们对于本村能够与之通婚的村庄的认知是十分明确的，这种认知很明显是由历史传承而来。南门村与什守村历史上存在兄弟血缘关系，尽管从现代生物学和法律的角度来看已经不存在相互通婚的障碍了，但是相互之间的婚姻也是绝对禁止的，而与毛道乡的其他几个村却可以相互通婚，即使对方也是黄姓。前文已经对南门村的丧事举办进行了较为详细的描述，在本章节中，将对当前村庄的婚嫁及生育等仪式进行描述和研究。

南门村传统的通婚村落比较固定，也具有一定的规律可循。一般不会超过10公里的范围，其主要的通婚村有毛道6村、本乡红运行政村和番阳镇的南打村，其中尤以南打村人为多，在南门村内还健在的、嫁自南打村的妇女有8人。南打村嫁到雅袁的另一村——什守村的共10人，什守村嫁到南打村的有5人（最大的就是LJY的妈妈，之前嫁到空半村，因为死了丈夫而改嫁到南打村）。由南门村嫁到南打村的有7人。

如上所列举的婚姻在很大程度上保证了当地婚姻形式的传统性，即通婚圈半径狭小。不过随着交通条件比以往有所改善，前述传统通婚现象发生了不小的变化。这种变化体现在两个方面：一是原本属于主要通婚对象村庄的通婚人数减少了，二是婚姻对象选择的范围跳出了传统的通婚村庄。

对于前一类现象而言，笔者是在对包括南门村在内的雅袁（包括什守村）的通婚数量的历史（横向）与纵向对比而发现的。在较早年代，雅袁二村与红运行政村的通婚人数较多，但是在年轻一代中，几村相互之间的通婚人数相对而言减少许多。目前在年轻人中，嫁到南门村的红运妇女有 6 人，南门村嫁往红运村的只有 2 人。导致发生这种现象最重要的原因就在于交通状况的改善。雅袁二村与红运村的绝对距离不超过 8 公里，只相隔两座山，历史上两村之间的交往主要靠徒步翻山，一次只要两个多小时就可以到达对方村庄，因此双方的联系是较为频繁的。而在如今，随着雅袁至毛道乡政府的道路修通，红运村至毛道乡政府的道路很早就竣工，两村也被公路连接起来。不过避开了山路的马路距离较长，至少有 20 公里以上，骑摩托车大概需要半小时左右。对于年轻人来说，他们不太愿意放弃轻松的马路而去爬山道。正因如此，两村之间因为地理距离的原因而具有了一定的心理距离。按照一般的理论，传统的婚姻关系不可能存在于这么遥远的村落之间，之所以在这些村落之间还存在通婚现象，在笔者看来纯粹是因为一种习惯或者"惯性"使然，现在通婚人数的减少实际上就反映了这样的问题。

至于后一类现象产生的主要原因在于随着改革开放的推进，在村落层面上也深受影响，年轻一代都纷纷外出打工，在南门村外出打工最远的就到了湖北襄阳，更多的则去往广东和海口等地，尤其以年轻女性居多，甚至有女孩辍学外出打工的现象。这种情况的出现使得很多外出打工的女孩直接嫁到了外地。对于年轻男性来说，一来外出男性因为经济条件较差不能寻得外地女性配偶；二来当地男性没有足够多数量的当地女性可供选择而婚配困难，于是当地年轻男青年只好将寻找配偶的行为扩展到外地条件较次的地区。在南门村，有四个男青年找的对象就是外地的哈黎甚至是汉族女性。

在传统的当地老人看来，很难想象让自己的孩子和黎族的其他支系甚至是其他民族女生结婚。当地人至今对于外族人实际上是比较排斥的，对其他民族或者黎族的其他支系也颇有微词，评价不高。他们认为哈黎野蛮、很坏、会放毒害人，认为汉族人小气、不好处关系，"30 岁的汉族女比不上 15 岁的黎族女"①，这或许是出于对本民族、本地区固有文化的自尊。南门村事实上已经发生的跨族婚姻为当地村民强化了这种印象。

目前南门村有两个汉族媳妇嫁到本村，其中一个是 HCZ 妻子，来自海南定安县，娘家属于平原地区，主要靠种植粮食生活，经济条件没有种植橡胶的南门村好。两口子当时是在海口打工的时候认识的，女方对于黎族的社会传统习惯不太能够接受，特别是对黎族人热情好客、有福同享的习惯不能认同，因此村民普遍认为这个汉族媳妇十分小气，管丈夫太严。而丈夫显然比较珍惜和维护小家庭的团结，处处忍让。现在两口子已经带着孩子在定安娘家打工了，过年都没有回来。另一个汉族媳妇是 HCF 的妻子，来自临高县，她的表现在一定程度上得到了村民的认可，因为她比较遵守黎族本地的生活习惯，甚至已经学会说本地黎话了。

前述的另外两个哈黎媳妇都来自乐东万冲镇。万冲镇虽然属于乐东管辖，从毛道骑摩托车有 20 多公里的车程、一个多小时的时间，但是在没有开通公路之前，两地之间也不过仅隔几座山。毛道人经常步行至万冲购买物品。因此实际上两地的交往是十分频繁的，比如南门村 HWD 的父亲和万冲三平村的一户人家就是结拜兄弟关系，到现在还有往来走动。然而，由于万冲黎族主要是哈黎，双方之间的通婚现象不多。不过由于前述的各种原因造成了婚姻的

---

① 指黎族人从小就懂得分享。

困难，这种原来不常见的族外通婚也变得可以被当地人接受了。

遵照传统的习惯，本地区黎族群众的结婚年龄普遍偏低，法律规定的合格年龄仅仅停留在纸面上，人们显然也知道国家有这样的规定，因此人们也会在举办婚礼之后去民政部门登记领证。但是传统的力量是强大的，人们有强烈的保持传统习惯做法的力量。有许多尚未达到法定年龄的村民很早就结婚了，对于女性来说更是如此，甚至有初中还没毕业就结婚的。关于为什么要早结婚，村民的解释非常现实，他们认为在目前这种状态下，年轻女性外出打工基本上就不会回来了，甚至有可能要远赴大陆成家。对男方家长而言，他们要在还有女孩可选的时候把儿子的婚事办了；对女方家长来说，则是希望通过婚姻把女儿留在本地。

在传统社会，对于婚姻关系的确定主要是看有没有举办婚礼，婚姻关系首先要得到村民的认可，而不是政府的认可，更何况国家对于婚姻关系的年龄限定（法定结婚年龄：男性不得早于 22 周岁，女性不得早于 20 周岁）是明确的。因此当地村民一般都是先办婚礼，然后生孩子，最后等年龄达标再补办结婚证和给孩子上户口。当年轻夫妇准备生小孩的时候，他们这种本土的婚姻关系做法的负面效果就会有所显现。因为没有结婚证就不能办理生育服务证，小孩出生以后就不能办理打预防针的服务。不过由于这种情况在该地区非常普遍，地方政府相关部门也有一些相应的处理方法，如要求村里开证明，证明两人已经结婚，开具出生地证明，就可以打预防针。但是严格来说，只有民政部门制作的结婚证才具有这种证明效力。

如今当地一般娶个当地媳妇需要 2 万元左右的彩礼，而娶个外地媳妇（包括哈黎和汉族）只要不到 1 万元就可以。村民 HLD 的女儿出嫁，对方给了 2 万元彩礼，女方给对方送了一头猪、一辆摩托车（9000 元），花费 1 万多元，"没赚多少钱"。他儿子所娶的媳妇是海南临高人，基本上也没花什么钱，就在提亲的时候给对方买了一些吃的东西。至于举办婚礼日期的确定与办丧事日期的确定不一样，后者具有不确定性因而日期不能事先确定，但是办婚事的日子可以通过双方父母商量来确定。

具体到婚姻礼仪方面的内容，现今的程序有所简化，但是一些核心的步骤还是被保留了下来，尤其是订婚仪式和婚礼当天的仪式。婚姻开支的"大头"主要就花费在这两个程序中。

如前所述，在婚姻关系确定时对双方的年龄并没有特殊要求，甚至有可能因为其他原因而将结婚时间提前。一般而言，根据习惯只要年龄大于16岁就可以了。按照村民的表述，当今大家普遍认为完成婚姻的整个过程包括以下步骤，其中有些习惯很明显地与传统保持一致：

第一，男女双方互相认识，自由恋爱。比如，南门村男青年HHQ和南打村女青年LJY就是在砍竹子的时候相识的，慢慢地就熟悉了，最后结成夫妻。

第二，男方买一套黑衣服、买一点鱼和肉以及饼干，送到女方家里，如果对方收下就表示愿意嫁；如果不愿意的话，就在吃完饭之后说：你们把衣服带回去吧，我现在还不想嫁。这种情况在双方之前没有见过面的时候会出现，而对那些经过自由恋爱阶段的人们来说基本不会出现。

第三，男方安排十个人左右再去女方家里，商量礼金的数目，男方先给女方一半的礼金，如果家庭条件好的话，可以一次性给全，或者结婚以后再补。关于已经支付的礼金，如果在结婚之后女方反悔，女方就要罚双重的礼金；要是男方反悔，则不能要回礼金。

第四，女方看（夫）家。女方杀猪，带着一半猪肉到男方家熟悉男方家人。这个过程的持续时间比较长，一般为四天左右的时间。其间的规矩和讲究也比较多，仪式的开始和结束都要在别人家（首次落脚地）完成，特别是最后一个女儿和最后一个儿子是不能在自己家里办这个仪式的。准新娘刚到男方家的时候，要让小孩在屋里将事先准备好的水递给她，她把水倒在门口，表示平安。然后在屋子里喝酒、吃饭，接着由小辈的女孩带着她去小溪里捡螺，捡螺只能往上游捡不能回头看，捡到五六颗就可以了，如果没有的话就用小石子代替，拿回家放在碗里，然后就到姐妹家换米，再然后到落脚的地方喝酒，接着就可以回家（准婆婆家）睡觉，到第四天的时候还要从落脚的地方出发回家。

第五，男方需要四天以后把媳妇送回娘家，并送十斤糯米酒，和女方家商量结婚的日期。

第六，举办结婚仪式，两男两女去接新娘，时间不能过了中午，要送去半个牛腿、半扇猪、十斤糯米酒。对方送亲过来，之后带猪肉回去。

南门村村民 HCK 是在 2011 年 12 月结的婚，妻子属于乐东万冲的哈黎，夫妇俩都是 1980 年出生的。结婚的时候双方都已经 31 岁了。他们在 2009 年海口打工时正式确定恋爱关系，但是双方从小就认识，因为男方的大姐很早以前就嫁到了万冲，所以 HCK 小时候经常去姐姐家。这对年轻的夫妇给笔者介绍了他们结婚的过程，其中有几个最关键的程序，即提亲、看夫家和婚礼：

> **提亲**。男方一起去的有母亲、HJB 队长和妻子、HRC、大姐和姐夫、男方本人，买了糖和菜、肉，带了 20 斤糯米酒。在女方家吃饭的时候，女方过来敬酒，男方每人给女方红包（数额不大，5 元、10 元都可以，最多的是姐姐给了 100 元）。
>
> **看夫家**。当天，男方先过去很多人，带着菜、肉和糯米酒，还要遵照对方的习俗带一头猪给女方家。拿着一个竹篓子

装着满满的米和一个草帽，到女方家倒给亲家，等回来的时候再装满一篓子米、戴着草帽到婆家。在女方家先谈好礼金的数目（1.6万元），当场给了一半8000元，还有另一半在结婚喝喜酒之后给。接着就商定好举办婚礼的日子。然后男方就可以带着准媳妇到婆家看家。看夫家的仪式是在南门村的LJY家举行的。当女方到LJY家门口时，接过一个小女孩递过来的一碗水，倒在门口的地上。然后把带来的米倒在屋子主人的米缸之后，就开始喝酒。LJY用自己家的米装满竹篓，准新娘就到隔壁的HDL家，把米倒出来，接着喝酒。同时竹篓又被盛满了米，重新回到最早落脚的主人家。稍微休息一下就戴上草帽去捡螺……

正式结婚。早上新娘和娘家人被接到了南门村。酒席一共摆了50多桌，全村的村民都来帮忙操办，外村的亲朋好友则都赶来参加聚会。举办婚礼当天，招待费用（主要是食物和烟酒费用）共花费1.55万元，收取红包1.55万元。为婚礼准备了一头牛（一半送给了女方家），男方出嫁的姐妹、姑姑送了5头猪，男方小姨送了一台电视机和一部VCD音响设备，堂姐、姐夫送了一个梳妆台，舅舅送了一套价值1000多元的椅子和茶几，亲姐姐送了一个席梦思床，大伯送了一个饮水机，礼品总共值1万多元。另外，女方送了一辆4400元的摩托车作为陪嫁车，外加一张草席和一床被子（这是万冲的习俗），陪嫁物品的费用实际上也是由男方事先给的。

在结婚仪式筹备阶段，一般来说，同一村的村民之间只要帮忙就可以，并不一定要给物资方面的帮助。但是嫡亲家庭关系例外，比如HCK的父亲HDL和HWD为同一个爷爷，因此两边小孩结婚的时候都会给对方一头猪。当然如果物资不够，其他兄弟那里也可以资助。但是不能很快就还，等对方以后有需要的时候再还，否则下次就借不到东西了。

　　按照南门村的习俗，女方包括父母在内的亲属在结婚当天也要在仪式现场。但是因为万冲女方家里也要办酒席，女方父母是在第二天才来到南门。当他们赶来喝酒的时候，男方村民除了敬酒之外，还用锅底灰去抹女方父母亲戚的脸。按照习俗，女方亲戚不能发怒，他们必须无可奈何并且强装笑脸。只有在几天后，男方亲戚过去送还所欠彩礼钱时，才有机会"报仇"。

　　HCK 有兄弟三人，一个大姐已经外嫁，他排行第二，弟弟 HCZ 早在他之前就已经结婚生子。大哥 HCF 还没有找到配偶，按照当地的习俗，小弟（或者妹妹）先成家需要履行一定的仪式。结婚当天，HCK 给大哥披上了一件黑色的衣服（以前是用一条两米长的黑色布匹）。而如果是妹妹先于哥哥、姐姐结婚，则要在去看夫家那天，离开娘家之前将黑色衣服披在哥哥姐姐身上，然后不能回头看，直接往婆家走。

当年结婚的年轻夫妇第一次过年要回女方家过，只有一种特殊情况可以例外，即如果已经有了小孩，就可以不用到丈母娘家过年了。这在汉族地区是极少出现的情况，只要正常婚娶，都应该在夫家过春节，否则就容易被理解为是入赘婚姻。但是在这一带黎族地区，人们认为这是正常的习俗，从学术角度来看，可能是为了表示对于女方及其家庭的尊重。正因如此，HCK 夫妇在除夕上午就骑摩托去万冲的岳母家过年了。

　　当地黎族群众对婚姻关系确定的仪式是非常重视的，不但程序较为复杂，而且准备的时间也很长，父母至少在几年前就要开始攒钱准备结婚所需的物品。村庄最有权威的老人 HDL 现在每天都要外出放牛，据说就是准备给他最小的儿子 HX 攒钱结婚，其子现在在外地读中专。另外，本地区如果属于再婚而举办婚礼的，就婚姻仪式而言，也要和初婚一样大办，只不过人们心里感觉再婚不像初婚那样快乐而已。

当地也存在招夫的情况。女人死去丈夫后，她可以离开夫家，比较自由地处理自己的事务，这是历史上黎族地区就有的传统。但是在当代村落中，女人一般不会选择改嫁到外村，为了子女她们或者不再嫁，或者招夫上门。从传统习惯的角度来看，如果自己离开夫家，子女是不能被带走的，母亲会担心家庭的财产会慢慢地没有了；当然从当前的社会实践来看，由于土地承包责任制的实施，随意的迁徙很难解决自己需要耕作的土地问题。

以前在汉族地区存在姑表亲现象，被称作"亲上加亲"。而在当地黎族地区，姑表之间的婚姻（即姑姑舅舅的子女之间的婚姻）是绝对不允许的。但是同祖不同父的姑表亲是可以的，从现代医学和法律的角度来看这也并不被允许，但是这毕竟表明人们对于近亲属之间的婚姻还是存在着禁忌，其中也可以看到人们判断双方之间关系的标准的确从父系而定。

该地区存在叔嫂婚情况，即哥哥死了，嫂子可以转嫁给弟弟。村民认为这是祖制所允许的，这和黎族群众日常的家庭生活习惯一致，只要弟弟还没有结婚成家，就可以和哥嫂一起吃饭直到去世。而反过来，哥哥与弟媳妇之间的关系十分微妙，双方之间的禁忌较多。哥哥与弟弟和弟媳妇是不会在一起吃饭的，哥哥和弟媳妇也绝对不会单独在一起。LJY 说："在同一桌喝酒的时候位置没有特殊的讲究，可以随便坐，唯一要注意的是，（堂）兄不能和自己的弟妹（弟媳妇）坐在一起，中间必须隔着一个人才行。和嫂子则不必忌讳，比如嫂子生病了，弟弟可以把她抱上车，可以带她去医院。"

南门村有一个男性村民 HGF"嫁"到了番阳镇的一个哈黎村落，据说因为那边的土地比较多，经济条件也比这里好。作为上门女婿，他改姓了对方的姓"王"。这是他主动和笔者说的，对此似乎没有任何羞愧之意，在汉族地区做上门女婿普遍是羞于启齿的，更不用说改了对方的姓氏了。村民说如果是男方入赘到女方家，两边都不用花钱，笔者认为这多少与黎族地区对于祖先崇拜，特别是姓氏意识薄弱有较大关系。

（三）婚后家庭生活

婚礼办完之后，新媳妇就成为夫家的正式成员。如今交通便利，而且身份自由，新媳妇在夫家和娘家之间走动是十分平常与容易的事情，这至少在一定程度上减少了女方出嫁会带来的一些伤感。

结婚时，婆婆或者舅舅（以及婆婆的兄弟）会给新婚夫妇购置两个碗，要一直用到破为止，不能随便扔掉。在这里扔碗是最忌讳的，因为死人的碗才要扔地上（人死了之后，他的碗是要扔掉用来喂猪的）。村里来自临高的汉族媳妇因为不懂这里的习俗，在吵架的时候摔了碗，她的婆婆很不高兴，邻居也去帮忙解释，后来就再也不扔碗了。

传统黎族村落中的女孩早在出嫁之前就已经学会了干家务甚至是耕作的技能，而且在看夫家过程中所举行的那些仪式，尤其是捡螺仪式也是一种用来考察未来媳妇的劳动技能的象征。因而，在正式成为丈夫家族成员的那一刻开始，她就开始承担起家庭主妇的责任与义务。结婚后，新婚夫妇一般会先和公婆一起生活一段时间，直到一年以后（有小孩之后）才和父母分家。其间，不管在茅草房（用竹子把茅草房隔成几间房）时代还是现在，长辈要住在房子的右边，因为黎族人认为右手大，左手小。从结婚到分家的这段时间，对新婚夫妇来说，实际上是一个过渡时期，给他们提供一个适应的过程。在这个过程中，新妇可以改变婚前的"坏习惯"，并且还可以从公婆那里学习更多的生活技能。像炒菜这样的活儿主要由儿媳妇承担，而婆婆在一边帮忙做饭；钱则由公婆管理，大家庭一起干活。

黎族群众并不反感或者拒斥分家，分家往往由父母首先提出来。这不仅是黎族社会的传统习惯，也与此地频繁的人情来往有关。因为如果一直不分家，财产物品都在一起，当小家庭有一些对外交往活动，尤其是媳妇回娘家的时候，必须带着东西去赴会，年轻媳妇不敢轻易拿共同财产前往。而在分家之后，媳妇就可以比较自由地去参加这一类活动了。

LJY 于 1993 年结婚，嫁给了南门村的 HHQ。当时 HHQ 有兄弟五人，父母和爷爷都健在，婚前大家都在一起生活①。2002 年二弟 HXZ 结婚，LJY 夫妇就在 2003 年和父母分家。虽然老二 HXZ 在 2002 年就结婚成家了，但是因为老三 HXL 直到 2012 年才结婚，他也一直没有和父母分家，据说在等老三结婚之后，他们也准备从父母家庭中分出来。爷爷去世之后，土地被老大 HHQ 继承了，因此在几个兄弟中，LJY 家的土地是最多的。不过，虽然已经分家，全家仍然保留着在爷爷健在时的那种共同干活的生产方式，只是劳动收成归各户保管。比如，HXZ 夫妇需要吃粮时直接去父母那里要稻谷就可以。而在金钱货币方面，一些副业收入，尤其是割胶收入则归自己支配，因为橡胶林地在兄弟之间已经被公平分配了。

值得研究的是，该家庭的生产资料实际上已经分开，但是在农业生产方面仍然共同劳动，对于粮食的取用甚至比传统合亩制时期的按劳分配更显公有色彩，是一种事实上的按需分配。HXL 结婚时，收入 2.5 万元红包，一开始由他自己收着、自己支配，但是其

---

① 在户口本上分属两户，老大和爷爷属于一户，其他弟弟和父母同属一户。

母说小弟还没有结婚，应该拿点出来，他就给了母亲1.2万余元。①结婚时姑姑们买了音箱、冰箱等，1.2万元的三轮摩托车也是结婚时买的，但是由于除了老大之外都没有分家，这些物品目前都一起使用。

同样的例子也存在于HJY家庭，他现在和父母一起住，没有分家，也没有分土地，因为他是独子。但他们是不在一起吃饭，老人有单独的厨房，这样子更自由。HS的情况和HHQ更加接近。HS是HDL的大儿子，和大母（HDL的前妻）一起生活，大母的土地归HS，而HDL的土地则由三个儿子分，所以HS的土地是最多的。但是因为老二、老三还没有成家，所以都还在一起干活。橡胶地已经各个兄弟分好了。HYJ的两个儿子都没有结婚，因此橡胶树和土地都没有分开，一家人目前在一起耕作。

在小家共同劳动中，遵循着一定的性别分工，男的打田（犁田），女的拔秧插田。但是如今的性别分工并不是一成不变的，具有某种程度的灵活性。比如男的田打完了，也可以帮女的干活。2013年过年前的一个下午，笔者和LJY去田里干活，当天要插稻苗的田不是她自己的，而是帮助HXZ他们（即公婆家）干活。插秧的除了笔者之外全是女人，而稻苗据说在上午就已经由女人们准备好了。

与其他地区相类似，在孩子成家后分家的过程中，也经常会有一些不和谐现象出现，问题不在父子两代，而是在兄弟之间。不过基于传统社会的乡土性特点，人们并不轻易表示这些不满。小家庭之间所存在的问题，亲兄弟之间不会直说，但是媳妇之间就会出面说，然后大家接着商量，直到都满意为止。一般来说，最小的孩子因为是最晚成家的，都会和父母共同生活更长的时间再分家，甚至

---

① 2012年春节，其父所养的牛卖了5000元，也让母亲存银行了，她说要给还没结婚的小孩存着钱。

一直不分家，他获得父母的照顾自然更多一些。HJB 队长的父亲比较照顾老三 HJD，HJB 当时有意要求老父母中的其中一个可以和自己过，因为这样就可以多一份土地了，但是父母没有同意。老大 HJQ 的媳妇在醉酒的时候也有过怨言。此地分家方式主要是在内部商量，而不像汉族某些地区，需要由舅舅来裁判。

HDL 有三个儿子，老三和老二都已经先后结婚，HDL 与老三 HCZ 住在一起。老大 HCF 因为还没有结婚，而且常年在外打工，因此名义上还是和父母住在一起。逢年过节回家他就住在老二的房子里。因为当时政府补助建房的时候老二还没有结婚，所以当时只建了老夫妻和老三的房子，他们现在准备在原来的房子上再加一层。由于老三的媳妇是汉族人，与自己不是太合得来，以后老妻子可能还是要和老二或者老大一起过。父母和谁一起住，哪个儿子就要多分一份财产和土地。当然不管父母和谁一起生活，如果有大的开支，其他儿子也要共同负担。父母过世后，财产要诸子平分（一般在活着的时候就把能分的都分了，死后也没有什么可以分了）。

该地区新婚夫妇生小孩后三四天就要告诉女方家庭，这样到满月时候，舅舅等娘家人要专门过来喝满月酒。以前会有专门的仪式，但是现在则是通过一个电话就可以达到告知的目的。由于传统的婚姻圈半径不大，相互之间的联系和见面也并不困难，因此平时相互探望的机会也很多。小孩办生日酒宴在当地比较受重视，尤其受到重视的是孩子的满月和周岁生日，这两次"生日"都会过。但是隆重的举行仪式只选其中之一，"大办"酒宴只选一次，因为同一个人不会两次都参加，因此现在人们普遍在周岁的时候办酒宴，这个时候小孩也会说话，也"懂事"了，当然如果是至亲，每年过生日也都会参加的。

在传统村落里，人们一般在家生孩子，村里有会接生的妇女，生了孩子之后要吃一种草药，只有村里的一些老人知道并去采来给坐月子的人吃，在一个星期之后会请接生的人以及采药的人吃酒。生完孩子的人不能吃菜、吃盐巴，只能吃白米饭。现在怀孕的妇女都会进行一些必要的医学检查，而且在临产之前也都会前往医院迎接孩子的出生。

如今政府计生部门的工作已经深入到村落地区，尤其是通过基层妇女组织把计生工作做到位。"2000 年，通什市计划生育工作重心由市区转移到农村。在全市推行计划生育中心户长制度，培训计划生育中心户长和信息员，发动群众主动参与计划生育管理与服务。"[1] 村里的妇女组长也成了计生工作的协助者。2012 年春节期间，村庄的每个妇女都分得了一张挂历和布制手提袋，上面印着计划生育的一些宣传口号，这是妇联分给没有超生的 50 岁以下的已婚妇女的，这对那些没有遵守国家法律超生的村民来说是一个不大不小的"惩罚"。

> （五指山）少数民族农村群众'生二控三禁四'，隔胎必须在 4 周年以上。1997 年，通什市出台了关于农村独生子女、纯女计划生育户的奖励政策，对农村的独生子女户、纯女计划生育户给予扶贫等各方面的优惠政策，对子女的九年义务教育给予了免收学费、考试加分等优惠。[2]

这种生产和养育方式的变化，也使得相关的一些传统仪式的举行发生了一些变化，不过大部分传统仪式还是被保留了下来。在妇女生产的一周时间内，要在门上挂一串树叶，不让别人随便进去。在喝小孩出生后的第一次酒（满月酒）之前，让那些给小孩接生的人（现在则是那些去医院陪护生产的人）按照接触小孩的顺序，用

---

① 五指山市地方志编纂委员会：《通什市志》，第 179 页。
② 五指山市地方志编纂委员会：《通什市志》，第 181 页。

混有少量猪血或鱼血的水来洗脸、手和脚。因为人们认为刚出生的小孩是带着血气的，人们洗了之后才不会弄伤自己出血。接着还要喝糯米酒和吃一条小鱼（表示平安）。喝酒之前无意闯进去的人也要参加这个仪式。仪式结束了就正式开始喝酒，从这一刻开始，谁都可以去看小孩了。据说以前生猪仔和狗仔也一样，不能让外村人看到（本村人可以），不然的话猪仔和狗仔就都要死光，不过现在已经不这样做了。

黎族传统的节育技术主要是使用生草药，如"鸡骨香"草药，据说月经后煮汤服用，连服三期可以绝育。另一种方法是吃"红霞"干（"红色蝙蝠"）①。但是现在人们有了更多科学的节育技术以供选择。

如果结婚之后一直没有生养小孩，人们会试图通过抱养的方式来解决后嗣问题。现在人们很容易通过医院检查得知问题出在哪方，如果是男的不育的话，就会抱养；如果女方不育，大多会离婚再娶。抱养来的一般都是姑娘，男孩别人不会愿意给别人。抱养行为通常是秘密进行的，没有什么仪式。夫妇如果只有一个女儿，当她出嫁之后，父母的财产就要分给最亲的侄儿，女儿女婿不会染指（确保财产保留在本村本家族）。如果父母年纪大了，女儿女婿可以把他们接到自己身边，但是在快要老死的时候，还会将其送到原来的村子终老，财产还是归侄儿所有。

南门村村民 HGP 原有四个孩子，其中唯一的儿子在 12 岁的时候去世了。刚好他已经去世的弟弟有一个儿子，现在和他一起吃饭，以后就要给他养老了，财产自然最后是要给这个侄子。笔者及调研组去他家拜访的时候，嫁到毛道报万村的大女儿和女婿刚好来拜年。他的二女儿嫁到了琼中，那里深受汉族风俗习惯的影响，女

---

① 曾昭璇、张永剑、曾宪珊：《海南黎族人类学考察》，第 51 页。

婿也把那里的一些做法带到了岳父家，比如过春节的时候在门上、鸡圈甚至是蜂箱上都贴上对联，以便起到辟邪保平安的作用。

南门村还有一个孩子叫 AL，他虽然现身在本村，但是他父亲并不是这个村的，他不过是跟着改嫁的母亲从万冲的"哈"那里跟过来的。他的母亲原来嫁到毛卓村，生了两个姑娘后，因为不会干活又跑到万冲，生下了这个儿子，后来又改嫁至南门村。即便如此，他的继父和村民都把他看作自己的小孩，他和另外两个孩子（一子一女）都会得到同等的对待。

黎族父母培育子女的方式在外人看来是比较残忍的。他们缺少对子女最起码的关心，人们让未成年的小孩光脚在石子路上跑，甚至当蹒跚学步的幼儿站在高达三四米的垣壁之上也从不担忧。LJY的女儿 Ash 有 12 岁了，她可以十分灵巧地爬到很高的树梢上去摘酸豆，而她的母亲就在树下看着，很习以为常的样子。这和城里的家长非常不同，完全是一种放养的状态。

该地区群众对于子女的态度与汉族地区的人们之间也存在差异，这种差异更多的是文化习惯的差异。比如，对于子女姓名的确定是比较随意的，当然这种随意也是建立在一个最基本的原则之上，即这个名字的尾名不能和别人（包括死去的人和活着的人）相同，没有辈分之说。母亲把小孩抱出来玩，别人就会说是时候起名字了，父母就把自己想好的名字报出来，老人说可以的话就把名字确定下来。另外，人们对自己小孩的年岁也并不会刻意记住，对于小孩的属相更是无从谈起。村民 HJY 于 1983 年出生，生有两个小孩。在房子的门上还有小孩出生后挂着的一把枯黄树叶。问及小孩的生肖，想了半天才想起来。这里普遍没有这种意识，而在汉族地区，人们不记得自己的年龄，但是至少会记得自己的属相。

孩子直到结婚了才算成家，才能有当家作主的可能性。这在理论上讲是如此，而且村民也普遍认同这种说法，但是在实践中，父母和子女之间的关系会因为各种原因而有所不同。比如父母比较弱势，就不敢管教自己的小孩，怕孩子喝醉了打骂自己。因而，在外人看来，有时两代人之间的关系十分平等，就像兄弟姐妹一样，不经过长时间的交往或者没有人指点，看不出对方的真实关系。尤其在父母面前，孩子没有任何受拘束的样子，抽烟喝酒甚至打情骂俏都很随意，同在的父母并不会出面干预。

HYR 上了医学中专，这在当地也算学有所成了，去基层卫生机构工作并不难。但是他并不急于外出找一份体面的工作，反而留在家里帮父母砍橡胶。他自己割胶的收获归自己，弟弟的橡胶也由他割。他每年割胶收入几万元，但是基本上都会花光，隔三岔五地往五指山市区跑，去唱卡拉 OK 或者见见其他的朋友。他是村里仅有有笔记本电脑的年轻人，家里曾经找关系帮他在当地电站工作过，但是他没有待很长时间就回来了，他说："那里没有发展前途，而且比较孤单，外面发生什么事情都不能知道。"对小孩的不争气，父母又不能说太多，因为他们认为小孩大了，就不能再像小孩一样教育他。

（四）爱情草

在与黎族群众聊天的时候，笔者不止一次听到关于爱情草的话题。不论老人还是年轻人都对这类话题侃侃而谈，人们都明确肯定有这种巫术，但是人们并不知道如何真正操作。在《热带雨林的开拓者——海南黎寨调查纪实》一书中，作者把这种巫术称作诱惑巫术，并有相关的介绍：

> 黎族青年在谈恋爱时遇到障碍，甚至失恋时，常常入山林瀑布下，采集几种特殊的草，如含羞草、无头藤等五种草，制成魂药，黎语称"干雅围"，偷偷把它置于所要追求的姑娘饭

碗内，或床边枕下，时候姑娘就像丢魂一样，倾心于男青年，二人言归于好，热恋成婚。还有一种方法是把采集来的神秘药草，加工为魂药，用纸或布包好，放在鸡窝内孵化，使魂药具有小鸡随母鸡的习性，事后将魂药放在鸡身上，小鸡就会时时跟随母鸡，永不分离，如果把药放在所追求的姑娘身上，姑娘也像小鸡随母鸡一样，追随男青年，使恋爱达到炽热的程度。

当地民间认为蚯蚓与蚂蚱可以交配，捉住蚯蚓、蚱蜢晒干后研为粉末，又取两根无缝而绞接在一起的树枝、竹枝晒干，研成粉末，将两种粉末合水，制成药丸，这就是最佳的迷魂药，偷偷放在女方的食品里、睡觉处，女人就会无理智地追求施迷魂药者，最后导致结婚。①

在其他文献中也提到了"爱情药"的做法：

> 据说迷人药是采用正在交配的蚯蚓、蝗虫各一对，户枢（门轴）粉末，竹与竹相搓擦的粉末，深涧内无风而自行摇曳的树叶，大树洞内的积水，深山里的摇脚蚊及山蝉等物，晒干共研末，只要心术不正常的男子将它放在姑娘枕头下，睡觉时吸入了粉末，就会中毒致幻，迷恋追求投毒者而不能自已。②

当然村民自己对于"爱情药"的描述和文献中的记载有些许不同：喝了爱情药就会爱上放药的人，喝药的人会时不时地想起对方，去找对方，并且有时候会哭会闹；或者偷偷从对方脑门旋涡处揪两根头发绑在爱情药上，放在门口，每次打开门，对方就会心动一次。还有传说的用法是拍在对方身上，或者抹在石头上，然后让

---

① 李露露：《热带雨林的开拓者——海南黎寨调查纪实》，第377页。
② 潘先榉：《黎族辟邪文化》，海南省民族学会编印2006年版，第4页。

对方先说话，对方先说话她就会爱上你，如果自己先说话就要被对方牵着鼻子走了。抹了爱情草的石头是不能放在村子里面的，因为要是忘记了然后不小心和别人说话就会爱上别人。爱情药的药效将有半年之久。人们说爱情草现在不能随便用，因为它会破坏家庭，特别是对那些已经结婚成家的人来说更是如此。村内传说，有些黎族姑娘为了赚外面老板的钱，就会下药给对方。

对爱情药也有破解方法如下：1. 糯米稻草烧成灰洗头，朝向水流尾部方向。2. 将牛踩田时脚印里面的水舀来偷偷给受害者喝下。听说有一个妇女结婚十多年了都不回家，通过这种方式就重新回家了。另外，HWD 的父亲替他用这种方式搞到了现在的妻子，当时女方的父母强烈反对她嫁过来，但是最后还是结婚了，HWD 说他当时只给了女方 300 元钱，没有杀猪杀牛。村民说这种草药也许有，但是老人是不教年轻人做的，怕后者拿这种东西去害人。

除了爱情草之外，人们还相信有其他特殊功能的草。一种是功夫草，碰了之后打架就很厉害了；另一种是打猎草，也就是打猎人种的草，把它抹在枪上，猎人上山就会打到猎物；如果不上山，接触到它的人就会浑身长疮。

（五）关于节日

在当地黎族地区，按照笔者的调查，没有特别隆重的聚集机会，传统的三月三节日并不像书籍上所说的那样被村民所重视。与其说该节日的隆重性被消解在忙碌的工作中，不如说是在平日里就有很多的聚会时刻而无须刻意在哪一日聚集。相较而言，春节反而受到黎族群众的重视。春节本不是黎族群众自己的节日，但是随着社会的变迁和本民族群众日益融入以汉文化为主的主流文化（尤其是在春节期间，媒体的宣传渲染，全国性的大放假）中，春节也不知不觉地成为村民最重要的节日。

在除夕以及接下来的春节期间，村民们也会为此忙碌起来，会有一些象征性的行为。在大年二十九晚上，人们会事先割来一些芭蕉叶，准备除夕当天早上做平安饼，具体的做法是：把糯米和普通米先泡胀之后再打成粉，然后用芭蕉叶包起来蒸熟。除夕那天早上六点左右，笔者的房东 LJY 就已经起床开始忙碌地蒸做平安饼，因为她的儿子 HLQ 要去万冲抓鱼，顺便路过她的父亲家，可以让他带一些平安饼过去，下午返程的时候，老人家又让外孙带了几斤猪肉回来。

邻居 HRC 则花了一个上午时间做一种叫 vi⁴⁴pʰan⁴⁴ 的食品，类似汉族的年糕，先把糯米蒸熟，然后装到一个塑料编织袋中，用一个很重的木杵子将米打碎。然后揉成一个长条，接着用绳子将其截成好几段，每段压成一个圆形糯米饼。趁热很好吃，不过第二天就会变干，需要油炸着吃才行。

这一天上午，村民们同时还要把自己房前的空地收拾打扫一下，凌乱的路面顿时显得整洁不少。下午 5 点把晾在外面的衣服收起来，因为从这时候起到第二天（正月初一）都不能晾衣服。

早上 HXZ 杀了一头猪，毛重共 71 斤。把尼龙布放在地上，稍微窝了一下，将放了血的猪放在上面，然后用开水往上浇，他们使用这种给猪去毛的方法比较别扭，去的并不干净以致到最后还要再用干竹子烧着了在猪身上烧。在杀猪的过程中，很多村民都围了过来，原来是要来"分"猪肉。因为这里过年并不是每家都会杀年猪，一个村只杀一两头猪，然后村庄中的各兄弟来分。每人称走一块肉（还要搭配一些不好的肉，比如猪头肉和肠、肝），然后给主人钱就可以了，每斤的价格是 15 元，这个价格比市场上的肉价便宜两元。因为猪太小，HXZ 的这头猪不够分，后来又杀了 HSM 的一头猪大家来分。

晚上吃年夜饭之后（非常丰盛，有猪肉、牛肉、鱼肉，还有一个简易火锅），房东 LJY 就在家里看电视，笔者问她为什么不去别人家串门。她说结了婚的妇女一般都不会到别人家串门，主要在自家照顾小孩，守自己的家，而小姑娘则可以外出。过完年之后（正月十五以后）就可以随便出去串门喝酒了。当然如果家境可以，初二、三就可以到外地特别是娘家拜年，要带上饼干、苹果、酒和红包过去，娘家也要杀猪招待，以便娘家家族同胞一起喝酒。但是只要是来喝酒的，客人都要给对方红包。因此为了不增加父母的负担，当然也为了自己少掏红包，一般女性都不在正月十五之前去拜年走亲戚。为了表示孝心，在过年之前，她前往万冲购买年货的时候路过父母家也顺便给他们带一些礼物；而在这之后去看望父母的话，就不用这样做了。而在自己村里相互拜年，只要喝酒就可以，不用给红包。

当然，过年期间如果带了小孩前去，在离开返家时，对方也要把红包返给小孩（最小的孩子，而不是每个孩子）带走，并且还要给小孩带一两个平安饼。不过，如果是好久没有见到的小孩，则不论过年与否，娘家的同胞姐妹都会每人送他一个红包。

按照村民的说法，正月初一早上要贴对联，这与大陆地区往往是在除夕当天就要贴对联不一样。村民说想贴就贴，没有什么特别的规定一定要贴，特别是很多村民的房子还没有装修好，对联也不好贴上。笔者看到贴了春联的村民的确没有几家，HCJ 和 HJQ 是贴了的，因为他们的房子已经装修好了。HWD 的房子上也贴了对联。传统时代的村民都没有文化和文字，自然不会有对联一说；村中老人说，对联是从 1984 年新村开始搞起来的（前文已经提到，新村 HGP 的大女儿嫁到了琼中，女婿把那边的一些习俗带到了这里）。

在 AYA 家，笔者看到了一个陌生人在村里过年。这个现象引起了笔者的注意，原以为在别村过年，应该是新结婚的女婿吧。当向别人问起的时候，别人都对其嗤之以鼻，说不用理他，"这样的人来世上走一遭是白来了"，在唱卡拉 OK 的时候他让人家给他放《流浪歌》，并说这首歌的歌词说的就是他。笔者后来才知道，他精神有点问题，是南打村的，和 AYA 家确有一点关系。AYA 的奶奶当年是从毛道嫁到南门，生了其父亲 HDL 之后就丧夫，改嫁到了南打村（因为这边叔伯不让其把小孩带走，HDL 就留在南门村），嫁给了这个人的大伯，生了一个小孩之后又死了丈夫，又带着小孩嫁到了万冲（因为南打村前夫家有很多孩子，就让小孩跟着她走），因此，他喊 AYA 的奶奶为伯母。

正月初一这天，所有人都只能待在村里，不能出村。因为人们认为这一天外面的鬼太多，容易害人。于是从正月初一开始村民们就在村里挨家喝酒。老人说要是正月初一醉了，那今年每次喝酒都是要醉的。没有人能够记清楚当天喝了多少酒。笔者从早上就喝，先在房东家，后被 HCF 邀请到他家去喝酒。他现在和老二 HCK 住在同一个房子里，HCK 因为去年才结婚，去岳母家过年了。年夜饭是三兄弟和父母一起吃的，但是今年就要分家居住，早已经结婚的老三 HCZ 以及刚结婚的 HCK 就要分家居住。父母则和 HCF 一起生活。

第 七 章

对外交往形式的变迁

一 传统时代的对外交往

　　每一个地域的对外社会交往与该地区的地形地貌及交通状况都存在关系。按照一般的理解，在平坦开阔的平原地区，村落的对外交往会比较频繁，而在交通十分不便利的山区，人们的对外交往将会受到限制。关于毛道地区的交通状况，在以往的资料记载中有过描述："保亭县通什区毛道乡①解放前，只有一条步行便道通乐东，雅袁乡②四周都是崇山峻岭又都是山区的中心，也是黎族聚居的中心区，都保存有更多更原始的原始公社制的内容。"③

　　《海南岛民族志》对黎区地区的自然环境也有描述，并且记载了一种与自然地理环境密切相关的独特交通工具，"黎中溪水最多，势难徒涉，而黎人往来山际，必携绝大葫芦为渡；每遇溪流断处，则双手抱瓠浮水而过，虽善泅者，亦不能如捷，不可谓非智也"④。这种落后的交通状况直到 20 世纪 80 年代后期仍然有所表现。在道路开通以前，南门村村民到乡里交公粮或者办理其他事务都要过毛

---

① 即过去的毛道峒。
② 即过去的雅袁峒。詹慈编：《黎族合亩制论文选集》，第 4 页。
③ 吕振羽：《黎族的"合亩"制》，载詹慈编《黎族合亩制论文选集》，第 49 页。
④ 中国科学院民族研究所编印：《海南岛民族志》，第 15 页。

道河，如果是在三四月雨水少时，可以直接蹚水过河，但要是在雨季水很深时，就要脱光衣服游过去。所以人们外出办事往往要带上两套衣服。正是由于这个原因，村里有些家长不愿意小孩去毛道上学。以往搬运东西主要靠肩膀，南门村的几位村民直到现在还记得，有一次村里一个嫁自毛枝大村①的老人要给去世的哥哥送酒，让四个小伙子抬了一坛 150 斤的酒（酒水和陶制酒桶）过去，把四个人累坏了。

可见，居处在五指山深处的毛道地区历来交通不便，十分闭塞，这对本地区人们之间，尤其是与外界之间的交往存在负面影响。一般而言，本地区黎族群众历史上的社会交往联系主要局限在各个黎族支系内部，其中尤以建立在通婚基础之上的村际间联系为多。由婚姻带来两个家族之间合作的看法，在黎族地区实际上也存在着。从关于黎族婚礼中双方女子之间的互动描述就可以看到该种意义："随后，伴随新娘来的 4 个妇女和夫家的 4 个妇女一同作舂米状，这是象征男女两个家的友好合作。接着，男方各村的妇女以 6 人或 8 人为一组，也轮流做象征性的舂米，表示村际血缘亲属合作。"②

黎族群众村际之间的频密联系，尤其在聚会饮食方面有所体现。黎族嗜酒的习俗世人皆知，杞黎合亩制地区亦然。在外人看来，该地区的饮酒习俗有些过分，小至刚入学的儿童，大至行将就木的老人，不论男女皆以酒作茶。绝大多数成年黎族人经常处在醉酒状态。

史料中对于黎族群众嗜酒习俗的论述主要是在宏观层面上的泛泛而谈，缺少较为具体生动的资料，因而我们也无从知道黎族

---

① 毛道乡政府所在地旁边的一个村子，离南门村有近 10 公里。

② 广东省编辑组、《中国少数民族社会历史调查资料丛刊》修订编辑委员会：《黎族社会历史调查》，第 53 页。

祖先是如何嗜酒的。不过当前当地黎族群众在饮酒方面的表现，多少可以为我们理解黎族历史上的相关情况有一定的帮助。以下所呈现给读者的材料具体记载了笔者在短短几天内与南门村村民喝酒的情况：

2013 年 1 月 30 日，南门村里喝酒的有：HS，因为要建造房子栏杆，从万冲买沙过来，请客喝酒；HRC 家，因为毛道外甥来这里砍竹子修茅草房请喝酒；HCF 打工回来，请大家喝酒，HRC 也参加；晚上在 HMJ 处喝酒，参与者 11 人，喝到晚上 11 点。

2013 年 1 月 22 日晚，在 HCK 家喝酒。下午 HCK 要 HMJ 帮忙去把毛道村舅舅不用的拖拉机运过来，回家之后一起喝酒。他们下午在毛道村已经喝了一轮。其间把笔者喊上，并拿出了自己做的鱼茶，杀了一只公鸡，炒了一盘、炖了一盘。HYR 在场作陪，后来 HXZ 和 HRC 加入，HCK 父亲 HDL 也一起喝。当天晚上除了 HCK 这里一桌之外，至少还有两桌，一桌在 HDL 家（来了一个外村的客人），一桌在 HYJ 家（来的是亲戚）。

2013 年 1 月 21 日，晚上南门村里喝酒的有四处：一处在 HMJ 家（是笔者召集的），另一桌是在 HCK 家（HYR 和 HCK 一起买的菜），还有一桌是 HSM（他舅舅来南门村做客），最小的一桌是在 HS 处（什守的 HJN 来南门村了，他和 HS 是表兄弟，又是同宗兄弟）。因为南冲村有一个婚礼，南门村的很多村民中午才参加完婚礼酒席回来。

2013 年 1 月 20 日，晚上，因为笔者要去找 HJB 队长商量一下去另外两个村蹲点的事情，看到他家门口正在喝酒，缘由是因为他捉到了一只山鸡，打电话让空共下村的外甥来吃。酒桌上还有 HJQ 及二儿子 HYZ，后来老三 HSM 也加入了，HCK 也在。黄队长已经喝得醉醺醺的了，说今天已经喝了三次酒了。

LJY 说在 2013 年 1 月期间已经记不清喝过几次酒了，村内的次数太多、太随意因而没法统计，但是村外的六次宴席还是勉强回忆起来，基本上每次都醉倒了。一次是去毛道村，本村的女婿入住新房①，包红包50元，南门每户人家都有代表过去；什守去了三次，一次是欢乐酒②，另一次是给一个小舅过生日，还有一次是看小舅（姐妹约好了去）。然后是去了万冲，喝酒缘由是HCK的堂姐生病回家，顺便逛街。最后一次是南打村的外甥娶媳妇（公公是广东甸白的，结婚后在番阳做生意），在南打村摆酒，因为时间和前一个冲突，就只包了一个红包，没有亲自去喝酒。

而对于南门村的老队长HRC来说，让他回忆清楚最近参加宴席聚会的次数和详细情况也颇为困难。南门村村民参加的酒席聚会太多了，不能一一说明。他指着地上的胶片说，一片一片的，都花在喝酒上了，言外之意就是在赴宴聚会方面花费很多。他比普通村民，尤其是女性村民出去喝酒的机会更多，前几天就有两个入新房的酒席，除了毛道村之外，还有一个是HDL姐姐的儿子在五指山市买的新房子入住仪式。另外有一个毛道乡政府那边的卖菜老板的儿子结婚，也被请去喝喜酒去了。喝酒聚会的机会太多了，即便是在繁忙的割胶季节，因为要在割完胶之后接着去喝酒，往往会忘记去收胶③。

笔者第一次在南门村驻村准备离开的前几天，由于之前笔者做过请他喝酒的随意承诺，HDL老人几次提醒笔者兑现。HDL年纪很大，看上去老态龙钟，但是仍然念念不忘喝酒的事情，当地爱喝酒之风可见一斑。2012年1月28日下午，笔者和村内年轻村民一

---

① 入新房仪式可以办也可以不办，HCJ的房子举行了入房酒席的，其他村民都没有举办新房建成仪式。
② 地点在什守村，死者是她的舅舅。南门村只有她一人过去，因为举行"欢乐酒"仪式当天来的客人主要是嫁出去的姐妹，以及本村人，不会邀请别村人。
③ 如果橡胶水不能当天收下来制成胶片，下雨后就做不成胶片，会因为品相不好而影响出售价格。

起到万冲，买回来猪肉、鸡和鲳鱼，并买了 10 斤白酒。晚上正式开餐之后村民陆续到来，基本上南门老村的每户都来了代表，围着桌子坐了满满一大圈。从晚上 6 点开始一直喝到凌晨，席间谈笑风生，其间 HRC 杀了一只鸡过来大家一起吃，另外，LJY 把自家的一缸糯米酒也拿出来喝完了。

在该地区，喝酒聚会的机会很多，大到红白喜事，小到子女生日，或者产子或者病愈，都要聚会喝酒。走在乡间小道经常会看到有人带着白米和糯米酒来来往往，这都是赶着去别村参加聚会的。

关于饮酒宴会，在《海南岛民族志》中亦有描述："黎人无节序，每于十月一日至十日，正月元旦至上元，则群相聚会，吹角击鼓以为乐。或以木架鼓，置鼓其上，一人击鼓，一人鸣钲，跳舞欢呼，谓之跳鼓。择空地置酒数坛，宰所畜牛羊犬豕鸡鸭之类而烹之，男女席地杂坐，饮以竹竿，就坛而吸，互相嬉闹，彼此交欢，尽醉为节。平日炊煮既成，或以木勺就釜取食，或以手捻成团而食，无碗箸焉。生熟黎同，生黎更不知烹宰，唯取牲畜用箭射死，不去毛，不剖腹，燎以茅柴，就佩刀割食。器皿皆椰壳或刳木为之，犹有太古之遗风焉。"① 在此处的描述中，认为聚会存在时间上的限制；不过从现实状况来看，黎族的聚会是比较随意的。

用人类学的观点来看，聚会有其积极的意义，在其他的民族当中也存在类似"夸富宴"的实践。在笔者看来，其最重要的功能应该在于建立一种比较稳定的村际间联系，正是这种不间断的联系使得村民相互之间的关系得以不断延续下来。

从某种意义上来说，这种人们对资源的共享机制是与该地的自然地理环境有关的。黎族主体生活在热带海岛，气温常年偏高，这给食物的储存带来了极大的困难，尤其对于熟食来说更是如此。对

---

① 中国科学院民族研究所编印：《海南岛民族志》，第 5 页。

食物的最好处理办法就是尽快消耗掉。同时，从生理的角度来看，人们对于蛋白质食物的需求又是必需的，必须经常补充营养物质才能够更好地生活下去。频繁的聚会机会同时满足了这两个方面的要求。

日本学者早年也注意到该地黎族群众的宴会饮酒习俗，并且对该地频繁的宴会聚餐有较为深刻的分析。他们认为，（对黎族人来说）牛肉、猪肉和鸡肉是无与伦比的美食，但在他们的社会，仅仅为了满足个人吃肉的欲望而宰杀牲畜是不被允许的。他们有这样一个原则：人们欲望的满足必须以集体的形式来实现。他们只在特殊的场合，例如春节或者婚礼、葬礼、签订合同、举行驱鬼仪式时宰杀家畜。这些场合或多或少带有宗教仪式的味道。在上述特殊的场合：

> 亲戚们或者村民们聚集在成为宗教仪式中心的人的家里进餐。……由于这样的仪式要在同一个村落中频繁举行，而且每一次都非常盛大，程度与他们的财产状况极不相称。因此，尽管他们并不把家畜或家禽作为日常食品，但数量仍显不足。然而，即便如此，他们依然乐此不疲，其原因或许在于这些仪式可以促进彼此之间的连带感情。"①

有学者甚至认为，即便是在从事宗教活动时宰杀牲畜的仪式，也是为了满足人们聚餐的需求。

> 把驱鬼单纯的看作迷信或者是奇特的习俗是错误的。那种只将其理解为单纯的迷信或者奇特的习俗的一般性解释，实际

---

① ［日］冈田谦、尾高邦雄：《黎族三峒调查》，第122—123页。

上等于没有对这种习俗进行任何的解释。……在当地黎族人看来，祈祷行为迄今为止已多次被证明是无效的。……以笔者之见，驱鬼仪式其实是一种强化他们彼此间关系的方法，同时带有慰问病人的意思。在驱鬼仪式中，重要的并不是祈祷师的祈祷，而是患者家的亲戚朋友，乃至全体村民，借驱鬼之名聚集在一起会餐、饮酒。也就是说，亲戚朋友以及全体村民，共同分担患者家的忧愁，通过分担忧愁来达到相互扶助的效果，这才是驱鬼的意义所在。可以认为，其真正作用在于，它是一种强化彼此间连带关系的方法。①

个人之间的社会交往容易理解，因为婚姻关系的确立直接决定了个人间联系的范围与方式。而村际之间的联系交往也与之有关，交往半径主要限制在建立在通婚关系基础上的亲缘和血缘关系内部。黎族地区对通婚关系的看法比较独特且有趣，个别的通婚关系对于村际之间的联系有时会起到决定性的作用，也即只要产生一对婚姻关系，两个整体层面的村庄之间就存在着姻亲关系，从此双方之间的往来就会变得十分频繁，之后的通婚关系也会愈来愈多。这种现象的出现和合亩制地区黎族村落规模普遍较小，而且基本上是与大家族有关，这有益于将个别姻亲关系迅速扩大到村庄层面，在中原汉族地区极少出现类似情况。

除了因为婚姻关系带来了村际间频密交往之外，还存在着因为结拜关系带来的村际间的社会交往。在传统的合亩制地区，历史上就存在着龙仔和龙公的关系，这实际上是一种将非血缘关系血缘化的机制。通过结拜而联系起来的村落间联系也是比较频繁的，只要对方村落中有重要的事情，自己就会像对方的亲兄弟一样提供帮

---

① ［日］冈田谦、尾高邦雄：《黎族三峒调查》，第233页。

助，在重要的日子也会相互来往。

　　根据已有的历史资料，这种结拜关系在很早之前的毛道地区就已存在。毛道村的王老本合亩，亩头王老本是龙公，在外乡的龙仔有 20 户，分布在雅袁、毛枝、红运，以及乐东县，另外还有毛农、雅袁（南门和什守）、毛枝小村等都是全村拜王老本为龙公的。[①]龙公与龙仔的关系在本质上是人身依附关系，因而具有某种封建剥削色彩，但是从形式上来看，其相互之间建立起了一种类似亲属的关系，于是存在这种结拜关系的个人之间建立了类似血缘的关系，而具有结拜关系的村庄间也成了兄弟村落，并承担起相互负责的义务。正是因为村落之间存在这样的一些关系，村际间的交往比较频繁，这种关系才一直延续到现在。

　　传统社会的村落间联系除了包括宴会聚餐等日常交往之外，也体现在特殊场合和特殊时期相互间的社会交往。尤其是当一个村庄受到外力的攻击后，平日素有交往尤其是存在姻亲和兄弟关系的村庄就会出面帮忙。在本地历史上，这种特殊场合和特殊时期的村际交往主要以峒与峒之间的关系作为表现，而且历史上存在的峒与峒之间的战争往往就是这样产生的。峒与峒之间复杂的社会联系在前文已有较为详细的叙述，在此不再赘述。

　　当然，传统的黎族村落社会之间和谐相处是主流，但是这并不意味着不存在矛盾和冲突。正如前文所提及的，村庄之间也会因为各种原因爆发战争，尤其在杞黎村落和哈黎村落之间更是如此。按照历史的记载，乐东部分哈黎现有的土地比如万冲和番阳原来都归杞黎所有，后来被哈黎夺走，因而此地杞黎历史上十分仇恨哈黎，即便如今当地黎人对与哈黎人结婚仍多有抵触，除非的确找不到合适对象，才会考虑和对方结婚。

---

　　① 广东省编辑组、《中国少数民族社会历史调查资料丛刊》修订编辑委员会：《黎族社会历史调查》，第 40 页。

在杞黎村落之间也会有冲突的存在，这种冲突有时候甚至会不顾双方间业已存在的通婚关系基础。冲突的原因或者是比较严肃的类似土地山地界限的纠纷，或者也会由于个别村民之间的纠纷而导致作为一个整体的村庄间的争斗；黎族群众内部的团结使得个别村民的纷争更易上升为村庄之间的矛盾。和费孝通所描述的"差序格局"一样，原本亲密的村际间联系，随着村庄内部利益的受损，退变为次要的联系，紧密的村庄间联系会被仇恨所取代，所谓"爱之愈深，恨之愈切"。

20 世纪初期，在毛道峒空茅村与毛枝峒毛枝大村之间曾发生了一场持续近 30 年的战争，这场战争（械斗）起自清光绪二十三年（1898），止于民国 14 年（1925）。事情起源于空茅村的大亩头王老电因为欺压雅袁村一个叫王老豆的村民，雅袁村群起反击，王老电逃到毛枝大村的内兄黄老崖（毛枝大村的一个大亩头）那里避难，后来雅袁村村民抓走了毛枝大村的一个小孩逼迫王老电出现。毛枝大村认为应该由王老电负起这个责任，两村之间的矛盾由此开始。械斗发生之后，两村村民积怨很深，曾长期互不通婚，交往断绝。直到新中国成立以后，在共产党实行的民族团结政策的感召下，两村人才逐渐消除宿怨，重归于好。①

至于作为对外社会交往特殊形式的矛盾与冲突，一般会因为政府的介入而逐渐平息，不过一般而言，当地社会本身也有一些相互和解的本土性方法。冲突双方在意识到和比战好的时候，就会相互释放善意，并且由双方上了年纪的女性（寡妇）出面，举行和解仪式，最后就可以冰释前嫌了，之前已经断绝的婚姻嫁娶关系又可以重新恢复。

这种和解的仪式和过程在文献资料中多有描述，前述这场战争

---

① 参见朱开宁、罗才东、王秀琴《清末黎族毛道峒发生的一次大械斗》，载符和积主编《黎族史料专辑》（续），第 7—15 页。

最后的和解仪式值得在此抄录下来以资参考。

1926 年初，王偏牙（王老电的孙子）病死，由其胞弟王老本（王老电孙子）继当亩头。王老本考虑到上辈自己三代人与毛枝大村人结怨争斗以来，不断遭到各种损失，如再拖下去，对双方都不利。于是就派人向黄老爷（黄老崖的儿子）请求和解。黄老爷也久有此意，便同意了对方的请求。王老本请红运峒炮衣村亩头王老才和通程村亩头王老爷、黄老收、黄老北（均是亩头）三人为代表参加谈判。在谈判那天，双方都带来一个老寡妇举行谈判仪式。空茅村的老寡妇手托一碗清水，水中放一铜钱，她从碗里捞出铜钱，抹毛枝大村老寡妇的双眼，边抹边念道："空茅村打死你们的人，你们不要蒙眼，要开开眼，以后好来好往。"念毕将铜钱放回碗中，再由毛枝大村的老寡妇如此这般重演一遍。尔后，两个老寡妇来到酒桌前，她们各撕一块鸡肉丢在地上，再念前话，念毕携手入席。入席后，双方代表才正式谈判，谈判达成的协议是：王老本赔偿给毛枝大村和空冲村（也在相互械斗中受到影响）100 银元和 30 头牛，另外单独赔偿黄造硬（被雅袁人抓走小孩的父亲）6 头牛和 3 口铜锣。达成协议后，双方代表各拿出一支箭并在一起，先各在箭上砍一刀，然后折断，表明今后不再互相射杀，各执断箭为凭。①

关于上文所提到的这次战争中的主角王老本，在其他文献中也有所提及，不过是作为反面人物出现的。在这里笔者也把这段材料呈现出来，因为从对他的描述中可以审视当时当地黎族村落间存在

① 朱开宁、罗才东、王秀琴：《清末黎族毛道峒发生的一次大械斗》，载符和积主编《黎族史料专辑》（续），第7—15页。

着千丝万缕的联系。

> 王老本（其祖父是 30 年代毛道峒和毛枝峒械斗的罪魁祸
> 首）是个亩头，凭借祖传的霸风和外力，在峒内外抢占他人的
> 土地，并逼迫别人做他的龙仔……雅袁村的王老爷等都曾受过
> 王老本的敲诈勒索。王老南是老本的兄弟……如雅袁村的王老
> 位、王老襟、王老电和王老焕等都深受其害。……王老达是抱
> 曼村王老翁亩头的弟弟，雅袁村的王老寡被他勒索了两头牛。①

可见，毛道峒与雅袁各村历史上就存在着频繁的联系，这种联
系或者表现在经济上，或者表现在婚姻联系上。事实上，在王老魏
的祖父任毛道峒峒长时，白沙总管（清朝委派之大黎头）命令他将
雅袁峒并入毛道峒。雅袁峒的 6 个村庄位于毛道峒之西，从自然环
境来说，毛道峒与雅袁峒是一体的。② 这和现在毛道乡的行政区划
完全一致。这一现象说明，现代与传统始终具有一定的相互承继
性，现代的各方设置必须确立在参考或尊重传统的基础之上。

从总体上说，由于本地区尚处于较原始的阶段，与私有制相关
的思想观念没有充分发展。他们甚至没有商品的意识，生产出来的
产品以供给自己生活的需要为目的，少量或无偿送人，或以物易
物，而以货币进行交易者甚少。③ 因而当地黎族群众民风颇为淳朴，
总体社会关系也是和谐的，相互之间的交往联系皆以习惯法维系，
而且传统的行为习惯由村峒的领袖或头人来履行。但是随着历代各
种统治势力渗入黎区后，传统的习惯逐步被破坏，习惯法对于人们

---

① 广东省编辑组、《中国少数民族社会历史调查资料丛刊》修订编辑委员会：《黎族社会
历史调查》，第 58—59 页。

② 参见广东省编辑组、《中国少数民族社会历史调查资料丛刊》修订编辑委员会《黎族社
会历史调查》，第 56 页。

③ 陈立浩：《历史的跨越》，南海出版公司 2001 年版，第 180 页。

的制约开始发生变化。

第一，峒的疆界原来是神圣不可侵犯的，自从各个峒直接由白沙总管统辖以后，峒界便开始遭到人为的破坏了。例如毛道和雅袁本是两个峒，但 20 世纪中叶因雅袁峒没有懂海南汉语土话的黎人充当头家（峒长），而被合并入毛道峒，由王老魏的祖父统辖两峒。第二，峒长原是在群众中自然产生的社会领袖。但自峒长受统治当局册封后，这一人选便以能否操汉语方言海南话与上级官吏通话为必备的条件。

> 自从雅袁的头家王老多死后，该峒便没有懂汉语的人承袭，因而峒的组织被取消。……峒与峒之间，经常存在友好往来的关系，有时会发生纠纷甚至械斗。但毛道峒和邻近的峒，如雅袁（后并入毛道）、毛枝、通什、福利和乐东县的番阳、毛农，以及白沙县的太平等峒，经常友好往来。他们相互之间均有通婚关系，每逢婚丧事即互相贺吊，遇事关怀互助。①

从更加细微处来看，按照已有资料的记载，黎族社会的传统社会交往礼仪也比较复杂，礼仪方面的内容最主要体现在信仰活动中，不过在日常生活中也有一些相应的礼仪规矩。

首先是社交礼仪。新中国成立前，男子相遇，要互相让路，表示互相尊重；女子相逢，要双方站定、拉手交谈，或并肩入屋，表示亲热；同辈男子相会，要侧身挨近，叉手拍膀，表示亲热；小辈见大辈，要站立让路，大辈见小辈，以呼尊称和携手入座为礼遇；对小孩，女人抱起吻脸，男人抱起拍拍屁股，以示疼爱；见"奥雅"（老人）要尊称、让路、让座以示尊敬；请求许愿要下跪磕头；

---

① 广东省编辑组、《中国少数民族社会历史调查资料丛刊》修订编辑委员会：《黎族社会历史调查》，第58—59 页。

盟誓要双脚站立，双手捧鸡血酒碗一饮而尽，表示严肃、坚决；禀报或认许大事要事要割指按血印，或单腿下跪，左手扶粉枪，右手握腰刀，以示庄严；愤怒谴责以拍胸、拍桌、叉腰、跺脚、鸣枪、砍柱、击鼓咒骂表示。

其次是待客礼仪。客人来，主人要取炭火。以烟叶、烟筒在门外接待，请其抽烟、休息，并将客人的行李拿进屋去。接着，杀鸡备酒敬客。席上，宾主对坐，男客先酒后饭，女客先饭后酒。主人敬酒时，先自饮，后敬客。客人喝后，主人要挟一块肉送进客人口中。酒酣，主客对山歌，场面热烈。客辞行，主人拿其行李送至村口惜别，嘱其再来。主不送客视为怠慢客人；客人自拿行李视为嫌弃主人。

最后是男女礼仪。在村内或家里，男女之间不得讲粗话和唱下流歌谣。男女发生冲突多是男子让步。男子之间发生械斗，女子出来劝阻，必须停止。男子围坐抽烟时，女子不得从中间走过。女子在路上遇到岁数大的长辈男子迎面走来要让路。[1]

不过按照笔者的看法，如上所说的确是值得称赞的传统美德，不过在现实生活实践中却未必严格按照这些规矩来。至少就现代本地区黎族社会的社会交往来看，并没有严格按照这种解说进行。这在本书其他部分已经有所表述。当然，其中有些本质的东西在现代黎族社会中也可以看到其存续下来的影子，比如聚会喝酒的习俗基本没有变化，主人送客人直到村口惜别等亦没有太大不同。社会变迁的本意就是如此，有些传承了下来，而有些则被废弃了。

二　现代村庄对外交往

南门村历史上固定的对外交往是有限的。虽然通过村内年龄最

---

[1] 五指山市地方志编纂委员会：《通什市志》，第790页。

大、威望最高的 HDL 老人的讲述，我们可以知道雅衷（南门为其
中一村）最早来自乐东，路经番阳迁到如今此地。如果是在其他民
族尤其是在汉族地区，宗主村和分支村存在着千丝万缕的联系，在
每一个固定的周期，各分支村会纷纷安排人员到祖宗所在地祭祀祖
宗。但是由于当地黎族群众没有祭祖联宗这种仪式，也没有明确的
文字记载而难以确定具体地点，南门村和原来的迁出地最终都断绝
了联系，所以本地区对外联系十分有限。南门村对外交往较为频密
的对象主要是当地一些相邻村落和其他一些存在通婚联系的较远村
落；当然也有极少数因为历史上特殊关系而产生的对外交往。

　　对相邻村落及通婚村落之间的交往在本书其他章节已经有所涉
及，这里值得一提的是因为特殊原因而形成的对外交往关系。在相
邻的乐东县万冲镇，是以黎族哈支系为主的地区，他们虽然和南门
的黎族杞方言支系同属黎族，但是又有所不同。在这一地区，按照
后者自己的说法，以及结合老人们关于村落来源的传说，笔者基本
上可以判定，现乐东哈黎的部分地区原来为杞黎所有。这些地方地
势相对较为平坦，耕地也更为肥沃，对外联系也较为方便。杞黎被
驱逐出了原来的领地来到了如今的地区，因而双方具有敌对的特
征。这种敌对性表现在人们的日常生活中，比如当地杞黎对哈黎有
一些不好的看法，认定对方会放毒做坏事，因而在与对方交往时充
满了一种莫名恐惧，并且随时警惕对方的害人之心，并发展出了应
对哈黎放毒的方法①。这也是为什么在传统的婚姻关系中，杞黎很
少与哈黎发生联系的重要原因。

　　但是在一个相对开放的时代，尤其在市场经济时代，断然的隔

_____

　　① 村民说哈黎人很会使用放毒的方法，他们放毒不是因为和被害人有仇恨，而是为了杀人
而杀人。他们所释放的毒不会现场发作，属于慢性毒，在喝酒的时候没有任何反应。当喝完酒之
后回家就会发作，但是这个时候已经距离放毒时间好长时间了，没有办法再查找投毒者。正因如此，
放毒者才敢大胆地害人。杞黎村民说他们在只要有哈黎人在场的酒桌聚会上，都要先吃一个米
椒，然后再喝酒，因为吃了辣椒之后，会让毒性立即发作出来，并在现场把放毒者抓住。

绝是没有任何好处的。村落间乃至不同支系、不同民族间的交往越来越成为正常现象。比如一些生产资料和日常生活用品必须在乐东万冲获得，因为这里和外来物资的对接比五指山各乡镇更为方便，因此杞黎就必然会和哈黎以及附近的其他苗族群众发生联系。在万冲镇的街道上笔者经常看到穿着鲜艳亮丽的苗族服饰的妇女在走动。正是不同文化的存在，使得特定的民族具有更为强烈的民族意识。有一次，笔者和南门村 HMJ 一起外出，路上看到一个人骑摩托车而过，他一看就知道对方是一个苗族人，因为苗族人穿的衣服和戴的帽子与黎族人不一样，他们的脸形也和黎族人不一样，不过他也说不出具体是什么不同来。据笔者看，那人的脸比较小且黑，戴着一顶迷彩帽子，帽檐朝后，穿着一件紫色 T 恤，没有什么特别的。可见，在本地区族际之间的联系也多了起来，在传统的婚姻市场受到挤压之后，原本相互封闭的通婚屏障也有所打破，出现了对少数杞黎和哈黎通婚现象的许可。

2012 年 1 月 14 日，笔者跟随南门村村民到番阳南打村去参加一个婚礼，南打村是南门村主要的通婚村落。这是笔者一周之内第二次去这个村了，上一次是去是因为南门村的一个外孙生病出院，南门村全村各户都派代表去了。在接下来的几日，还有一个南门村的外孙生了小孩要过周岁生日，南门村又要每户派一个代表去喝酒。这一次婚姻大事的主角是南打村的一个男性村民，他娶的新娘是万冲的哈黎。

上午 11 时左右，新娘和新郎来到了村口，然后下车往村里走。前面有一个女人带路，手上拿着一个小篓子，里面放了一些从娘家带来的米。新娘穿着一身红色婚纱，化着比较浓的妆，新郎穿着一套西服，二人胸前分别别着"新郎""新娘"的标签，身后跟着两对伴郎和伴娘，伴郎是本村的未婚男青年；伴娘则是女方村里的未婚女青年，穿着红色紧身旗袍。再后面则是刚刚载着他们的一辆奥迪小轿车，上面的装束和城里相差无几。最后跟着的是一个装有车棚的皮卡，其上载着一些娘家来的妇女。不久之后还有一辆装着女方陪嫁家具的小三轮车来到村里。新郎的亲姐妹也送了一些贵重礼物，在礼物交付的时候要放烟花和鞭炮。

在新郎家的院子门口，摆着一个红红的类似捐款箱的盒子，客人们都要把红包往里面投，然后会得到一些糖果，边上还有已经切好的槟榔。之后大家就按照同村原则在一起等着吃饭喝酒，整个村庄都摆满了桌子和宴席，村口放着数不清的摩托车和三轮车。

在结婚这样的正式场合，男人们承担了炒菜和盛菜（续菜）的任务，而村里面所有的媳妇都要分成好几拨出动去给客人敬酒。最后，新娘新郎会在伴娘伴郎的陪伴下过来敬酒，大家在这个时候就要想尽办法逗弄新娘和新郎，也可以逗伴郎和伴娘。新郎家要准备好给客人（主要是比较重要的人，除了送红包之外还有其他的贵重礼物相赠）带走的猪牛肉，具体要看对方给了什么样的礼物而定，如果对方给的礼物很贵重，就会给他大块的肉。

酒席过程持续了至少三个小时。之后大家都纷纷返回，笔者也搭三轮车回到南门村，开车的司机以及满车的将近十余人都喝得醉醺醺的，但是人们似乎见怪不怪，显然对司机驾车技术十分有信心，或者说平日里这样的情况是非常普遍的。司机开车的确比较稳当，据村民说，黎族米酒是测不出来酒精度数的，而且黎族人都知道自己的酒量，只要不过他的最大酒量就没有问题。

如上村庄之间的对外联系所成立的基础在本地区的婚姻关系，这种婚姻关系由于地理位置比较相近，很容易就成为村庄间交往的原因。对南门村村民而言，联系最多的即因为婚姻关系而产生联系的村庄，较远的是红运村（一年至少要去四五次）和畅好乡（一年一次左右，因为太远了）。而其他的村子因为既不是一个祖宗，又没有婚姻关系就联系得比较少。而在当前，改革开放使得年轻村民尤其是女性村民纷纷外出打工而远嫁外县甚至外省。这样一来，绝对的地理位置的阻隔使得婚姻关系不再成为对外交往的理由了。村民和本村的外地女婿家族几户没有往来，除了文化上的差异之外，地理位置显然是一个最大的障碍。

南门村 LJY 嫁自南打村，她小时候的姐妹们有出嫁到江西和福建的，亲妹妹则嫁到了江苏苏州。她的亲妹妹是在江苏打工时认识现在对象的，后来直接留在男方家了。对方虽然也是农村人，但是家庭条件还是要比海南好了不少。姐妹之间虽然远隔万里，但是妹妹经常会打电话给家里，并一再邀请娘家人去江苏玩，甚至说把钱打过来，让他们坐飞机过去。但是被 LJY 婉拒了，因为她要照顾小孩和老人；儿子则说那边现在太冷了，受不了。

南门村也有因为外出打工而嫁到外地的女性村民，HCX 的妹妹就嫁到了湖北十堰。2012 年春节回到南门村老家看望家人。她的妹妹已经生有两个小孩了，但是据说结婚后总共才回过两次家。对于父母兄弟来说，打心底里不愿意自己的亲人嫁到外地，因为这样一来亲情就被人为隔断了。按笔者的理解，这种姑娘外嫁异地还有一个缺憾，就是缺少了增进本地交往的机会。

不同民族支系之间的相互交往联系，主要不是因为通婚，而是因为同学关系或打工同乡的关系而形成的。现代化意识介入的一个重要表现就体现在对孩子教育的认识上，虽然从总体上看，当地的教育水平不高，受高等教育的机会较少，但是村民对于自己孩子的未来也有一些期待。村民对自己的孩子在学校的表现比较关注。前文所说的 HJB 队长的二儿子在海南一中上学，其间因为成绩好被学校奖励到北京、上海、南京游历了一圈，他未来的目标是就读清华北大。对于南门村的中青年村民来说，虽然受教育机会比起现在的小孩来说条件差了很多，但是比起祖辈，大多数人还是有机会接受义务教育的，和其他民族支系的人们或多或少有同学关系，并且在毕业以后保持了长久的联系。

打工经历中形成的朋友关系也有一样的结果。在一些重要的场合，朋友之间会相互走动，这种个人间的往来也会促进不同民族村落间的联系。南门村 HXL 一直没有找到媳妇，直到 2013 年才结婚，他的媳妇就是万冲的哈黎，原先并不认识，媒人正是南门村的队长 HJB，因为同学邀请他去吃饭，其间谈到结婚的事情，知道对方村里还有一个待嫁的高龄女青年。媒人回村和 HXL 父母一说，就张罗相亲的事情，并最终完成婚事。

南门村和乐东万冲镇的三平村也有很紧密的联系。三平村也是一个哈黎村落，和南门村历史上没有，也不可能存在通婚关系，但是两村之间目前的来往是很频繁的，在笔者驻村很短的时间内几次见到双方人员的往来。南门村村民去万冲购置物品，如果有时间就会顺道拐进三平村找村民喝酒，然后醉醺醺地回家。据村民说，两村之间虽然是不同民族支系，但是存在兄弟一样的关系。原来，南门村 HWD 的父亲（已经去世）年轻时得过一场严重的皮肤病，后来三平村的一位村民帮他治好，后者就杀猪杀牛与前者结拜为兄弟，从此两村之间就建立起了这种联系，和兄弟一样来往。当对方有需要帮忙的时候，都会倾巢出动，不过在集体活动中，从南门村过去的人要更多，因为哈黎已经比较个体化了，并没有全村集体出动的传统。

村民的对外交往除了婚姻和亲朋之间的人际往来之外，当地的村庄之间联系的另一种机制即农忙时节的互助，这种特殊时期的互帮互助直接强化了人们之间的联系。每到类似于插田、收割这些需要赶时间的农活时节，村民们往往需要别人的帮忙。在遇到这种急难时，那些较早脱离传统的哈黎需要雇用一些专门给人做帮工的苗族妇女。而在南门，由于保存着较老的传统，村民不用担心农活来不及干，因为一个电话就可以从外村喊来不少帮手提供帮助。笔者在调研过程中就遇上了一场村际之间的农忙互助活动，即南门村与红运村之间的互助。

2013 年 1 月的一个早上，LJY 问笔者要不要跟她们去红运村插稻苗。笔者立刻答应了下来。红运村对笔者来说是熟悉又陌生的地方，熟悉是因为在访谈中经常会听到这个地方，陌生是因为笔者一直没有去过这个地方。前文已经提及，该村是南门村的传统通婚村，尽管两村的直线步行距离由于现代交通的出现不再具有优势，相互之间的通婚关系还是维持了下来。这一次向南门村发出需要帮助信息的是南门村的老姑姑（南门村 HWD 的妹妹）的儿子。

南门村的村民是在早上才刚接到对方打来的电话的。HMJ 在红运的表哥打电话给他，问有没有时间过去帮忙插田。因为南门村的海拔要高一些，插田的时间要晚十天左右，所以最近也没有什么活儿干，就答应了下来。

笔者一开始以为只有 HWD 的几个孩子过去帮忙，也就是真正喊对方姑姑的这些村民才过去，但是当三轮摩托车还没有出老村的时候，就已经搭载 10 个人。到了新村，还有人往陆续车上挤。刚好因为副队长 HC 也要去给红运村的丈母娘帮忙，就分流了一部分到他的工程车上。前往帮忙的每个人手上都提着一袋子糯米。

笔者对于该消息的传播速度表示吃惊。笔者担心，这么多人过去帮忙，会不会增添对方接待工作的压力；村民们却没有一点担忧，他们说如果对方主动打电话过来提出邀请，就说明对方有所准备，有酒有肉，这边就可以多喊一些人过去。如果对方没有打电话过来，就要少去人或者不用去人，免得对方措手不及而尴尬。事实也是如此，我们到红运主人家发现他们已经做了充分的准备，糯米酒备得很充足，也买了很多条鱼，还杀了两头猪和几只鹅。

我们早上 9 点半左右出发，一个小时左右到达目的地。大致估算，从南门到红运的距离有 18 公里，一路上会产生一些费用，比如油费、饮料等。这些费用由南门的召集人（往往是和发出求助者最亲的人）承担。当我们到达红运村时，已经有五六个人在稻田里插秧了。据说另外那几个人是表哥外家那边的亲戚。帮忙的人到目的地之后就要听从邀请者的安排。红运村很大，从毛道乡政府的小路上去，又爬了很高的山，但是到了那里之后就像世外桃源似的，一片平地，五个自然村落错落有致地分布其间。

这一次过来的劳动力主要是女人，男人只有四个（HMJ 和笔者，后来过去的 HXZ，另一个新村的小伙子是 HMJ 因为人太多而打电话喊他过去帮忙带人的）。在田间工作的男人也不多，而 HMJ 就在村里帮忙杀鸡宰鸭，没有到田里去。真正在田里的男人就表兄和老姑父，他们负责犁田、平田；拔秧、插秧的工作就全是女人的活。笔者因为不是当地人，不懂当地的规矩，就成了唯一一个干女人活的男人，其间少不得妇女们的笑话。

中午吃饭，摆了整整三桌酒席，外面两桌是召待女人和小孩的，在作为厨房的茅草屋里是男人们的一桌。在酒桌上除了姑父、表兄之外，还有一些并没有在田里见过的男人。他们是红运村主人的兄弟，是来贺客陪酒吃饭的，这也是当地的一种传统习俗，以示对客人的尊重。之所以上午没有去帮忙，是因为他们自己也要插田，中午来这里吃饭主要是给主人兄弟面子。

吃完午饭、喝完酒之后就接着下午的工作，那是在村头的一块田地。当我们到达田地的时候，就看到老姑父已经在平整水田了。这时 HMJ 和 HXZ 两兄弟也出现在田间帮忙犁田了，但还是一直没有做那些"女人的活"。在笔者看来，女人们插秧的动作是最累的，因为要一直弓着腰。不过男人们也反驳说，人多就不会觉得累了，他们犁田也很累。因为人手充裕，下午 4 点左右就把所有的秧苗插完了。于是又接着上酒桌喝酒吃饭，这回喝的酒比中午要多很多，主人和客人，以及客人之间都频频碰杯。

农忙时节的互助并不一定是每年必需的，这要看对方的时间安排。如果两边都赶上了忙时，就不一定要赶来帮忙了，自己慢慢干也是可以的，只不过要花更长的时间来完成农活。在与村民的交谈中，笔者隐约感觉到，这种农忙时的互助行为对农活本身没有太大的影响，倒是存在着一种背后的意图，这种意图不一定会被当事人意识到。因为村民提到稻种在发芽之后经过 27 天左右就可以插秧，只要在一周的时间内插完都没有问题。红运村的表兄说如果没有人帮忙，他和父亲的 3 亩稻田，全部插完也只需要 3 天时间，离 7 天的期限还有宽余。言外之意就是请大家来帮忙，主要不是为了赶农时，而是别有所图，这就是人们借助农忙制造出了一个聚会的机会。不仅是亲戚之间，也包括村庄间本没有血缘联系的人们之间的熟悉关系，就是在这样的聚会中得到建立和加强的。

该地区历史上没有集市交易的习惯，直到 19 世纪末期，随着广西提督冯子材带兵入琼之后，才在五指山创建了第一间货栈，让黎汉进行商品交易。[①] 在早期的黎族货栈中经商的主要是汉族商人，主要从事的交易是将本地区的农副产品收购走，再将汉族地区的生产工具卖给当地黎民。这些商人在双方之间争取巨大的剪刀差利润。应该说，这是早期的黎族群众对外界社会的认知方式，甚至可以说是唯一的对外联系方式。这种外来文化虽然在从根本上改变本地区黎族群众的商品经济意识方面作用并不明显，并且在事实上他们是外来文化的受剥削者，但是十分显然，这对于改变他们对外部世界与自我世界的看法来说意义重大，人们从此开始就有了对外交往的意识。

如前文所述，由于道路条件的改善和现代交通工具的使用，本地区黎族群众对外交往的范围和方式发生了很大的变化，通婚半径

---

① 陈立浩：《历史的跨越》，第 180 页。

也扩大了几倍。在传统时代，类似海口、三亚这些城市对本地人来说是陌生的地名，但是现在即便是两三岁的小孩也会把这些城市名挂在嘴边。人们不再生活在一个终身封闭的地域空间了，他们的世界比以前要开放了不知道多少倍。不过值得一提的是，从总体上来看，五指山合亩制地区的民风仍然是比较淳朴的，相较其他地区，尤其是其他支系的黎族社会而言，传统的东西保留较多，前述较为开放的内容主要是针对男性村民而言，对于大多数女性村民而言，对外部世界的认识也仅仅停留在电视宣传和别人的描述之上。因此在调查中，笔者发现村庄中的女性较少出远门，较远的目的地主要是五指山或是三亚。这是一个值得研究的问题，因为一般而言，随着对外开放的增加，原本只有在封闭社会中才可能存在的传统乡土社会特征逐渐崩溃，但是在这里并没有出现这一现象。笔者认为，关于其中的原因，应该和本地区黎族群众的聚会传统有关。至于具体的逻辑，笔者将在另文中做陈述。

毛道村委会的 8 个自然村，只有南门村和什守村（历史上的"雅袁"）最为偏远，离毛道乡政府和五指山市分别为 9 公里和 40 公里左右。原雅袁六村的对外交往除了与毛道各村之外，同时还和现乐东地区的村镇联系较多，因为在现代交通体系建立起来之前，雅袁的村民翻过几座山①就可以直接到达现乐东的万冲镇和三平村。笔者在前文也提到，雅袁六村一个重要的通婚村——红运村距南门村骑摩托车的距离是 18 公里左右，但是实际地理直线距离只有 5 公里左右。传统村民对外交往的距离远近主要看步行直线距离。而现在，因为交通相对发达，人们选择对外交往的目的地的标准就发生了变化。人们主要依据交通便利程度和市场发达程度来选择自己外出的目的地。按行政归属来看，毛道乡和五指山市区是本地区人

---

① 根据笔者目测，大概有 5 公里远。

们常去的地方，因为日常的一些审批事务都在这里。但是事实上，南门村村民去的更多的地方是乐东的万冲镇和五指山市的另一个乡镇番阳镇，虽然这两个地方比与毛道乡政府的距离要相对远一些，但是物资比前者要丰富得多，因而也热闹得多，这显然对平日在家埋头干活的人十分有吸引力。以下一个事例即说明了一个普通村民不得不面对的对外交往。

2012年11月，南门村HMJ响应政府的号召，也受到了乐东万冲那边村庄种青瓜（大陆地区的黄瓜）赚大钱的启发，而且此时橡胶已经停割没有别的农活，于是在自己的承包地上拉起瓜架子，买来了种子，种上了青瓜。直到做完之后，HMJ才开始后悔，因为他不知道治理青瓜秧苗很难，经常有一些病虫害问题。2013年1月，HMJ种的青瓜苗遭受虫害而变黄，需要去万冲镇的服务点检查诊断，并买点药。发动三轮摩托准备出发之前，几位村民都跑来请HMJ在镇上帮自己做点事情，HCK要充话费、老队长HRC要买酒饼、二嫂要买袋装的洗发水，还有老父亲HWD要买彩票。

在去万冲的路上，刚过了南打村，就碰到了一个熟人开着三轮车，车上坐了他的妻子孩子。对方用黎语和HMJ打了招呼，双反就都停了下来，HMJ走到对方面前，接过了半块槟榔嚼起来，聊了很长时间才相互告别，继续赶路。HMJ告诉笔者，对方邀请他去参加小孩的生日宴，去吃个饭，他说要是来得及就去参加。

在万冲镇，把别人交代的事情办完之后，笔者就建议去菜场看看有什么菜可以买，晚上一起喝点酒。先碰到的是一个卖菜的年老妇女，HMJ告诉笔者这是HCK的姐姐的婆婆（HCK的姐姐改嫁到这一家），为了照顾她的生意，笔者就在她那儿买了几把四季豆，买了四把还送了一把。接着在一个卖猪肉的铺子上买肉，原价35元，只收了30元，因为HMJ说都是熟人，经常会碰到面，不过对方具体是什么情况并不清楚。在逛万冲镇的过程中，HMJ还碰到好几个熟人，有什守村的也有南打村的。

从南门村到五指山市区是 30 多公里，比到万冲（20 公里左右）多不了太多的距离（到南打村是 4 公里左右，到番阳桥头是 7 公里），但是人们一般还是选择到万冲买东西，较少到五指山，最主要的原因是去五指山怕碰到交警查问。不过按照笔者的理解，较短的距离成本明显是人们在潜意识中考虑到的因素，另外最主要的原因应该是该地人们买卖货物的传统地点是在万冲，与交警严格执法与否应该没有太大的关系，因为从番阳到万冲镇的公路是省内主干道，交警的执法不会比五指山市宽松多少。

关于对外交往，除了实际产生的存在地理位置发生变化的活动之外，也应该包括那些没有发生位移的，但是的确产生了对外联系的活动。这些活动就包括现代传媒技术在本地区的传播和使用，其中最重要的是电视技术的应用。人们的很多现代知识大部分是通过电视节目获得的，电视对于人们，特别是小孩的社会化非常明显。比如普通话在黎族群众中的熟练使用，电视节目功不可没。在有些民族文化的研究人员看来，现代电视技术的使用对本民族语言的存在造成了威胁。不过，在传统合亩制地区，这似乎不是很严重的问题。电视的普及给村民们带来的影响是显而易见的，人们通过电视观赏娱乐节目，偶尔会收看一些新闻资讯节目，这对于开拓村民的视野和了解外面的世界无疑具有积极的意义。

南门村最早是在 1988 年购买了一台电视机，由生产队集体购置。当时集体经济已经分散到户，村小组没有资金来支付购买电视机的费用了，于是村庄中的每个人都上山砍山竹，卖了 700 多元，再去乐东万冲换了一台电视机。电视机就放在村干部那里，每天晚上大家都去看电视。如今，电视机已经不再是一件奢侈品了，几乎每家每户都有电视机，而且在政府提供的卫星电视接收器的帮助下能够收看的电视台也多了不少。南门村 HWD 家里就摆着一台电视机，上面贴着一个标签，写着中共中央宣传部、国家广电总局的"电视进万家工程"，这是 2005 年政府分发的电视机，HGA 和 HJW 的家里也有这种电视机，但是在 2011 年的村庄火灾中都被烧毁了，HWD 家的电视机是被抢救出来的。

在电视机普遍使用之前，有少数村民也会使用收音机。在集体化时期，则是由统一的广播系统来传达政府的相关信息。目前随着通信传媒技术的进一步发展，大部分村民都使用起了手机，还有相当多的村民用的是带操作系统的智能手机，这种手机可以同时播放 MP3 音乐文件甚至是一些视频，同时还能满足人们的通话联络功能。在南门村的田间地头，时不时会传来一些音乐或者广播节目。HWD 就花了几百元买了一个"山寨"的智能手机，每次外出放牛或者干活的时候都会随身携带。

手提电话（手机）的广泛使用，可以说为人们的对外交往方式带来了一次革命，所有人都从来没有想过我们当前的生活会因为手机的使用而变得如此便捷。传统社会中必须通过口耳相传的方式完成的活动现在已经因为可以借助这一现代传播方式而简化许多。我们可以看到许多传统的仪式和内容随着电话的出现而没有存在的必要了，比如传统的婚姻礼仪和生育礼仪，需要当事人步行至交往对象处当面告知，在这个过程中会有一些传统的要素相伴随，但是现在只要一个电话就可以把要办的事情解决。除非一些非常本质的东西、人们认为必须遵守传统的事情，才会按照传统来办，比如相亲仪式、迎亲仪式，为了表示重视和严肃，人们不会很随便，但是即便如此，其中也少不了手机联络的功用，以往要靠中间人（媒人）跑几个来回才能完成的事情，现在只要几个电话就可以确定下来。另外，关于丧事的通报，现在也主要通过手机来通知亲朋好友。

应该说在本地区历史上，人们的日常生活并不像教科书上所说的那样丰富多彩，人们除了努力耕作以解决温饱之外，不会有太多的事情来打发闲暇。如果说有闲暇时间，人们会经常聚在一起打牌或者喝酒聊天，其间聊一些家长里短的事，尤其是他们认为新鲜且感兴趣的话题。所以村庄内部的信息传播速度十分惊人，笔者对此深有体会：当笔者和村民喝酒的时候会有人问笔者"买的新房子①装修好了没有"的问题；或者在说完"你和××去抓鸭子没有抓到"②，然后把笔者嘲弄一番。笔者只和房东说过这些事，但是很显然，所有村民都知道了。

直到1980年代初修好连接毛道乡与番阳镇的路之前，南门村的村民基本上每天都封闭在村子里，一周只有一两次外出万冲或者番阳逛集市的机会。对于妇女或者老年村民来说，更少有时间外出，那时人们外出的机会或者说必须外出主要是一些人情交往，诸如参加婚礼和看望病人等。在公路修通以后，这种状况得到了极大的改善，按照村民自己的说法和笔者的观察，年轻人往往隔天就要外出，或购买急需物资或外出访友；村庄内每天都有人出村去往五指山或者万冲等地。村庄对外的联系明显增强。

村庄的对外联系除了主动的自发对外交往之外，还有外部力量带来的对外社会交往。关于后者，如前文所述，自汉族文化或者说国家政权正式向五指山地区深入开始，这个过程就一直在潜移默化地进行，到了近代，尤其是中华人民共和国成立以后，本地区受到外部行政力量的影响更大且更为直接。大至行政区的整合与调整（新中国成立后本地区的行政区划变化非常频繁），小至村庄内部的家族结构和村庄内部权力架构都有十分明显的国家烙印。在改革开放以后，本地区所受到的外部力量的影响也是显而易见的，20世纪80年代以后出现的全国性打工潮现象也波及了原本比较安静的

---

① 笔者当时在武汉才买的商品房，只和房东说过这件事情。

② 头天下午和HMJ去水库边去抓鸭子，结果没有抓到，村里人第二天都会当作笑话一样来说。

村落生活，南门村几乎所有青年都有外出打工的经历。虽然近些年由于橡胶产业的兴起，绝大多数男青年选择回村干活，但是还是有为数不少的女青年仍然选择在外打工甚至在外成家，这也使得本地区男青年的婚配成了严重的社会问题。

外来文化的进入给本地黎族群众带来了十分巨大的影响。除了上述的手机成为当前一种常见的必需工具之外，村民对外来的生活娱乐方式也有自己的追求。当HJB队长听说笔者要在给去世的父亲办"欢喜酒"时给他拍照片，他显得很高兴，并说要放到电视台上去，放到展列厅里去。村里的年轻仔只要心情高兴了就去城镇的KTV唱卡拉OK，或者就在村民HCJ家自己添置的卡拉OK客厅里唱歌。2013年HYZ买彩票中了大奖，也会请南门新老村的所有年轻仔到五指山市区的歌厅唱歌。

笔者刚到南门村的第二天，那时对此地十分陌生，并要到镇上购置一些必需品。笔者到番阳吃午饭，海南的菜价很贵，餐馆的老板说米饭2元。老板娘很热情地接连给笔者盛饭，买单的时候却发现米饭是要钱的，一碗2块钱，顿时有一种"挨宰"的感觉。午后回村，想搭便车回去，后被从番阳喝酒回来的南门村的村民追上，笔者要求带一程，有几位村民对我们表示出了戒备之心，要求笔者报出南门村要找的人的姓名，并要查看身份证。虽然由于HJB队长弟弟HJQ的到来替笔者解了围，但是这多少说明了在现代社会，即使是在封闭村落都具有一定的开放性，外界的信息都或多或少地影响了这里的人。

2010年1月，中央政府决定推进"海南国际旅游岛建设"。作为海南岛旅游一个部分的五指山地区当然也是需要规划建设的地区。国家层面的政策规划在基层地区作为中心任务被重视。笔者看到在毛道乡政府的工作计划中，对此也有所体现。

毛道乡 2012 年工作计划

......

紧跟建设海南国际旅游岛和文明大行动活动步伐，扎实稳步推进新农村建设，打造更加秀美、繁荣、文明的和谐毛道，一是针对各村组环境脏、乱、差等现状，结合文明大行动制定相关制度，把环卫工作作为考核各村党支部书记和村主任的一项重要内容，要求乡村组每个星期至少集中打扫卫生两次，并安排专人定期或不定期监督检查，与上级有关部门协商为各村建设垃圾处理池。二是针对毛道乡农民群众家家户户都有橡胶、日常生活能够基本保障、满足现状、不思进取的思想，转变"等、靠、要"观念，进一步提高农民群众的资本积累和商业意识，把农民群众从"要我发展"转化到"我要发展"上来，从"输血型"发展转化到"造血型"发展上来。三是针对村中红白事大摆酒席等不良习俗，要求党员干部群众要加强党性修养，提高政治觉悟，宣传教育抵御歪风陋习。

结合政府开展国际旅游岛建设的要求，基层政府要求村庄对传统的牲口放养方式进行改革。毛道村委会与 2012 年发出了如下的通知：

关于要求各村农户牲畜进行圈养的通知

各村小组、各农户：

为落实好《毛道乡农村环境卫生整治工作方案》（毛府[2012] 16 号）的通知文件要求，进一步加强我村的村容村貌和环境卫生管理工作，促进各村小组卫生环境的规范化管理，经村委会讨论研究决定，在各村组、各农户养的猪、牛、羊、鸡、鸭等牲畜进行舍饲圈养，如果各村农户在规定时间内还没有舍饲圈养，一旦发现农户的猪在村里乱串，村委会有权捕捉或捕杀。

特此通知。

毛道村委会

二零一二年六月八日

不过，根据笔者的观察，这些文件上的规则禁令其实很难落到实处。对当地村民来说，这是千百年来由老祖宗传下来的习惯，是必须加以保留遵守的传统，怎么可能是所谓的陋习呢？要想在一朝一夕对其进行取缔，基本上没有成功的可能。

笔者在前文已经指出，在本地区的黎族群众中没有特别重要的节日。就目前而言，相对重要的节日主要是外来的节日，比如春节、妇女节或者是对村庄来说特殊的日子。至于"三月三"这个在文献资料上被认为是包括黎族在内的许多少数民族的重要节日，在本地区并没有被当地人认可。对三月三节日的认知更多来自政府部门对它的构建，原因主要在于保持或者挖掘独特的民族文化，这在旅游业发达的当今社会是很重要的资源。不过，政府层面上的三月三节日的构建与宣传，对当地黎族群众也并不是没有意义，它给当地黎族人另一个机会去参与外部交往。南门村一些女性村民就指出在"三月三"，村里没有活动安排，如果大家有时间就可以去五指山市区的黎族文化广场看跳黎族舞，但是仅限于观赏而不会去参与，因为她们不会跳。

当前村民外出的情况很普遍，人们的活动范围比较大，活动速度或效率也很高。笔者经常会在同一天的不同场合和不同的村落中发现同一位村民。这在以往的传统村落中不可能被看到，这种现象的出现与现代交通条件（包括通信技术）的改善存在密切关系。社会生活的大变迁同样体现在儿童的教育方面，南门村 HCJ 的大儿子现在被送到了万冲镇读寄宿制幼儿园，每学期的学费 2700 元，包吃住，一星期接送一次，在番阳那边也有寄宿制幼儿园。小孩子从这个时候开始就已经认识了外村的一些小朋友，视野显然有所拓展。

从家庭角度来考察，在外出交往的活动安排中存在着一定的规律。对外交往的主体主要是中青年男性村民，尤其在参与一些一般性的聚会活动时更是如此。村庄间建立在婚姻关系上而产生的交往，除非和本人是至亲，女性村民可以不用直接参与，丈夫或者自己已经懂事的儿子代为参与就可以。不过，当地黎族妇女除非有紧要原因，一般都会前往赴会。对当地村民而言，不论男女老少都格外重视这样的机会，因此不会随便放弃这样的聚会机会。正是在这个意义上，笔者认为当地黎族群众是一群"害怕孤独的人"，这个社会在不断地创造和提供这样为大家聚在一起的机会，人们也会抓住一切机会在一起聚会。

除了一般的社会性交往之外，还有一些村庄性事务需要和外部联系，比如村务工作即是如此。在本地区的所有黎族村落中，笔者很少发现有女性的村组长或村长，在村庄干部中仅有的女性干部是妇女主任。南门村的兄弟村——什守村在村民选举的时候，一个女性候选人得票最多，但是她推辞不干。按照笔者的理解，这多少受到了传统的男权为重思想的影响。① 不过村民自己的解释则更为有意思，他们说传统的女主内、男主外有一定的道理，男性见的世面较多，和外面打交道比较方便。还有一个重要原因是，现在当干部的外出开会情况比较多，经常到村委会和乡政府开会布置工作，当地的黎族女性都不太会骑摩托车，因此这些需要对外联系的工作只

---

① 虽然在历史资料上有对合亩制地区存在原始母系氏族遗存的描述，但是从笔者所掌握的资料来看，本地区男权为重时期的存在时间更长久。

好交由男性村民了。

如前文所述，黎族地区村际间的紧密联系是通过一定的逻辑得到加强和维系的，那就是通过不断的聚会，人们之间的联系被塑造和强化着。本地区黎族群众的聚会场合机会多种多样，传统社会中喝酒聚会的场合主要包括喜事、丧事、生日、看老人、病人康复等。而如今，又有了一些新创造出来的节日以满足人们聚会的需要，比如姐妹会、三八妇女节、父亲节、母亲节等。村民们说，经常聚会使黎族民众开心的日子和机会变多，孤独和伤心的日子变少。

在村民们看来，真正和所有人都有关系的最为开心的活动当属"姐妹会"，不管是在娘家办还是在婆家办，都可以和很多人聚在一起喝酒欢心。毛道地区的每个村庄几乎都搞过这类活动，它没有固定的时间，一般都是安排在割胶结束以后至过年前的一段时间，这段时间人们的空闲时间相对较多。姐妹会活动所需费用主要采用娘家村（主办村）兄弟出大头集资、出嫁姐妹（女儿女婿）也出少量资金的方式来筹集。在姐妹会举行的这天，会从镇上或者五指山市请来比较专业的摄影师，把人们的开心时刻记录下来，并最后制作照片和碟片发给每位参加者。人们对姐妹会的场景印象很深，往往会津津乐道。

南门村的姐妹会笔者没有亲自参加，但是有幸参加了该地区另一个村庄的姐妹回娘家仪式，程序都大同小异：

2013 年 1 月 30 日，头天晚上南打村 LQJ 打电话告诉笔者今日空共上村要举行姐妹回娘家聚会，因为他的妻子嫁自该村，到时必须参加，因此约笔者一起去。因为摩托车都满员，笔者就只好请 HJB 队长骑摩托带着自己到空共上村。由于连续几天喝酒，他怕到时又要被空共上村村民抓住喝酒，就把笔者带到空共上村村口放下，先行回了南门村。笔者到现场的时候已经 11 点。村委会门口的球场上已经搭起了一个大大的棚子，音箱也在大声地放着音乐。在公路上方挂着"欢迎姐姐妹妹回娘家"的横幅和对联。笔者看到一个扛着摄像机的男人和一个背着单反相机的女人已经在那里做着准备工作了，他们是从五指山那边请来专门为这次姐妹会摄像的人。男人还兼任"导演"。

在旁边摆着几口大锅，架在临时搭建的土灶上，有几个男人在忙着炒菜。为了这次聚会，村民专门集资买了一头牛和几头猪，以及其他一些菜。村民说这次聚会是空共上村的第二次聚会了，因为第一次聚会有较多的设备要买，所以那时每户（兄弟和姐妹）都要交300元，但是这一次出嫁的姐妹们每人只要"投资"100元就可以，本村的兄弟每户还是300元。当然如果想要碟片和通讯录的话，每人再交10元就可以，有专人负责登记。在专门堆放酒水的地方，笔者稍微数了一下，有19壶糯米酒和3箱啤酒（表示有22个出嫁的女儿回来聚会，最远的一个是从四川回来的），上面分别标有村名和姓名，旁边还有一个大袋子装满了姐妹们回娘家时候的送米。

11点半左右，扛摄像机的"导演"开始安排进村顺序，所有已经到位的女儿女婿分两排站立在村门口，做好入场的准备，本村的男女老少站在横幅门口，手拿小彩旗，特别引人注意的是很多妇女都穿起了黎族的民族服装，如果没有上衣，至少会穿着筒裙列队欢迎。他们被告知等一下应该如何喊口号——"欢迎欢迎，热烈欢迎"。仪式正式开始，女儿女婿笑容满面地向村口走来，这边的欢迎号子也喊起来了，快走到横幅处，鞭炮就随之响起，两边的人们边走边握手或者挥手，冲着摄像机微笑。

然后大家纷纷回到之前就已经选好的位子上，开始聊天。村长作为主持人，发表欢迎词，还有其他几个人，包括妇女委员都上台致辞。然后又是放鞭炮，接着就是聚会正式开始。村里的妇女们先给客人们盛上饭，因为在喝酒之前要先把肚子填饱。之后喝酒，先是每桌自由发挥，相互加深熟悉。接着本村的男人女人们作为主人来举酒杯。唯一的宗旨就是把客人灌醉。当然中间也有一个个小插曲或者互动环节，比如组织拔河比赛，先是姐妹和本村女人比，然后是姐妹夫和本村男人比，结果当然都是姐妹和姐妹夫胜利。大家都非常开心，不管是输是赢都一样，即便是平时很难露出笑容的人们，此时也开心地笑起来。其间还有跳舞环节，本村的妇女们跳起了广场舞，一开始笔者以为是黎族特有的舞蹈（特别是看到她们穿着筒裙在跳），后来老人说这个不是黎族舞，现在没有人会跳真正的黎族舞了。因为笔者喝酒较多，不胜酒力，就借上厕所跑到边上，和别人聊起天来，并提前退场。据LQJ说，聚会一直持续到傍晚，大部分人都醉酒了。

当然村民的对外交往并不仅仅局限在节日期间，在平日也会有一些聚会，村民就说："如果不想在村里待了，就会去亲戚家玩（总是要带点糯米过去），还可以去万冲和五指山逛街，去买衣服。"在他们看来，虽然大家经常一起喝酒，但是成天在村里待着，时间久了也会"觉得烦"。于是会自己想办法找一些对外交往的理由而外出聚会。2013年12月，LJY接到自己姐妹的电话，说好久没有看她了（实际上见面的机会很多，只是没有正式的看望而已），想组织姐妹们一起来看望她。这一次LJY杀了两头猪，买了很多菜，摆了4大桌酒席来招待姐妹们。但是最后大致算账，主人不但没有亏钱，反而有一笔结余。

这是因为在该地区参加各种各样的聚会活动，一般都由参加者自带钱粮，或者给探视对象封红包。关于后者，除了丧事直接给钱，其他场合都要用红纸包着，按照传统习惯，赴会时还要拿着糯米酒等物前往。笔者在前文已经提到，这种聚会的模式实际上并不仅仅是一种消费行为，在某种程度上来说还是一种本土的互助行为，因为通过这种方式可以为主办者带来一定的收益，尤其是对于探视那些病愈者来说，虽然要花费不少钱，但是最终会因入多于出而在经济上获得暂时性的宽裕。

如今的聚会交往与传统时代主要由老人参加不同，现在刚好反过来，主要是年轻人参加，因为年轻人会骑摩托车，来去方便自由，其他人则搭便车或者步行前往。在酒桌上除了最年长、最有权威或者（也往往是）会懂法术的人坐在最重要的位置外，其他人都是随意落座。不过男宾和女宾一般都是分桌坐，不过这并不是因为要照顾女宾少喝酒；恰恰相反，女宾的酒量一点也不比男宾少。笔者认为，男女分坐纯粹是出于方便，相同的性别有共同的话题，自然会坐在一起。当座位紧张不够用的时候，男女也会混搭而坐。

第 八 章

合亩制的残留

一 历史上的合亩制

　　"合亩制"是五指山地区杞黎村落历史上特有的一种本土性家族共耕制度，从一般意义上来看，它是综合性的社会制度，因为在生产力水平比较落后的、带有原始色彩的社会里，血缘性家族组织还没有存在的必要，也很难将各种社会事务完全与血缘剥离开来，所以组织的首领是十足的多面手，既承担了政治领袖的角色，又承担了组织生产的头人角色。不过在笔者看来，合亩制首先是一种经济制度，人们在这种制度的约束之下共同劳动和分配。而合亩制的政治功能并非最重要的，原因就在于前述中已经论及的"峒"组织的存在，其在合亩制地区承担起了本地区政治组织的功能，各个村落的合亩组织首领，即亩头只是作为峒组织的附属来参与政治性事务而已。

　　具体而言，"合亩地区，指的是五指山中心地区，即保亭、琼中、乐东三县的交界处，人口一万三千多，是黎族地区中很小的一部分。这部分地区的生产力发展水平更低，直到解放前夕，还保留着浓厚的原始公社制的残余，各种经济因素较复杂，存在着较多的特点"[1]。可见，

---

① 中国科学院民族研究所、广东少数民族社会历史调查组：《黎族简史简志合编》，第56页。

合亩制地区是有特定的地理位置限制的，并不是所有的杞黎地区都为合亩制地区，合亩制的实施主体仅是杞黎的极小部分而已。

南门村所在的毛道地区属于典型的合亩制地区。在新中国成立以前，雅袁六村（即现在的什守和南门村）同属一峒，共由 6 个合亩构成。由于时代久远，本地区村民对合亩制已经没有太多记忆。[①] 不过好在 20 世纪 50 年代人类学家在当时的雅袁乡做过相关调查，有一些数据被发表出来。按照记载，1947 年南门村有两个合亩，分别是王老加合亩 8 户 29 人和王老凹合亩 7 户 25 人，共 15 户 54 人。1956 年原来的两个合亩演变为四个，他们是王老论合亩、王老刘合亩、王老遍合亩和王老欠合亩，其中前三个由原来的王老加合亩分化而来，分别是 7 户 31 人、3 户 10 人、2 户 9 人和 4 户 13 人，总共 16 户 63 人。以下是南门村两个时期几个合亩的具体情况：

表 8 − 1　　　　　1947 年雅袁 6 个合亩的户数、人口、劳动
统计表（南门村部分）　　　　　（户；人）

	户数	人口小计	男	女
王老加合亩	8	29	15	14
王老凹合亩	7	25	15	10
	15	54	30	24

---

①　关于学术界的研究课题大概会存在类似的问题，那就是对当事人主体来说本来不过是很普通的事务，人们不会特意地去记载它，只是外来的学者将它单独作为一个新鲜发现的事务而已。因此，当这个事务逝去之后，人们并不会对它留有深刻的印象。

表8－2   1956 年雅袁 9 个合亩的户数、人口、劳动
                       统计表（南门村部分）   （户；人）

	户数	人口小计	男	女
王老论合亩	7	31	18	13
王老刘合亩	3	10	4	6
王老遍合亩	2	9	4	5
王老欠合亩	4	13	8	5
	16	63	34	29

表8－3   1947 年雅袁 6 个合亩的生产工具数量表（南门村部分）   （户；人）

	户数	犁	耙	锄	大铲	小铲	手捻小刀	钩刀	四尺手耙	尖刀
王老加合亩	8	8	8	8	8	8	8	8		
王老凹合亩	7	7	7	7	7	7	7	7		
	15	15	15	15	15	15	15	15		

表8－4   1956 年雅袁 9 个合亩的生产工具数量表（南门村部分）   （户；人）

	户数	犁	耙	锄	大铲	小铲	手捻小刀	钩刀	四尺手耙	尖刀
王老论合亩	7	6	6	7	4	7	9	10	2	
王老刘合亩	3	3	3		1	2	4	2		1
王老遍合亩	2	2	2	2	1	2	2	2	1	
王老欠合亩	4	4	4	3	1	3	4	3	1	
	16	15	15	12	7	14	19	17	4	1

　　在外界开始注意到合亩制这种特殊的社会经济制度的时候，传统的合亩制地区已经对外来的文化有所接受了，比如铁器工具的使用以及犁、耙技术的应用。但是即便在这时，我们仍然可以看到本

地区合亩的生产力是十分原始与落后的。

合亩制度于20世纪50年代被发现并且被外界所知晓，一直延续到合作化运动以后，至于其产生的具体年代已经无从考究。按照笔者的推测，由于合亩制是一套与落后生产力水平相对应的制度，其产生时间应该可以往前推很久。又由于笔者按照传说和迁徙规律的推测，认为合亩制地区的杞黎并非当地的原住民，而是从生产力水平较高的昌化江下游内迁而来的解释，合亩制的产生似乎不是当地最原初的制度，甚至有可能是一种退化的制度产物。如此一来，笔者认为合亩制度的发展历史大致在几百年时间内形成—生长—完善。

大部分学者认为合亩制具有原始社会遗留的色彩，但是也意识到与真正的原始社会形态相比，其又存在着一些不同之处：

> 在解放前，五指山中心地区黎族的"合亩制"中可以看到父系氏族制的一些残余。"合亩"是由二三户至一二十户有着血缘关系的家庭组成的生产单位，生产资料所有制以私有制为基础，但"合亩"内各户的田地、耕牛大多交由"合亩"统一使用。①

可见，在合亩制时期，虽然原始社会色彩比较浓厚，但是在本质上已经有了不同，即生产资料在这个时候实现了私有制。原始社会的色彩仅仅表现在共同劳动和共同分配的形式方面。

在合亩制度发展的晚近时期，合亩的公有性质已经发生了很大的变化：

---

① 中国科学院民族研究所、广东少数民族社会历史调查组：《黎族简史简志合编》，第17页。

可是，"合亩"的农业生产由全体亩众共同进行，在经济上家庭对"合亩"还有着很大程度的依赖性，所以在解放前，"合亩"里的家仍然未能发展成为个体家庭。但是，"合亩"和家的矛盾进一步发展的结果，必然使大"合亩"逐渐分化为小"合亩"，最后出现一些血缘近亲的两代或一代的"合亩"。这样，"合亩"的公有制便缩小到非常狭隘的范围，进而导致"合亩"瓦解为个体家庭。①

合亩制地区黎族的家庭和汉族一样，都是父系小家庭制度，即从形式上看都存在着小家庭单位，但其具有显著的特点。直到新中国成立前，合亩制地区的各个小家庭还没有成为完全独立的生产单位，在这里独立的生产单位是合亩，而小家庭只是合亩的组成分子而已。合亩中的小家庭在经济上的作用主要是参加合亩的生产和分配，经营手工业、副业、种植业、种植山栏和小块园地，处理私有财产和自己的债务关系等。② 合亩中存在着"小家庭"与合亩的分配制度有关系，因为在传统的合亩中，生产生活是以小家庭为单位进行的，而这主要由是否已经结婚成家为标准。因此在黎族合亩制地区，年轻男子一般都会在婚后立即分家，成为享有分配劳动成果权利的一个单位，这样就可以获得较多的资源。

在传统黎族合亩制家庭中，父为一家之长。虽然男女在家庭中的地位没有显著的分等，但家中大小事务，特别是家庭经济的管理权和财产继承权，都取决于男方或由男方来继承。父母没有子息，所遗财产由旁系继承，出嫁女子不能过问，未嫁女出嫁时也不能带走财产。儿女的婚事多由父母做主决定，如母亲不同意，父亲可自行决定。至于非婚生子女，享有与婚生子女同等的权利，特别表现

---

① 陈立浩：《历史的跨越》，第 76 页。
② 中国科学院民族研究所、广东少数民族社会历史调查组：《黎族简史简志合编》，第 87 页。

在男子的财产继承权上。这些非婚生子女不仅未受到虐待或遗弃，反而大部分地区寡妇再嫁时，男方还要以牛来换取其前夫所生子女。因为在他们中间，存在着一种"啥子都是子"的观念。这也可以从史籍中得到印证，如清代黎俗，妇女出嫁时"举子以为嫁装，夫家不以为嫌"①。以上材料说明，在家庭中，父权制的地位已经确立，但母权制残余的影响也尚未消除。②

从整体上来看，传统黎族合亩制地区的家庭中男女较为平等，从婚姻缔结与解除上可以看到这一点。结婚以后，男女双方都有权利提出离婚，假如男子首先提出，女子不必赔偿聘金；反之，如果女子首先提出，一般要补还聘金。离婚时双方各执一块黑布的一端，用力撕成两半，表示永不后悔。离婚时，女方使用的小铲、纺织工具、手捻刀、衣服、麻被、腰篓、竹笠等，由她本人带走，其余的家庭财产归男方所有。离婚后子女一般留在男方，幼子必须由女方哺乳时，则可暂随母亲改嫁，待长大后送回男家，但原丈夫必须送牛只给女方作酬劳。离婚后男女双方都可自由婚嫁。③

在某些场合，女性地位还被突出呈现。比如"蕊岔"仪式——一种和解仪式，黎语直译为"给眼"。在举行和解仪式时，置若干个铜钱于一盆清水中，双方当事人从水中取出铜钱，互揩对方的眼，揩毕，对方接过铜钱往自己脑后抛掉，然后共同喝酒言好。这种仪式是由双方请来的老寡妇执行的。④

实际上，在传统的合亩制地区，作为大家族或者说是小家庭联

---

① "凡判离婚者，女方有权带走全部孩子，因为孩子越多越容易另找新夫。"参见符镇南《黎族氏族及其传统社会组织结构实录》，载于符和积《黎族史料专辑》，第10页。

② 中南民院民族研究所：《试论解放前黎族"合亩"制地区的社会形态》，载詹慈编《黎族合亩制论文选集》，第194页。

③ 中国科学院民族研究所、广东少数民族社会历史调查组编印：《黎族合亩制调查综合资料》，第36页。

④ 中国科学院民族研究所、广东少数民族社会历史调查组编印：《黎族合亩制调查综合资料》，第77页。

合体的合亩与各个小家庭之间虽然主要是合作与共生关系，但是小家庭和合亩之间在经济方面的矛盾也同样存在，这在早期的社会调查中就已被学者发现。在经济生产上，小家庭和合亩之间的关系主要体现在以下方面：

第一，副业生产和个人狩猎是以家庭为单位来进行的。农业生产不是以家庭而是合亩为单位来进行，这是说家庭基本上不是生产的单位。第二，毛道乡存在以合亩为单位进行交换的现象。但就毛道乡来说，这种现象并不多，而交换主要是以家庭为单位来进行。首先以家畜、家禽、手工业原料，手工业品换进生产资料和生活资料，都是以家庭为单位来进行的，土地和牛的买卖主要也是以家庭为单位进行。由此可见：家庭又是主要的交换单位。第三，每个家庭都根据按户平均分配的原则从合亩取得相等的一份产品①，因而家庭是一个分配的单位。分配直接决定了消费，因而家庭又是一个消费单位。……一方面家庭对合亩存在经济上的依赖性，另一方面，家庭在经济上又有一定的独立性。这就表明合亩与家庭之间存在矛盾。……随着生产力的发展，随着私有制对公有制侵蚀程度的加深，家庭离开合亩而独立，是合亩经济自发发展必然的结果。②

由上可知，合亩制的共同劳动主要是指农业生产劳动，而不包括一些可以以小家庭为单位进行的经济活动，比如狩猎和手工业活动，这种传统在该地区今天的某些家庭中也能够看到其遗留影响。

① 关于合亩制时期的这个平均主义分配制度，60多岁的HWD提供了一种说法可以印证，"以前分粮食只给爸爸"，即只按照户数来分粮食，而不是按人口来分，这就使得小孩一结婚就要分家。这里提到的就是合亩制时期的分配方式。
② 全国人民代表大会民族委员会办公室编：《海南黎族苗族自治州保亭县毛道乡黎族合亩制调查报告》（初稿），第53—55页。

合亩制度和峒组织制度共同构建了传统黎族杞黎地区的社会和政治生活。山林、荒地、河流部分属于全村或全峒公有。牛只，多数是一户所有，全合亩所有的很少，但合亩可以无偿地使役属于一户所有和几乎所有的耕牛。农业、手工业、捕鱼、狩猎等一切生产工具，完全属于一家一户所有。合亩成员从事合亩的集体生产时都使用自己的工具。手工业和副业生产都是以一家一户为单位进行的。狩猎一般以村为单位，猎物在村内按户平均分配。作为最主要的生产资料——耕地，虽然有多种占有形式，但都是属于私有性质，这表现在可以买卖、典当、租佃以及父系继承原则等方面，但还残留着较多的公有因素。如上所述，土地和牛只除了合亩内一家一户所有外，还存在着几户共同所有和全合亩所有，并且这些土地和耕牛大部分都交给合亩共同使用；而在产品分配方面，又存在着不同程度的平均主义，并不完全按照其交给合亩耕种的土地数量来计算报酬。[1]

至于土地的性质问题，在相关的历史资料中也有不同的说法，譬如在上一段材料中就认为耕地是私有的；而在其他材料中则认为同时存在着多种形式的土地所有制，包括了私有、合亩内几户共有或全合亩共有等类型。不过关于耕地的使用权，新中国成立前后的合亩内，无论是哪一种占有形式的土地，一律归全合亩共同使用，集体劳动，统一经营，不计报酬。同时，耕牛也一律归合亩共同使用，不计报酬。[2] 笔者认为，这是一种不完全的公有制或者说是形式上的公有制，因为所有权还是私有的，这和后来的完全公有制有本质上的不同。先前调查资料显示，"村内个人购买的鱼塘，不仅供同一合亩的亲属使用，对全村各合亩的人都开放，不取报酬。例

---

① 中国科学院民族研究所、广东少数民族社会历史调查组：《黎族简史简志合编》，第64—65页。

② 广东省编辑组、《中国少数民族社会历史调查资料丛刊》修订编辑委员会：《黎族社会历史调查》，第111页。

如才花村曹家庆的曾祖父，过去以私人所有的牛，买入现今开迈村附近的一段水湾，全村的人均可在湾内捕鱼，不收报酬"①。这是比较极端的私有财产公有化的例子，虽然不常见，但是也足以说明在传统合亩制时代，至少在形式上具有浓厚的原始社会公有制色彩。

在合亩制时代，人们的劳动主要限定在同一个合亩之中，具有较少自由度，尤其是粮食等主要作物的生产方面更是如此。在传统的合亩制劳动中，由于受到特有的原始民间信仰的影响，存在一些独特的劳动组织形式。主要的劳动组织有两种：一种是按男女性别分工的集体劳动，如男的犁田、耕田、播种、挑谷；女的拔秧、插秧、捻稻、除草。新中国成立后，他们以性别分工劳动的情况仍未改变。据 WLT 说，这是祖传的"老规矩"。另一种是原始的简单协作。即使一块很小的土地所种的稻谷成熟了，也要二三十个妇女一起去捻稻。男亩众也是一起耙田，耕完这块田，再转到另外一块去。②

在性别分工方面，传统合亩制地区是十分严格的。过去男子主要负担犁田、耙田、砍山栏、烧山、播种、挑稻等，妇女只负责插秧、拔秧、除草、割稻、下山栏种等。这种分工界限，男女都必须绝对遵守，彼此不能相混，也不能互相帮助。"合亩"的共耕生产，使得人们想干什么就干什么，想多少人干就一起干，想歇就一起歇。如果要犁田，一个"合亩"的全部男性成员，就会集中一起犁一块田，大伙犁完一块再犁另一块；又如插秧，这是女性劳力干的活。一个"合亩"要插秧，亩内全体妇女先一起拔秧苗，然后又一起去插秧，大伙一起插完一块田，再插另一块田。这样组织和使用

① 广东省编辑组、《中国少数民族社会历史调查资料丛刊》修订编辑委员会：《黎族社会历史调查》，第 158 页。

② 参见广东省编辑组、《中国少数民族社会历史调查资料丛刊》修订编辑委员会《黎族社会历史调查》，第 112 页。

劳动力，其浪费之多是不言而喻的。①

在合亩共同生产活动中，除性别分工之外，还有亩头与普通亩众之间的分别。亩头要履行一定的宗教性仪式，带领亩众劳动。最后亩头还有留存"稻公稻母"的习俗，即在收获之后，亩头要从收获的成果中抽取部分稻谷存放在家中。亩头在吃"稻公稻母"的时候，还要举行信仰仪式：要有 1 盆水、1 缸酒、1 条鲜鱼（鱼头向外放），但亩头只能饮酒，不能吃鱼。据说，这条鲜鱼是给祖先吃的，以保障全合亩丰收，子孙安宁。② 关于"稻公稻母"，从阶级斗争的角度来说具有一些剥削的成分在里面，但是就本地区合亩制的亩众自己而言，他们并不是这样认为的，甚至还认为它是合理的。他们说："亩头领导生产辛辛苦苦，犁田、耙田他要带头，插秧时，他还要在 4 天内不吃米饭，不与合亩外的人谈话，晚上睡觉不能脱衣裳，白天也不能睡觉。因此，亩头吃'稻公稻母'是应该的。"③ 当然，亩众的这种解释应该是在传统宗教解释被破除之后的新式解释，因为笔者认为传统习俗不会出于带有理性色彩的功利性解释，这或许是当地传统民间信仰给稻谷赋予某种灵性之后的产物而已。不过能够跳出民间信仰的角度来评价宗教事务，是一种进步，美好浪漫的信仰仪式背后总是有比较现实的解释逻辑。

在以往的关于合亩制的调查资料中，学者们发现在合亩制地区这种具有原始社会色彩的制度下，除了在今人看来有些许温情脉脉甚至看上去比较浪漫的亩众之间的互助之外，事实上已经出现了剥削的成分，这种具有封建性的剥削成分尤其多地体现在龙公龙仔的关系间。所谓龙仔主要是指在一些合亩中，一些与亩头没有血缘关

---

① 陈立浩：《历史的跨越》，第 132 页。

② 在 HJB 兄弟为已逝父亲举办"欢乐酒"时也出现过"鱼"，可以推测鱼代表着平安。但是在《通什市志》中提到，亩头在吃稻公稻母的这几天只能吃鱼，与其他资料的描述有所冲突。

③ 广东省编辑组、《中国少数民族社会历史调查资料丛刊》修订编辑委员会：《黎族社会历史调查》，第 112—113 页。

系的外人参与这个合亩的劳动，并获得报酬。龙公龙仔关系存在着两种情况：一种是个人的依附关系，主要是穷人为了维持自己的生计而寄人篱下；另一种则是集体的依附关系，主要是某个村庄出于自身安全的考虑，而整体投靠某个比较强势的龙公以获得安全保障。在当地合亩制地区的历史上，存在很多这种特殊的现象。在具体的实践中，龙公龙仔的关系也是不一样的，有的龙仔成为龙公家族的成员，享有和其他亩众一样的权利；有的龙仔则过着相当于奴隶一样的生活。相同的是都要参与龙公所在合亩的集体化的劳动。

在对农村土地的经营体制进行改革之后，集体化经营变成了家庭经营，在一个小家庭的生产经营活动中，包括性别分工在内的传统分工模式不得不被打破，但是并不排除一旦劳力充足的时候传统分工意识又会重新出现。以性别分工为例，在当前，传统的男女分工意识还是存在的，只是不甚严格而已。尤其在农忙时节，大家相互帮忙干活时这种分工现象就十分明显，男人宁可在旁边看着，也极少愿意直接去做类似于插秧这样传统上被认为是女人该干的活儿。

如前所说，在对传统黎族杞黎合亩制地区进行社会性质的确定方面，存在着各种不同的意见。笔者认为这主要是因为在这里存在着一些母系制度的残余，使得对该地区的社会性质的确定变得较为复杂。具体而言，按照文献的记载，该地区母系制度残余的表现主要在如下方面：

第一，普遍流行"不落夫家"的习俗，即妇女婚后几天就回娘家居住，有事（如农忙等）才回夫家小住几天，一直等到怀孕以后才回夫家定居下来，即使落夫家的妇女，仍常常返回娘家小住。

第二，已婚妇女在夫家患病，"做鬼"时必须念娘家的祖先鬼名，有严重疾病的还要抬回家治疗。倘若发生急病死在夫家，必须报告娘家，由娘家派人将尸体抬回本血缘集团的公墓埋葬，若路途遥远不能抬回时，则由娘家派人来当地主葬。少数地方（如毛贵乡）却发生了一些变化，妻子生病主要由夫家料理，死后不一定抬回娘家埋葬，但娘家一定要派人去"接魂"回来。

第三，未成年结婚的男子由母亲缝补衣服，一旦结婚而又没有母亲的男子，一般由自己缝补和洗涤衣服，或者交由姐姐或妹妹缝补，妻子是不肯给丈夫做这种活儿的。

第四，丈夫死后，妻子一定要回娘家居住，而子女则由夫家亲属抚养。[①]

上面提及的已婚妇女患病之后的应对之道带有十分明显的母系制度痕迹。出嫁女子在夫家患病后，往往返回娘家护理，这被看成是自然的事情。因为在群众的观念中，女子始终属于娘家的氏族，有病回娘家治疗是极为正常、符合情理的事情，女子死于娘家的，埋在娘家祖先的公共墓地；死于夫家的，有的将尸体抬回娘家安葬，有的就近埋在夫家的墓地。但是无论葬于娘家还是夫家，死者都是永远属于娘家的氏族。埋葬死者时若有棺材，每当娘家人因为各种原因要举行宗教仪式时，都要由鬼公念其鬼名。

从婚姻家庭形式来看，原始母系制度的痕迹表现在"不落夫家"。青年夫妇结婚之后，一般都要先回娘家住一段时间。因此，夫妻关系不是从男女结婚之日起，而是必须等待妻子回到夫家定居（一般是生了小孩）后才稳定下来。这表明"合亩"内的小家庭，从对偶婚向一夫一妻制的过渡还未最后完成。

另外，这种原始母系痕迹还表现在人们的潜意识中。比如女子嫁到别村后，每当娘家村中的男子到夫家的村子来时，女主人必以酒肉款待，而来客也必须接受；如果来客拒绝接待，女主人便感到十分难过，因为女主人认为这将意味着在她死后，娘家人将不为她

---

① 中国科学院民族研究所、广东少数民族社会历史调查组编印：《黎族合亩制调查综合资料》，第34—45页。

料理后事，不再视她为同一氏族的人了。所以，女主人不接待或来客拒绝招待的事，在合亩制地区从未有过。①

关于上述的最后一点，在当今村民办大事时姑姑所送的礼物最为贵重方面也似乎可以得到印证。村民指出，当男性村民结婚时，他的姑姑（父亲的姐妹）会送出最为贵重的礼物，至少会给侄子买一头猪和一张席梦思床垫，这些在结婚的前一天就要送到，而且在人们看来，如果姑姑的生活条件好的话，送再贵重的礼物也不足为过。当老人去世时，女儿女婿在办丧事的场合也是最舍得花钱的。这种传承下来的习俗能够得到合理解释的最重要方式就是，外嫁的女儿为了讨好兄弟家族，以便老了回家受到男方家族的照顾。只不过在当今它丧失了原来的意义，仅仅作为一种传统习惯而被遵守。

前面提及，在黎族合亩制地区还有一定的对偶婚的遗迹，"不落夫家"以及"玩隆闺"的习俗即是例子，这也充满了原始社会母系制度的色彩。当然，在合亩制被外界发现时，完全意义上的对偶婚已经不存在了，但是对偶婚时代的习俗还是多少遗留了一些。以下材料就提及了在黎族社会的婚礼中传统习俗的遗留现象：

> （举办婚礼）当天晚上，新娘家中备办酒席，在新郎新娘带头作完饮酒仪式之后，新郎峒内各村的男子（不论大小）和随同新娘来的妇女便能共同进餐，席间互相敬酒，彼此对歌。次日晨，新郎家中杀牛大摆宴席，此刻男女双方继续尽情狂欢。这种婚礼一直到当日晚上才结束。但是有一条严格的规定，凡是与新郎有血缘关系的妇女不能参加席间饮酒对歌。②

---

① 陈立浩：《历史的跨越》，第73页。
② 中国科学院民族研究所、广东少数民族社会历史调查组编印：《黎族合亩制调查综合资料》，第36页。

可见，只要没有血缘关系的男女在婚礼当天都可以互相饮酒对歌，而有血缘关系的男女是不能在一起饮酒作乐的，这很明显是对偶婚时期的禁忌。

在海南黎族地区，存在着各种各样的禁忌，每个黎族支系又会有不同的禁忌形式，这些禁忌多以原始民间信仰的形式出现，合亩制地区的原始民间信仰主要体现为万物有灵，雷公、山鬼、稻魂等不一而足。前文已有叙述，当地黎族群众确信存在着各式鬼魂并且十分惧怕它们，一遇到挫折与不快之事就会杀鸡、杀牛赶走鬼魂。这种原始的信仰观念浸透在所有事务之中。现代学者在海南岛做了调查研究之后，发现该地区的黎民若有家人得病（也包括生育），通常会在门上挂青树叶，这首先是驱鬼巫术，表示鬼魂不能进屋作祟危害家人健康。另外，这也是谢绝外人入内的标志。

仔细思考之后，我们不能不说这是具有一定的现代科学意义的设置：

> 海南岛处于瘴疠之地，高温多雨，潮湿炎热，蛇虫多，恶性疾病流行，如恶性疟疾、天花、霍乱等，肺病、痢疾、关节炎也相当流行，因此疾病是很多的，对黎族是一大威胁。……黎族群众使用门上挂青树叶以拒外人的方法实际上起到了用隔离来防止瘟病的蔓延。严重的瘟病则送往山寮或田房，即搬到山栏地上的小房子居住，由家人送饭、护理，防止传染给家里成员。[1]

由此可见，传统的内容具有积极的意义，也具有一定的合理性，能够起到现代技术与文明有时所不能替代的作用。事实上，在

---

[1]　李露露：《热带雨林的开拓者——海南黎寨调查纪实》，第334页。

乡土社会中还存在着很多类似的现象，在学术上这些内容被称作"地方性知识"。

同样，由于海南地处热带，四周濒海，每年都会受到台风的侵袭。在长时间的社会实践中，黎族群众也总结出了一些用以预判台风来临及其大小的"土办法"。"要是云彩往西飘的话就是要刮台风，往东刮的话就是要下雨。也可以通过看对面的高山山头上雾气的变化来判断天气的变化。""马蜂窝要是建的很低，就要刮大台风，否则就是小台风（台风一般是 5—11 月，马蜂窝是在 4—9 月建成）。"人们对于台风的这种认知显然和科学的气象知识相契合，台风是西太平洋海域特有的现象，台风一定是从东往西移动的；一旦台风来临，体现在地面自然是首先云彩往西飘；而从西边飘来的云彩则表示海南岛西边海域的湿润气流将会带来雨水。

二 传统合亩制的痕迹

由于时代久远，而且黎族没有自己的文字，亦由于合亩制度的社会实践对本地区村民是熟视无睹的事物，因此如今并没有村民能够具体说出合亩制是什么，甚至他们对自己社会的这些历史记载也表现出些许诧异。但是在现今的村庄社会经济生活实践中，我们还是可以看到合亩制时代遗留下来的文化习俗。这些遗存有的以实物的形式存在，有的则以习俗的形式被传承。

按照村民的描述，在 20 世纪 80 年代之前，人们还穿民族服饰，女人穿筒裙，男人穿两块布（包卵布），这些都由自己制作，而上衣则主要从市场上购买。在婚前和婚后的着装区别方面，年轻人主要穿白色和栗色，结婚之后主要穿黑色的衣服。如今，村民很少穿传统的黎族服装了，甚至当被要求穿上传统服装时，人们会表现出害羞的样子来。不过对于自己的老祖宗以前的穿着，村民并不是一无所知的，这与现代传媒的宣传有关，也与村庄老年人对于传统服饰的收藏有关。

南门村 HJB 队长的母亲就收藏了很多传统的黎族服饰，有头巾、筒裙和包卵布，还有一套自织的龙被。她把它们当宝贝一样保存得很好，平时很少拿出来。但是只有老年人对这些东西还有印象，对于年轻人来说，这些东西似乎没有什么意义。

在资料记载中，合亩制时期每年全村的人都要参加集体打猎活动。在打猎时，全村人共同出动，由全村最厉害的打猎能手带队，狗在前面追。打到猎物之后，给狗的主人一条腿，其他肉则是做成肉串分给大家，下颌骨就给那个打猎的头人挂在自家的房门下。但是现在传统的合亩已经不复存在，又由于 1998 年猎枪都被上缴，整村规模的集体打猎活动现今已经成了历史。如今村民的狩猎活动分散进行，而且主要是捕捉一些小型动物而已，山鼠、兔子等成了主要的狩猎物。狩猎的方式也发生了变化，现在捕逮大型的猎物主要使用下套的方法，这在三四月份很少用，因为这时上山的人多，会把捕猎工具偷拿回家，而且狗经过时也会被套住，所以更多是使用铁笼子和夹子来捕捉小动物。

HDL 年轻时曾经是南门村的著名猎手，而过去的英雄现在已经成了一位垂垂老矣的弱者，好在人们都相信他做平安的本领很强，还经常会请他帮忙搞平安来获得一些酬劳。传统的举村倾巢出动而猎的壮观景象俨然成了历史，如今至多是玩得很好的小伙伴一起结伴上山游玩而已。虽然没有共同狩猎的条件，但是在集体共同狩猎时代，对猎物分享的习俗却时常看到。村民一旦捉到了山鸡、山猫等较为少见的猎物时，就会邀请其他村民到自家一起喝酒品尝，甚至会打电话让外村的亲朋上门饮酒。合亩制时期对粮食和猎物分配的公平公正的做法在以下例子中展开得淋漓尽致，也令人印象深刻：

本地区由于气温较高，对于生鲜食品没有办法进行长时间的保存，因此对于牛肉等食物主要采用分而食之的方式。按照传统合亩制地区的习俗，在办红白事以及其他重要事务时，主人会宰杀牛和猪以宴请亲朋好友及村民，一般都会多准备一些食材以防止不够。因而在办完这些事情以后，往往会有剩余食物，这些食物的处理办法就是在村民之间（主要是同一个祖宗的后代）进行平分，每家每户都会得到主人赠予的一份食物。笔者房东 LJY 于 2011 年年底 HJB 队长父亲去世那天所分得的、办丧事剩下的牛肉连吃了好几天才吃完。村民说只要是在给死者办"欢乐酒"之前都可以食用之前所剩的食物，如果在办完"欢乐酒"之后还没有吃完，就只能把它们扔掉了事。

逢年过节时，本地区有多人共同出资包牛分肉的习惯。2012 年春节，南门村有 18 户村民共同出资 6000 元从村民 HWD 处购买了一头牛，并准备在年前宰杀平分以作过年美味。除夕前一天上午，在南门村水库边，每家派一个代表到 HWD 的牛圈旁，准备杀牛。牛圈里有 5 头牛，留住要杀的公牛在牛圈，用铁索和绳子套住牛脖子，十几个年轻人用旁边的菠萝蜜树将它吊起来，然后由一人使用斧头背使劲地敲牛的脖子，敲了足足十多下，等它一点不动弹了才放下绳子。然后往一块平地拖拽十几米。

另一些人从周边找了一些干柴和枯叶，堆在一边。与办红白喜事直接采用火烧的方式不同，这一次他们没有用火来烧，而是采用剥皮的方式。等笔者跑到死牛旁边看的时候才知人们已经开始给牛剥皮了。原来旁边堆积好的柴火是等会儿用来烧剥好的牛皮的。村民说这样剥皮的牛肉因为新鲜所以好吃些，但是花费的时间要比直接火烧更长。看来认为黎族人都要用火来烧牲口去毛的想法不一定真实。①

---

① 村民说，在办大事，如丧事和喜事时就要用火烧的方式，因为那时候需要的牛和猪太多了，火烧的方式比较简单且快速。

同时，有人从山上取了很多芭蕉叶铺在沟对面的一块平地上，这个地方是用来切割分配牛肉的。人们把肉以解剖的方法割下来，送到这块平地上。牛肉按照品质分别放在一起，有上好的精肉、普通杂肉、牛肺、牛肝、肠、牛骨头和牛皮。其中前两种肉是使用称来称的，保证每一份都一样多①。后几项由于数量不多，也不是主要的，又或者不能随意切割（骨头）而只能做到大概的分量一致。在称肉分肉的地方忙碌的人大部分是年纪比较大的，比如 HJB 队长、他大哥 HJD、HDL，这是因为他们年纪稍大而能做到公平。最后在 18 堆肉上分别放了一个纸签，纸上分别写着 1—18 的数字，然后把另外的 18 张纸上也写上数字并揉成 18 个纸团。每个人都分别抓一个，打开之后就分别把各自对应的那份肉装进袋子带走。

在解剖牛肉和分割牛肉期间，另一波人在橡胶林另一边 HWD 的寮房前架起了火堆和铁锅，取了一些牛肉、牛血在锅里煮。他们还从家里带来了糯米酒，一起吃了起来。

在传统的合亩制时期，出嫁至外村的女人和娘家村落存在千丝万缕的联系，夫家只不过是女人结婚后长时间的暂居之地，最后她还是要回到娘家所在地。那时类似缝补男人衣物这样简单的事务也主要由男人的姐妹或女儿来承担，而不是由自己的妻子来完成。如今虽然传统的丧葬习俗发生了很大的变化，女人去世之后不用回到娘家安葬了，但是在办丧事时，娘家也会办理宴席，这在一定程度上是对传统丧葬习俗的继承。女人与娘家的关系依然很密切，如女儿结婚后一定要给父母洗衣服，而作为儿媳妇则可以不用洗。在汉族的传统文化中，这被视作对公婆的不孝，因而会受到舆论的谴责，但是黎族群众认为这与孝顺与否没有关系，反映的是一种传统的继承而已。

---

① 先把所有肉称好，然后除以 18，得出的数字就是每一份应该得的数量。

合亩制时期男女性别分工现象十分明显，有些分工界限甚至是不可逾越的。从严格意义上来说，黎族社会的男女性别分工与男尊女卑等性别不公正没有关系，这不过是一种历史习惯，人们习惯于按照这种方式来生活。在新时期，随着社会的进步与文明的进入，这种严格的性别分工显然不存在了，至少在形式上人们已经普遍认识到或者接受了男女平等的思想。很难想象传统社会严格的性别分工在作为一个整体的小生产家庭中仍然能够继续发挥作用，在小规模的日常工作和生产劳动中，性别分工不得不被打破。

然而在一些特殊场合，传统的社会性别分工现象仍然存在着。这种"特殊的场合"主要是指较大规模的集体活动。

一天中午，笔者搭乘一辆载满客人的三轮车赶往南打村，为一个女婿出院表示祝贺。当我们到达目的地的时候，已经有很多人在那里了。几个本村妇女纷纷从客人手中接过米和酒；另一边有几个男人在临时搭建的两个土灶上，用很大的锅和铲子炒菜，旁边帮忙的也是一些男人。这些帮忙的男男女女都是主人家的堂兄弟、嫂子弟妹等。在本地区，正式场合即有很多人参加的集体活动场合，专门由男人们负责炒菜，女人们则只做一些杂事，比如洗菜、洗碗一类的活动。而在平时，男人和女人都可以做菜，分工没有这么细。

另一个重要的场合就是集体帮忙插田割稻了，由于这些工作量大、时间赶，因而往往需要请亲戚朋友来帮忙。在当天，会有多达二三十人一起干活，这种场景俨然是集体化时期，也许也是合亩制时期大家一起干活的场面。在这种环境下，传统的性别分工似乎又出现了，男的犁地、平地、打稻谷，女的插秧、割稻子，对方没有干完活，己方袖手旁观也不愿出手帮忙。将农作物挑回家则是男女都可以做的事情。每年的六七八月是人们（特别是女人）最忙的时候，因为这是割胶和收割第一造并种第二造水稻的季节，雨水又多，说下雨就下雨，而晾晒谷子都是女人的活。所有这些现象都说明传统的性别分工意识深深地存在人们心中。人们在日常的家庭生活和生产中不得不暂时摒弃这种意识，但是一旦条件成熟了，传统文化又会重新显现出来。

作为新中国成立之后所极力摒弃的阶级剥削制度，传统合亩制社会中存在的龙公龙仔现象在实践中被消灭了。每一个人在形式上都是平等的，不存在高低贵贱之分。但是由于历史上曾有这种实践，人们对在社会主义制度确立后所发生的类似事件，也并不对当事人表示不屑。在南门村就有几户人家由于在本村处理不好关系而搬迁到别的村中。尤其值得一提的是，现今空茅村有一个人，他的父亲之前是南门村的，因为贫穷去给别人做了儿子，和南门村还存在着同宗关系，是本村 HJB 等人的兄弟。村里有大事小情都会来参加。村里也有一片他的橡胶林，至于为什么要给户口不在这里的他一片林地，主要原因是因为他是这个村的兄弟，而且之前也向乡里和村里打过招呼，允许他在这里种橡胶，那时候还没有办理林权证，谁开垦了就归谁。按照笔者的猜测，这个人就是合亩制时期所谓的"龙仔"。

合亩制时期的政治制度安排对当前村际间以及村内政治生活的影响也有所存留。这一地区历史上主要的政治社会组织"峒"对当前村际间关系的影响在前文已有较为详细的阐述。对于村庄内部政治生活的影响，除了家族派系的因素之外，主要体现在传统合亩制社会中合亩的组织形式的影响。如亩头的任职条件如今成为村长的任职条件，"要有家庭，已经结婚"，至于传统合亩中亩头妻子去世要重新选亩头的规矩，虽然在此地没有实践，但是村民至今还普遍认为，没有配偶的人办事是不牢靠的，因而不值得信任。

农忙时节大家互助劳动这种形式在此地属于普遍现象，不论是真的因为家中缺少劳动力需要赶时间，还是仅仅为了制造大家在一起聚会的机会，这种互助形式一年不会有太多次。这显然是合亩制地区的传统做法，不过这并不是合亩制这种制度形式本身的传统。传统合亩制的核心内容在笔者看来应该是几个家庭一直在一起干活，从这个意义上说，传统合亩制已经基本不存在了。然而在较长时间的观察中，我们还是在南门村看到了与合亩制时期相当类似的一些做法，即 HWD 一家的情况。

前文已述，HWD 夫妇有五个儿子，前三个儿子都已经成家。HWD 父亲在世的时候为了生活的自由方便，将大孙子 HHQ 挂在他的名下，并在名义上分为两个家庭。但是由于爷爷年老，HWD 不会让他独自干活，实际上大家仍然一起干活，这就类似于一个传统意义上的合亩（由两个家庭构成）。在爷爷去世之后，这种一起干活的实践传统一直保留了下来。

按照新中国成立后的习惯，儿子结婚后一年左右就要和父母分家。但是在 HWD 家的几个孩子中，大儿子之前就和爷爷是单独一户（现有 4 口人），老二在门口搭建有单独的厨房，形式上看是单独成户，但是从实质上看，老二、老三并没有分家。如今在户主 HWD 名下的有妻子、四个儿子和孙子孙女共 10 口人。HWD 名下的 10 人和传统的合亩时期的行为十分相像，即 3 对夫妇和两个未成婚弟弟共同参与劳动，他们的耕地都在名义上归父亲 HWD 所有，进行粮食作物的种植，比如插田割稻会全部一起出动。在经济作物方面，尤其是橡胶园（包括爷爷留下来给 HHQ 的部分），HWD 已经在几个儿子之间进行了比较平均的分配，他们各自负责收割，经济上的现金收入各归自己支配。

共同劳动在这个家庭中是一种常态，除了各自上山割胶或者外出走亲访友聚会之外，我们经常看到大家一起在田间地头干活，甚至小孩也会前去帮忙。至于农活的组织是比较随意的，没有过去那么多的繁文缛节，家庭成员轻松商议就可以确定要做什么。不过，包括其他人在内的所有村民都认为，重要的农事活动，如做稻种、种田和收割还是要让村中的老人先做，如果年轻仔先动会倒霉①。至于为什么，村民说不上所以然，但是按照笔者的推测，年长者优先是农耕社会传统的习惯②，年轻人对于本地区、本家庭的一些禁忌没有年长者熟悉，而这在黎族人看来是很重要的仪式内容，虽然对于黎族本土的历法已经不受重视，但是人们还是比较在意类似于祖宗忌日这样的日子的。

在收获稻谷之后，每次收获的新米要自己先煮来吃，之后才能给别人吃。这和合亩制时期的稻公稻母习俗一脉相承，只不过在以前被赋予神性的稻公稻母是给了合亩的亩头，而现在家庭则由自己首先食用来表达对稻公稻母的重视，以求得来年的更大丰收。

在劳动成果的分配方面，HWD大家庭也是十分传统的。上文已经提到在经济作物方面的分配是按劳所得，但是在粮食作物方面却非常公平，甚至超越了平均主义实行按需分配，即谁需要粮食直接去父亲的粮仓里取。这比传统合亩制时期的按家庭平均分配粮食显然更加接近共产主义的分配原则。通过具体的劳动过程的观察，我们可以看到这种公有和传统合亩制类似，是一种形式上的公有，因为它仅仅限定在粮食作物等传统经济生产方面，而在涉及货币方面的生产活动则是另一种形式，在货币分配方面基本不存在共有的货币，因为涉及货币的生产活动都是各自进行的。正因如此，HWD妻子在二儿子结婚时要了一半彩礼，丈夫卖牛的钱也被上缴存入银行，都用来预备给还没有结婚的儿子以后娶媳妇使用。

另外，HWD的大儿子HHQ因为打架过失杀人而被判刑，如今大儿媳LJY是其小家庭的主心骨，两个儿子还在上学。在爷爷尚在的时候，大家庭就有一起干活的传统；在爷爷去世之后，尤其是大

---

① 村民说这是十年前的情况。这里提到的"十年前"应该是概指，村民不一定记得准确。但是无论怎样，至少可以说明历史上的确存在这样的规矩，并且通过某种方式传承下来成为记忆中的东西。

② 费孝通所说的"长老统治"即是如此。

儿子被判刑以后，这种一起干活的传统就延续下来了，或者更准确的说法是，面对儿媳所受的委屈，大家庭的其他成员以这种无偿的帮助作为一种补偿。但是 LJY 和另外几个叔嫂不一样的地方在于，她事实上是独立的一户，耕地是单独在小家庭名下的，因而粮食作物和经济作物不存在和父亲与兄弟分配的问题。LJY 和公婆叔嫂之间的这种共同劳动主要是一种互助，而非合亩中的共同干活。

2012 年的春节期间，马上就要准备早稻种植工作了。村民们要抽空翻地，然后平地。一天中午，笔者和 LJY 及其女儿一起去南打村参加聚会，回南门村的路上，她看到自己的田已经被平过了，就说应该是她的小叔来平的，对此她一点也不觉得奇怪，也没有表示出感激来。她说像平地、插秧、收割等都是大家一起做的，只有涉及投入和产出的步骤是由自己完成，比如稻苗、施肥、谷粒等都归本家所有。

2013 年的春节，HWD 的四儿子 HMJ 响应政府号召，在农田里种植青瓜。笔者抵达南门村的当天，刚赶上 HWD 一家所有人在拉青瓜架子线，在田间干活的人包含了他们一大家子 9 人，另外还有 HYZ（因为和 HMJ 玩得好），一些两三岁的小孩也在旁边玩耍。种植青瓜的地是 HWD 名下的共有地，然而主角是 HMJ 一人，一起干活的人却是整个大家庭以及朋友，最后的风险和收入也只和 HMJ 一人有关。

问到为什么要种植青瓜，HMJ 说当年不种早稻，稻田就空着了，而且 11 月以后橡胶停割，没有工干，闲着也是闲着，又听到乐东万冲那边很多人种青瓜赚了大钱，所以也想试一试。前面已经提到，在该家庭中用以创收的经济活动已经个人化了，和大家庭没有关系，但是大家庭的成员还是会在关键时候互相帮助。又比如橡胶树，该家庭的橡胶树已经分到每个兄弟手中了，HMJ 有几百棵树，其中开割的有 200 多棵，因为 HXW 在外打工，他的橡胶也由

HMJ 替他割，这些活都是自己完成。割胶忌讳别人来帮忙，因为割胶是技术活，如果割不好就会伤到树，在责任的认定上会不好处理。

这种类似于以前合亩制的家庭式经营在什守村也有一家，村民们说在土地承包到户之后的一段时间，村里有很多人都采取这样的方式来经营，但是如今这样的情况已经很少见了。女主人说，大家一起干活更好，因为像现在的打谷机有好几百斤重，如果每个小家都自己来做，一对夫妇抬不动，但是大家一起做工的话，就可以兄弟一起来抬，妇女就可以省很多力。像其他村民因为已经彻底的分家单干了，几百斤重的工具也必须由一对夫妇自己抬。

在本书的前半部分，笔者已经提到传统合亩制地区的群众喜欢聚会喝酒，这种习俗在如今的村落社会生活中也属于十分常见的事情。人们会抓住一切能够聚会喝酒的机会，甚至还会制造出一些喝酒聚会的场合。比如在稻苗插秧时期的互助就是一例，在插秧苗时期其实没人帮忙也来得及插完，但是在该地区就形成了一个习俗，在互助的过程中通过聚会喝酒而实现相互之间的持续互动。

人们在参加酒宴的时候，一般都不会空手赴会，即便在如今可以普遍使用礼金这种十分方便的方式去走动的时候，人们还是会带一些传统的食物前往。最常见的食物就是糯米，糯米在合亩制地区的黎族群众看来具有驱鬼保平安的功能①，因此它主要用在喝喜酒的场合，如结婚、生日、病愈之后。参加婚宴时除了带米之外，还要带肉前往。但是在出席丧事酒宴的时候，则不能带糯米，而是带一些肉食品，如今也可以带方便面。至于礼金的给予方式，传统合亩制地区与汉族地区存在着较大的不同。在汉区，参见喜事使用红包，而在丧事上则使用白纸或者直接给现金。而在这里，不管在什

---

① 在笔者要离开南门村的时候，房东 LJY 要给笔者带两斤糯米酒和十多斤糯米，这和她们平时奔喜事和丧事时要给的差不多，以表示平安。

么场合，都要把礼金以红包的形式送出，因为在当地黎族人看来，"恶鬼惧红色""红纸是一种吉利的标志"。①

在笔者离开南门村之前，按照房东的意思，准备请几个村民一起喝个酒。于是在头天中午，由 HX 骑摩托车带笔者到万冲买了三斤肉和一只烤鸡，还有一颗大白菜，晚上请村民喝酒。来喝酒的人有 HJB 等 15 人，共喝了 5 箱 60 瓶啤酒。一直喝到凌晨 3 点才散场。其间，村里的一些年轻仔还到 HCJ 的房里去唱歌作乐。

---

① 潘先椤：《黎族辟邪文化》，第 11—12 页。

第 九 章

结　语

从理论上来说，社会变迁是绝对的，对黎族合亩制地区社会变迁的考察也说明了这一点。传统的痕迹在现代的黎族社会已经不是很明显了，以至于研究者需要在刻意地调查与追问下才能够发现相互间的承继关系，甚至从表面上来看，当今的社会文化与传统时期的文化发生了类似断裂的现象，即人们对于自己的民族历史感觉十分遥远和迷茫。不经过仔细地梳理与联想，人们很难想象在该地区曾经存在过极具原始色彩的生产生活方式。

不过，应该说这种较为彻底的变迁主要表现在经济生产方式和政治生活组织方式这两方面，而在民间信仰和社会生活等其他方面虽然也发生了巨大的变迁，但相较而言，后者在现代农村生活中还能较容易觅其踪迹。通过长时间的驻地观察，对比之前已有的调查资料，笔者较为勉强地发现在该地杞黎地区尚有合亩制等传统社会设置的一些影响与遗存，而在宗教、文化等社会生活方面，传统文化的遗留则是十分明显的。当然，随着外来文化，尤其是国家正统文化的介入，本地区传统文化的发展方向发生了一些偏移，但在笔者看来，合亩制地区人们之间的紧密联系与社会交往总体上仍然是传统的，正是这种传统性的保持使得杞黎地区群众的生活避开了孤独性，而继续呈现丰富多彩的内容。

在本书的正文部分已经较为详细地说明了以南门村为代表的当

地传统合亩制地区各个方面的社会变迁。在结语部分，笔者再简要地阐述一下包括了经济、政治、民间信仰、社会生活和对外交往等在内的方方面面的社会变迁情况。

1. 经济方式上的变迁是最深刻的。在这一点上，使用"面目全非"来形容合亩制地区经济生活方式上的变化并不为过。总体上看，传统合亩制地区人们的经济条件大为改善，物质丰富程度也比以前有了很大提高，该地区村民的市场经济意识基本实现了全覆盖。

和其他地区不同，经济生产方式方面的深刻变迁不是因为生产资料所有制从私有到公有的变化，因为在合亩制时期，土地的私有与公有并不从根本上影响人们的共同劳动方式。如果说在中国的其他地方，土地革命是新中国成立后社会变迁的第一个标志，社会主义农业合作化是第二个标志，改革开放是其第三个标志的话，那么对合亩制地区的人们来说，他们的巨大社会变迁是从改革开放开始的，也就是从此开始，他们完成了从集体共同劳动方式到家庭承包经营劳动方式的转变。而在这以前，不论是新中国成立前的合亩制度实践，还是之后的农业合作化实践，实际上采用的都是集体劳动方式，这也是20世纪中叶的农业合作化运动能够顺利展开的原因。

从黎族合亩制地区的整体经济生产实践来看，当前的劳动生产方式主要是以家庭联产承包经营为主，和汉族地区传统时代的小农经营一致。应该说，在合亩制地区的历史上，人们对这种分散的小家庭经营是陌生的，因而在经济生产方式变迁的初始比较不适应。大家族或者亲朋好友之间的互助劳动是传统集体劳动方式的一种保留，至于部分家庭内部保留的集体生活劳动方式，则是更加明显的合亩制生产方式的遗留。

在具体的经济产业变迁方面，当今的产业类型与传统的产业发生了天翻地覆的变化。传统的产业主要是粮食作物的种植，而如今包括橡胶种植在内的经济作物种植产业成为当地黎族地区最为重要的经济支柱。而传统的主要种植作物现在成了副业，像香蕉、槟榔种植就是如此，人们的种植相当随意，对于收获的果实能卖就卖，不能卖就烂在地里。20世纪80年代以后随着橡胶树的大量种植，村民们的作息时间也发生了变化，甚至对一个家庭财富的衡量也从传统的牛只占有数量变成了如今的胶片数量，在某些市场交易的场合中，胶片成为一般等价物，履行货币的一般功能。

2. 政治生活方面的变化也十分巨大。虽然该地区的"合亩制"实践主要表现为一种经济行为，但是在实际运行过程中，它是一套综合性的社会设置。在较为原始的宗教和社会生活合一的村庄中，合亩自然也履行着一定的政治功能，尤其是亩头作为首领，具有政治政策宗教信仰方面的权力，合亩在村庄政治生活中的作用是显而易见的。另外，在传统合亩制地区，在合亩组织之上还存在着"峒"的组织，这是地域性的政治组织，相当于如今的乡镇一级政权组织。因此传统的合亩制地区的政治组织体系权力被"峒主—哨官—村头—亩头"所掌握。但是这种传统政治组织架构在新中国成立后的政治实践中被肢解乃至废除了。对于历史上曾经存在过的政治权力组织形式，在新的政权组织体系中生活了几十年的本地区黎族群众表现得同样十分漠然。

国家权力对传统合亩制的渗透虽然始于封建王朝时期，在民国时期也已经初步建立起了现代政府政治的基础，而真正对传统合亩制时期的政治组织形式造成消解作用的是在新中国成立以后，此地建立起的中国共产党领导下的基层人民政权废除了传统的政治生活制度，一套现代政治组织体系建立起来了，从形式上看，任何一个人民群众个体都成为社会的主人。当然，从政治制度的实践来看，传统时代的类似于地缘政治安排仍然在现代政治组织体系中被看到，比如对基层政权中领导人的安排、行政村领导班子的配备都照顾了村际间关系的历史传统。

虽然如此，作为普通的村民对于政治生活的参与程度明显提高。在传统的合亩制时代，村民参与村庄的社会生活主要以保持村民之间或者村际之间的社会交往联系为主，而村庄内部及村际之间有关的政治事务主要由地区领袖（峒长或者哨官）和村庄领袖（村头和亩头）所把持，普通村民几乎没有机会参与这类活动。但是现在不一样了，在法律上普通村民具有参与政治生活的权利，而且国家也通过立法的程序来鼓励村民参与政治生活①。在选举行政村干部时，村民会极力推荐自己村庄或者与自己村庄存在紧密交往的人选，甚至在村组（自然村）选正副队长的时候也会有一番较量。

3. 民间信仰方面的社会变迁。对合亩制地区黎族来说，没有真正意义上的宗教，只有较为原始的宗教信仰性质的思维和意识。按照笔者的理解，本地区黎族群众虽然也有着"万物有灵"的实践，风雨雷电等自然现象后面都有神灵的影子，但是他们对待"鬼神"的态度并不是崇拜，而是恐惧与拒斥。随着与外来民族尤其是汉族接触的加深，道教等外来宗教文化对此地产生了一定的影响。当然这种影响也是通过一种潜移默化的方式来实现的，而不是通过建立道观或者教堂的方式来进行。

如南门村所在的毛道地区存在着一些履行宗教仪式职能的人士，即历史文献中提到的"娘母""道公"等，其中前者是本土性的信仰仪式的执行者，主要方法是施行法术对付"恶鬼"，在仪式进行中穿着奇异的服装，使用的语言也是黎族自己的语言。而道公则是祈求平安的，当地黎族群众称作"搞平安"，使用海南话（汉语），本地有名的道公，即南门村 HDL 的技术主要来自乐东的一个

---

① 参见《中华人民共和国村民委员会组织法》，2010 年 10 月 28 日。

汉族师傅，具体方法很明显具有道教的因素。在当地黎族群众看来，人们遇到一些不安的事情，更多会向后者寻求帮助。可见，在这里，外来文化的入侵或者影响也体现在民间信仰意识的变迁方面。

社会主义制度的确立、主流文化的传播对于当地宗教文化的冲击十分明显，后者往往会被贴上封建迷信的标签。在其他地方，经历了这个特殊的历史时期的改造，所谓的"封建迷信"很难迅速恢复过来。而在这里，传统的民间信仰仍然随处可见，似乎没有受到冲击。所不同的是，如今人们在公开的探讨中会有一些对传统信仰的怀疑，尤其是党员和干部会截然否认鬼怪现象的存在，这与新中国成立以来国家教育和民众受教育程度提高有很大关系。但是一旦人们真正遇到问题尤其是病灾时，首先仍会求助于传统的信仰仪式，或者在去现代医院求医的同时，采用信仰仪式作为辅助手段。

作为一个从较为原始的社会状态走出来的民族，可以说原始的民间信仰占据了社会生活的方方面面，要在较短的时间内破除它的影响的确不是一件容易的事情。另外，宗教现象的存在与相应的社会基础联系在一起，宗教生活也表现为一种社会关系，体现了人们对自然和他人关系的看法。正如前文所提及的，当地黎族群众的嗜酒习俗所导致的经常性醉酒状态也影响了本地区人们的民间信仰。

4. 社会生活方面的变迁。在本书中，社会生活方面的变迁包括了衣食住行和婚丧嫁娶方面的变迁，尤其重要的是在婚姻和家庭生活方面的变迁。相较于汉族地区，该地区婚姻的缔结、家庭的构建往往是整个村庄乃至村际之间的大事，人们对婚姻和家庭关系异常重视。

在婚姻缔结方面，历史上所记载的曾经带有原始社会对偶婚①形式，如"玩隆闺""不落夫家"等实践已经消失了，不过一些无关大雅的非实质性的形式内容仍然有所继承，如对非婚生子女一视同仁、已婚女子与兄弟家的紧密联系、婚后第一年春节要在女方家过、女子去世出殡首先由侄子抬棺等习惯都反映了该地区在婚姻方面的历史痕迹。婚礼仪式也基本保留了较为原始的样貌，最基本的传统仪礼被保留了下来。此外，从具体婚礼的举办来看，又掺入了一些现代元素，比如白色婚纱的穿戴以及小汽车等现代交通工具的使用、传统通婚半径的增大，都体现了外来文化对本土文化的冲击与影响。

在家庭生活方面，当地黎族群众有家庭小型化的习惯，儿子结婚一年左右就要从大家庭中分出。笔者认为，这和传统合亩制时期分配制度所导致的分家习俗有关，因为在合亩中，所有的收入分配不是按人而是按家庭进行的，所以人们倾向于在成家后立即独立，从而可以获得更多的收益。在农业合作化完成之后直到今天，虽然传统的分配制度改变了，但分家的传统还是延续了下来。尽管如此，作为有血缘关系的各个小家庭之间，互助是平常事，甚至还出现了类似合亩制时期共同劳动形式的回归。

当地婚姻市场由于当地年轻女性外出打工而受到挤压，传统合亩制地区的适婚男性与其他民族、其他地区的女性结婚现象愈来愈多。这些新鲜的婚姻形式给本土的传统家庭生活带来了一些变化，语言的适应是一个方面，更为重要的变化是生活习惯和文化的差异给家庭生活带来了一些困扰。比如，黎族村民嗜酒好客，而他们认

----

① "先来说一下什么是对偶婚，对偶婚是指在原始社会时期一男一女暂时同居在一起的一种婚姻形态。由对偶婚形成的对偶家庭有两个突出特点：'一是男女双方同居前没有贞操观念，同居后也没有相互的独占可以自由离异。二是男女双方及其子女组成的小家庭没有独立的家庭经济，它很不稳定又过于软弱不足以应付生活的艰难，只能依附于某一方面的亲族组成较大的家庭公社，依然实行共产制家庭经济。'"参见丁文《家庭学》，山东人民出版社1997年版，第445页。

为汉族媳妇比较吝啬，相较于传统和谐的婆媳关系，在这些家庭中婆媳之间经常发生一些矛盾，这或多或少地带来了家庭生活的变化。

5. 对外交往方式的变迁。笔者认为，传统的村际间交往传统保留得较为完美，紧密的村际联系一如既往。村际间的社会交往与联系也同样会基于个别村庄成员之间的婚姻关系之上，即只要有一对男女成员结为夫妻，那么各自所在的村庄之间的关系就更为紧密。婚姻关系如此，朋友关系亦是如此，都会给村庄之间带来相互来往的理由。对外关系的巩固与维系手段也是十分传统的，即主要通过寻找和创造不同场合进行饮酒聚会活动来加强相互间的联系。嗜酒之风从现象上来看是不良习俗，但是从社会学角度来看又的确具有其社会功能，可以用其来满足本地区黎族群众社会交往的需求。

当然作为社会交往的村民个体来说，他们的社会交往方式比之传统合亩制时期有了较大的变化，尤其表现在：随着社会的开放，年轻人外出打工和上学的机会在增加，在传统的血缘关系基础之上，人们在学缘、业缘方面的关系大为增强。这种社会联系是后天选择的，体现了交往主体的自由意志，因而有可能成为人们更加珍惜的社会联系，如在获得政府公共资源、从事一些小型的市场行为时，它更容易给当事人带来积极的帮助。

现代交通技术条件的进步为更加广泛的社会交往提供了便利，前后两个时期，人们的出行频率的高低不可同日而语。传统合亩制时期需要较长时间才外出一次，而现在的年轻人可以在一天之内很轻松地外出几次，摩托车的痕迹可以到达乐东县或者琼中县，更不用说到乡镇政府或者邻村了，这自然给当地人了解其他民族或者黎族其他支系提供了条件。

实体的交通条件是带来传统合亩制地区社会交往变迁的一个原

因，另一种无形的现代技术也给该地区的社会交往带来了极大的改变，即现代通信技术，虽然计算机互联网在当地农村地区的影响尚不够强大，然而仅仅是广播、电视和手机的流行就给传统的社会交往方式带来了颠覆性的影响。通过这种现代技术，外部信息可以非常迅速且直接地传递到偏僻的村庄。传统的村落间信息传递方式主要是步行，在该过程中会采用一些辅助性的工具，这也是研究黎族文化的民俗学家们所津津乐道的内容，而现在这种历史上的传统民俗也已经丧失了其存在基础。设想：谁还愿意不辞辛苦地跑太远的路去通知对方？现在，不论远近，只要一个电话就可以通知到位。

综上可见，从总体上说，传统合亩制地区社会文化的变迁是十分明显的，尤其在某些方面已经找不到与传统有什么明显的历史关联了；传统与现代的关系在这里要通过仔细的观察和研究才能够找到一些痕迹与线索。不过，社会的剧烈变迁并没有从根本上改变地域性社会中村落之间、村民之间的社会交往联系，人们仍然通过较为传统的方式和手段被紧密地联系在一起，因此如今在其他地方已经不太能够找得到的"乡土性"，在这里还会时时让研究者感到诧异。虽然社会已经发展，现代文明也开始进入这个地域社会，然而这里仍然犹如一方净土，淳朴的民风让人留恋。

参考文献

安华涛、唐启翠:《"治黎"与"黎治":黎族政治文化研究》,上海大学出版社 2012 年版。

岑家梧:《海南岛黎族"合亩"制的调查研究》,载詹慈编《黎族合亩制论文选集》,广东省民族研究所 1983 年版。

陈立浩、陈兰、陈小蓓:《从原始时代走向现代文明——黎族"合亩制"地区的变迁历程》,南方出版社/海南出版社 2008 年版。

陈立浩:《历史的跨越》,南海出版公司 2001 年版。

丁文:《家庭学》,山东人民出版社 1997 年版。

符和积主编:《黎族史料专辑》,南海出版公司 1993 年版。

符和积主编:《黎族史料专辑》(续),南海出版公司 1994 年版。

广东少数民族社会历史情况调查组:《海南黎族苗族自治州毛道乡发现新石器》,《考古通讯》1957 年第 7 期。

广东省编辑组、《中国少数民族社会历史调查资料丛刊》修订编辑委员会:《黎族社会历史调查》,民族出版社 2009 年版。

黄树民:《林村的故事:1949 年后的中国农村变革》,纳日碧力戈译,生活·读书·新知三联书店 2002 年版。

嘉日姆几:《云南小凉山彝区村落空间生成研究——与杜赞奇"权力的文化网络"之理论对话》,《民族研究》2012 年第 1 期。

金耀基:《从传统到现代》,中国人民大学出版社 1999 年版。

李露露:《热带雨林的开拓者——海南黎寨调查纪实》,云南人民出版社 2003 年版。

李善峰:《20 世纪的中国村落研究》,《民俗研究》2004 年第 3 期。

吕振羽:《黎族的"合亩"制》,载詹慈编《黎族合亩制论文选集》,广东省民族研究所 1983 年版。

吕振羽:《试论解放前黎族"合亩"制地区的社会形态》,载詹慈编《黎族合亩制论文选集》,广东省民族研究所 1983 年版。

潘先锷:《黎族辟邪文化》,海南省民族学会编印 2006 年版。

全国人民代表大会民族委员会办公室编:《海南黎族苗族自治州保亭县毛道乡黎族合亩制调查报告》(初稿),1957 年内部铅印版。

全国人民代表大会民族委员会、广东省少数民族社会历史调查情况组编印:《海南黎族苗族自治州,番阳乡、毛贵乡黎族合亩制调查》(海南黎族社会历史情况调查资料第二册),1958 年版。

[日] 冈田谦、尾高邦雄:《黎族三峒调查》,民族出版社 2009 年版。

史建云:《对施坚雅市场理论的若干思考》,《近代史研究》2004 年第 4 期。

王铭铭:《社区的历程——溪村汉人家族的个案研究》,天津人民出版社 1997 年版。

王守恩:《山西乡村社会的村际神亲与交往》,《世界宗教研究》2012 年第 3 期。

吴毅:《村治变迁中的权威与秩序——20 世纪川东双村的表达》,中国社会科学出版社 2002 年版。

五指山市地方志编纂委员会:《通什市志》,2009 年版。

五指山市史志办公室编:《五指山市年鉴》(2011),南方出版社 2012 年版。

邢关英:《黎族》,民族出版社 1990 年版。

阎云翔：《礼物的流动：一个中国村庄中的互惠原则与社会网络》，上海人民出版社 2000 年版。

曾昭璇、张永剑、曾宪珊：《海南黎族人类学考察》，华南师范大学地理系 2004 年版。

詹慈编：《黎族合亩制论文选集》，广东省民族研究所 1983 年版。

张跃、周大鸣：《黎族：海南五指山市福关村调查》，云南大学出版社 2004 年版。

中国科学院民族研究所编印：《海南岛民族志》，1964 年版。

中国科学院民族研究所、广东少数民族社会历史调查组编印：《海南黎族苗族自治州，黎族合亩制调查综合资料》（海南黎族社会历史情况调查资料第四册），1963 年版。

中国科学院民族研究所、广东少数民族社会历史调查组编印：《海南黎族苗族自治州，什玲等五个乡黎族社会经济调查》（海南黎族社会历史情况调查资料第三册），1963 年版。

中国科学院民族研究所、广东少数民族社会历史调查组：《黎族简史简志合编》，1963 年版。

中南民族学院本书编辑组：《海南岛黎族社会调查》，广西民族出版社 1992 年版。

钟敬文：《民俗学概论》，上海文艺出版社 1998 年版。

周天游，葛承雍：《中国社会史研究的新趋向——"地域社会与传统中国"国际学术会议综述》，《历史研究》1995 年第 1 期。

朱炳祥：《"农村市场与社会结构"再认识——以摩哈苴彝族村与周城白族村为例对施坚雅理论的检验》，《民族研究》2012 年第 3 期。

后　记

2011 年前后，由于本人所在学校科研工作方面的统一安排，我有幸参与了海南岛黎族传统"合亩制"地区的社会文化调查，并形成了调查研究报告。本书稿正是基于此次调查研究报告的基础而修改而成的。

说实话，这是第一次接触到"合亩制"这一海南黎族地区特有的文化现象。在深入海南省五指山市黎族地区进行田野调查之前，我专门搜集了相关文献并进行了较为深入的研读，通过文献资料初步了解了合亩制。我满怀希望地憧憬着在不久的未来将有机会更加真实的接触到具象的合亩制文化。

正像在报告中所说的，在我真正到了传统"合亩制"的核心地区即海南五指山市毛道乡之后，遇到的情况却让我傻眼了。不但没有能够亲眼看到文献资料上描写的"合亩制"文化的实践，甚至当地民众对"合亩"这个概念也很木然，不知其为何物。我也因之而焦虑不堪，因为如果找不到研究的突破口就不能顺利完成学校布置的任务。这种挫败感一度让自己有放弃调查研究的感觉。

不过，随着时间的推移以及自己心态逐步平静下来，慢慢的还是发现了传统"合亩制"文化的痕迹，只是由于时代比较久远已经被人们所淡忘，但是本地区的传统文化还是会通过自己的方式影响着如今的黎族社会。

　　这种影响让人印象颇为深刻。在此地田野调查期间，我发现比如本地黎族社会的传统原始宗教信仰、村际之间紧密的交往联系、女性在家族中的重要地位、非常浓厚的嗜酒习俗等等，都与传统"合亩制"社会的文化实践存在着紧密的联系，并深深的影响着当代村民的社会政治生活。这也告诉我们，传统与现代存在无法割舍的联系。这就是传统的力量，也即作为社会科学工作者研究社会文化变迁的意义所在，"人生当知来处"。

　　说来惭愧，本书稿初步成型已经是近十年前的事情了，在这十年期间，我顺利读完了博士，并已经将博士论文出版成书。本书稿虽然完成于博士论文之前，但是一直默默藏在电脑硬盘的某个角落，直到两年前才有将之出版的想法。这主要归之学院领导和同事的关心，他们告诉我，即使还有不尽如人意之处，也算是人生诸阶段中的一段经历和辛劳，将其付梓刊印也对得起这番折腾。他们给予了我经济上和情感上的支持，我对此感激不已。

　　在此要特别感谢我的恩师柏贵喜教授，正是在他的悉心安排和指导下，我前往传统"合亩制"地区进行了前期调查，并在博士论文开题时将该地区黎族村落的紧密关系作为博士论文选题。如果没有他的帮助，近十年的发展可能完全是另外一种境况，即无头苍蝇乱飞乱撞的状态。

　　同时，我要向他们表示感谢和致敬，虽然他们不一定能够看到。那就是我所研究的村庄的村民。直到我完成工作行将离开他们的时候，他们才袒露心扉，说一开始以为我是外地来的骗子，表面上客气背地里提防；经过长时间的相处之后，他们已经将我视作了家人，以致在我出发时按照他们当地的习俗，给我捎上一袋糯米，因为这是用来保证家人平安的。这些黎族村民真是淳朴又可爱，我会永远记住并感谢你们！

当然，最后还要提一笔的是，我的同事中南民族大学音舞学院、中南民族大学非遗研究中心的许佳副教授也为本书成稿付出了很大的心血，虽然她一再拒绝将其列为共同署名作者的要求，但是我觉得还是要在这里跟读者说明一下，她大约承担了本书一半的任务。

是为后记。

作者于武汉南湖畔

2023 年 5 月 29 日